U0725676

刀光谍影

日本浪人对华谍报活动揭秘

日本浪人，是日本侵略中国的帮凶。

自1884年中国出现第一个有日本浪人参加的谍报组织——『福州组』，至1945中日战争结束，上层浪人与日本政府和军部相勾结，充当战争的纵火者；下层浪人除充当日本军事谍报机关的鹰犬之外，还肆无忌惮地进行贩毒、走私、暗杀、绑架等活动，并且频频挑起事端，为日军动用武力制造借口……。

梅桑榆 著

人民出版社

目　录

3

目录

1. 何谓日本浪人？

"日本浪人"一词，广大读者早已熟知。但对"浪人"一词的含义，以及浪人产生的历史背景恐怕并不十分明了。

日本浪人的形象，常常在一些影视片中出现，其装束大多是留着怪里怪气的发型，身穿和服，腰挂日本佩刀。这些人往往骄狂横暴，好勇斗狠，经常无端生事，动辄与人刀拳相见，好像他们来中国的目的，就是要验证其武功的高强。自甲午战争至1945年抗日战争结束的六十年间，来到中国的日本浪人的真正目的是什么？究竟有哪些侵华活动？许多读者恐怕未必知其详情。

浪人，是日本明治维新时期的产儿。

我们要想确切地弄清"浪人"一词的含义，首先须大致了解一下产生浪人的历史背景。

日本早在德川幕府时代，以幕府将军为首的武士阶层执掌着国家的统治大权，而天皇与宫廷贵族，只是作为全国精神上最高统治的象征。

德川幕府颁布法令，将社会划分为"士、农、工、商"四个等级，统称"四民"；四民中的"士"，便是武士阶层，属于统治阶级，而农、工、商则是被统治的平民阶层。四民之下，另有"秽多"和"非人"，他们连平民阶层都算不上，被日本社会视为贱民，只能从事低贱的职业。

国民等级的划分，使日本社会上下尊卑，界线分明，等级森严，不可逾越。

德川幕府又将武士阶层划分出不同的等级：幕府将军是这个阶层的"塔尖"，将军家豢养着许多直属家臣；将军之下是诸侯，又称之为"大名"。这些大名，就像中国 20 世纪二三十年代的军阀，拥兵自重，割据一方，他们各自的领地称之为"藩国"。大名的家臣，叫做"藩士"，藩士又豢养着一批家臣和士卒。结果，从将军到士卒，形成了一个庞大的封建武士阶层。

当时的日本，全国有 260 多个大名，幕府将军德川家把全国土地的四分之一留作自己的领地，其余土地全部分封给大名。幕府和诸侯们再将一部分土地分给家臣。而众多武士则领有数量不等的禄米。

占据了全国绝大部分土地的武士阶层，享有从垄断军事、教育，直到日常生活中的种种特权。而无权无势的天皇及亲王、公卿等贵族与武士阶层相比，所占有的领地面积要小得多。

德川幕府为了维护其封建统治地位和既得利益，不惜牺牲国家的进步和国民的进取精神，多次发布"锁国令"，实行闭关自守，甚至下令禁止制造大船，以此隔绝日本与外部世界的往来。德川幕府害怕国民起来推翻其统治，明令"禁止一切新的创举"，压制所有的独立思考，同时采取村落制、五人组制、行会制等手段，利用武士对人民施行严密的监视和镇压，对农民则进行残酷的剥削和压榨。

在德川幕府的统治下，日本社会发展停滞，工业远远落后于西欧诸国；国内民怨沸腾，动乱迭起，统治者与人民之间的矛盾日益激化。

　1897 年 12 月，日本西南部的萨摩、长州两个强藩的武士，以天皇的名义颁布"王政复古大号令"，发动了推翻德川幕府的政变。所谓"王政复古"，并非恢复奴隶制度，而是从幕府手中夺回政权，由天皇掌握，恢复幕府统治之前由天皇独揽大权的制度。"大号令"宣布废除幕府时代的一切官制，成立设有"总裁"、"议定"、"参与"三种官制的天皇政府。

　这次政变取得成功，使日本一时出现了京都天皇政府和江户德川幕府两个政权并存的局面，而战争也因此而起。

　1868 年 1 月，幕府将军德川庆喜为了消灭新政府军，恢复以往的统治地位，以"清君侧之奸"为名，兵分两路向京都发动进攻。以萨、长两藩为主力的新政府军起兵迎击，在京都西南的鸟羽、伏见两地展开激战。日本近代史上一场空前绝后的国内战争自此爆发。

　由于这一年为农历戊辰年，故这次内战，在日本历史上称之为"戊辰战争"

　这场历时 1 年又 5 个月的内战，以新政府军大获全胜而告终。

　1868 年 7 月（阴历），新政府军基本获得戊辰战争的胜利之后，宣布定江户为东京。是年 8 月 27 日，天皇睦仁即位。9 月 8 日，天皇取中国古代经典《易经》中"圣人南面天下，向明而治"一语，下令改年号"孝明"为"明治"。10 月，皇室从京都迁至东京。

　自此以后，睦仁天皇着手革除封建制度，推行一系列使日本实现资本主义近代化的重大决策，史称"明治维新"。

　明治维新的重大改革之一是废藩置县，即废除诸侯的封建领主统治权，将其领土收归国有。其次是改革封建等级制度，取消武士特权。

　到 1872 年初为止，幕府时代遗留下来的封建武士阶层，共有 194 万余人。这些人当中，大多数是下层武士。明治政府为了解散和改造这一庞大的武士阶层，首先废除了他们所享有的种种政治特权，接着采取削减俸禄和迫使他们献出俸禄的措施，最终革除了他们手中剩下的唯一特权——财产特权。

明治政府的这一措施，使武士阶层迅速瓦解，其中少数皇族、贵族变成了大地主、大资本家和银行家，一批中层武士变成了商人、自由职业者和高利贷主。而广大的下层武士则在短期内破了产，成为靠出卖劳动力为生的无产者。

于是，一个具有新的历史特色的阶层——浪人阶层产生了。

2. 秘密社团是怎样形成的？

明治政府实行维新后，推行三大政策，一是"文明开化"；二是"富国强兵"；三是"殖产兴业"，其总目标是"实现日本民族的独立富强和建成资产阶级现代国家"。

所谓"富国强兵"，即是建立以先进军事技术装备并受过近代新式训练的庞大军队，对外抵抗西方军事列强的入侵，对内维护新政府的统治。这一政策，随着日本积极对外扩张而成为国家的发展方针。

日本土地资源贫瘠，市场狭小，要想发展资本主义，便企图在疆域上对外扩张。明治维新后的日本逐渐走向强盛，日本政府的侵略野心也随之膨胀，明治天皇在他颁布的《安抚万民之宸翰》中毫不掩饰地写道："继承列祖列宗伟业，不问一身艰难辛苦，经营四方，安抚亿兆，冀终开拓万里波涛，布国威于四方……"

于是，明治政府为了扩大疆域，制定了"大陆政策"，其步骤是，第一期征服中国的台湾；第二期征服朝鲜；第三期征服中国的满蒙（东北和内蒙古东部地区）；第四期征服全中国；第五期征服南洋、亚洲乃至全世界。"武国"方针和"大陆政策"，使日本走上了军国主义之路。

所谓"军国主义"，即是"为了战争而把强化军事力量放在国民生活的首位，并使政治、经济、文化、教育皆从属于战争的一种意识形态与体制"，"富国强兵"政策的推行和军国主义的形成，使成千上万的破产武士，也即"浪人"，在时代的大变革中找到了自己的位置。

在幕府时代，平民们为了不受武士欺压，结成种种联盟以保护自己。破产武士们反过来因袭这些平民的联盟形式，成立了以浪人为主体的新的联盟形式——秘密社团。

1881年2月，出生于武士之家的头山满、平冈浩太郎和箱田六辅等人，以他们的向阳社为基础，联合几个小团体，在九州的福冈成立了玄洋社，这一名称含有"隔九州北部玄海滩与外洋相联系"之意。玄洋社的宗旨是：一、敬戴皇室；二、爱重国体；三、固守人民之权利。

玄洋社主张以日本为盟主的大亚细亚主义，在朝鲜进行颠覆活动，企图吞并朝鲜，并且要把中国的东北和蒙古乃至俄国的西伯利亚，都置于日本的控制之下。头山满鉴于当时清政府与朝鲜有宗藩关系，主张欲得朝鲜，必先"经营大陆"，在侵略中国得手之后，朝鲜问题自然会顺利解决。自此，潜入中国大陆活动的日本浪人越来越多。

在浪人团体的先驱玄洋社不断发展壮大的过程中，大大小小的秘密社团如雨后春笋般出现，如大日本国粹会、犹存社、大和民老会、建国会、国本社、大日本正义团、血盟团、护皇会、神武会等等。玄洋社成立十年后，又派生出黑龙会、浪人会、大日本生产党。其中黑龙会成为日本最有势力、在对外扩张中活动最为猖獗的浪人组织。

黑龙会于1901年1月30日成立于东京，首领为玄洋社社员内田良平，幕后人物是头山满。其纲领是："本会制天下列强之势，认为实行世界经纶之第一步在于调查满洲、朝鲜、西伯利亚之下百般事物与形势。"提出"目前之急务为先同俄国一战，从东方将其击退，然后攻略满洲、蒙古、西伯利亚，为经营大陆打下基础"。

因为头山满和内田良平等人主张经营黑龙江两岸的东北、蒙古和西伯利亚，将日本的国界扩展至黑龙江，故将其社团之名定为"黑龙会"。

黑龙会至1944年被盟军下令解散之前，会员发展至近万人，其活动几乎遍及中国各地。

至第二次世界大战结束前，日本的秘密社团已有数百个，而在此之前的几十年里，无数自生自灭的小社团尚未计算在内。

日本近代史上，称那些奉行法西斯主义，主张对外侵略扩张的秘密社团为"右翼团体"，而玄洋社则堪称右翼社团的始祖和大本营。

右翼团体的不断出现，使那些长期受狭隘民族主义教育、迷信武力，但又失去了特权的破产武士重新找到了归宿，有了用武之地。

早在甲午战争之前，明治政府和陆军参谋部就秘密派遣了一批间谍，潜往中国和朝鲜搜集情报，从而得知中朝两国政府腐败、武力废弛、民怨沸腾，实际上已经没有国家安全防线。这些真实的情报使浪人们认为，他们在中国可以放胆横行，并且产生了在中国大陆易于"雄飞"，可以施展其抱负的幻想。于是，大批在国内找不到出路的浪人，在政府和右翼社团头领的煽动下，纷纷跑到中国寻觅出路。这些怀着种种野心来到中国的浪人，被称之为"大陆浪人"。

这些来中国大陆的日本浪人成分颇为复杂，可谓三教九流，形形色色，有所谓的"爱国志士"，有政府内阁成员和军界人士，职业间谍和受雇于人的杀手，有吃敲诈勒索饭的流氓地痞，有既卖淫又从事间谍活动的妓女，当然也有博览中华典籍的"中国通"，以及某些方面的专家学者……总而言之，他们来自日本社会的各个阶层、各个领域。

自 1884 年中国出现第一个有日本浪人参加的谍报组织——"福州组",至 1945 年中日战争结束的 70 年里,上层浪人与日本政府及军部相互勾结,或是为日军侵华提供理论根据,或是在中国大搞阴谋活动,充当战争的纵火者,策动清朝遗老复辟帝制,图谋分割中国领土,并在辛亥革命期间玩弄两面派手法,企图从中渔利……下层浪人除充当日本军事谍报机关的鹰犬之外,还肆无忌惮地进行贩毒走私、暗杀绑架、敲诈掠夺,以及贩卖妇女、开设妓院等活动;并且频频挑起事端,为日本动用武力制造借口……这支庞大的日本军国主义别动队,在中国制造的阴谋和犯下的罪恶,可谓罄竹难书。

本书通过一系列历史重大事件和几个主要方面,披露了日本浪人数十年间的侵华活动,读者通过此书,能够对日本浪人在中国制造的种种阴谋和所犯下的累累罪行有所了解,作者便达到了写作此书的目的。

第
一
章

恐怖活动的策源地

1. 日本秘密社团内幕

无不打着 "爱国" 的幌子

20 世纪初叶，是日本秘密社团的鼎盛时期，而在数以百计的秘密社团中，黑龙会组织最为庞大、最有势力。

"黑龙会" 一名，本身就具有神秘色彩。人们往往以为加入这一神秘而又与许多恐怖活动有关联的组织，必定很有刺激性。一位印度作家把他想象中的入会程序形诸笔端：

"他先被蒙住眼睛，带到东京附近某山中的一个神道祭坛，然后被引到一个房间内，那里有几个穿白衣的人在等着他。他们身上的白衣象征死亡，人人惧怕的首领头山满就在他们中间。他回答过一些问题之后，又被带到一个院子里，那里有一个刽子手，提着鲜血淋漓的大刀，脚下横着无头的尸体，刽子手警告他，这就是叛徒的命运。然后，他被人从头到脚涂上鲜血，这使他十分厌恶。但是他们随后便用泉水把他身上的血洗去，给他涂上上等的油膏，好像外国女人上装一样。一个戴着面具的人组成的委员会对他入会的事

日本明治天皇睦仁（1851—1912）

进行表决，赞成的以长刀指地，不赞成的则亮出短刀。结果他得到一致的通过。于是他发誓终身致力于将白人驱逐出亚洲的工作。首领头山满拔出刀来，刺破自己的手臂，放三滴血在一碗饭里。他这位新会员也照样办理，然后交换血饭，吃下肚中……"

这段充满神秘、恐怖气氛的描写，当然只是作家的想象而已。在日本，谁要是想加入黑龙会，其实手续十分简便，他只要把姓名写给干事，再加上一笔不大不小的捐款就行了。

加入黑龙会是这样，加入其他秘密社团也大致如此。一个典型的秘密社团，是由一个头目和一群喽啰组成的。在日本骚乱迭起、"爱国"生意因之大为兴隆的时候，结社的基金很容易募集。只要打出一个旗号，标榜"爱国"，提出一个与政府的"武国"方针相吻合，赞同对外扩张的什么"主义"，就会有人出钱支持。而有了资金，这些秘密社团也就可以租下几间房子作为"总部"，广招人马以扩充势力。

在社会平静时期，秘密社团外表的肥肉便消瘦干净，只剩下一副骷髅——老板和几个党羽。至于文件记录之类，几乎没有。但是形势一旦需要，骷髅马上就会血肉丰满起来。它随时可以派遣大批狂热的浪人，带着手枪和炸弹去暗杀、去绑架、去爆炸他们所选定的目标。

这些秘密社团能够一呼百应，招之即来，是因为老板的党羽都是一些颇具"声望"，有一呼百应号召力的人物。某著名社团的《社员录》中就有这样的记载："某某，执行部主任，紧急时能动员大批壮士。"

所谓"壮士"，即是那些死心塌地地为他们的"主义"，确切地说为他们的老板效忠卖命的亡命之徒，这些人最有利用价值的一面，便是敢于将生死置之度外，去执行暗杀任务并独自担当后果。

缺乏固定性，是许多秘密社团共同的特征。一个社团的社员，也许是另外十几个社团的社员。他们来去自由，从一个团体转移到另一个团体，同时可以在多处社团挂名，如此一来，新的社团永远在不断地形成，而一些缺乏号召力的社团也在不断地消失。

由于一些小的社团处在流动状态，不断地解散和结合，因此如果开一张秘密社团的名单，一年之后就过时了。许多社团的社址或是设在社中干事的郊外别墅里，或是租用价格低廉的写字间。许多好听的名称，不过是许多浪人冒险家为了吸引大众的注意力而挖空心思想出的商标而已。

一些大的社团，"门面"比较像样，有办公室，有职员，有的社团还开着简陋污秽的旅馆，常有一些面目狰狞的"志士"出入其间。声势煊赫的黑龙会会址，就是设在会长内

伊藤博文（1840—1909）

田良平的寓所，在那里，有许多书记与助手供他差遣。

日本秘密社团的名称和它们的宗旨大多受一时政治风气的影响。其中"民族主义"、"国权主义"、"帝国主义"、"亚洲门罗主义"、"大亚细亚主义"等等，是他们主要的信条。大多数社团主张对外扩张，鼓动政府发动侵略战争。他们指斥政府的"柔弱外交"，认为理性或讲理，乃是强者所不屑的柔弱的手段。他们鼓吹效忠天皇，但同时又根据自己的需要违反天皇的诏谕。一些颇具势力的社团宣称，他们的使命是监视卑污的政客，不准他们做出有损日本光荣的事来。而日本的所谓"光荣"，总是鲜血淋漓，与屠戮和征战连在一起。

在那些自诩为"爱国志士"的浪人的信条中，对外战争和对内独裁，是民族伟大的重要标志。对于那些制定决策的军政界要人，一旦违反了这一信条，他们便采取制造恐怖事件或暗杀决策人的手段，以阻止政府实行这些政策。

在当时的日本，造反、叛乱、谋杀的事屡见不鲜，那些暗杀活动的指使人和杀手从来没有性命之忧。刺杀首相的凶手，不但不会被处死，反而会成为日本民众心目中的英雄。因此也就会有许多浪人乐于接受首领交给他们的暗杀任务，以剥夺他人的生命来为自己赢得"英雄"的桂冠，罩上"爱国"的光环。

由于暗杀成为一种影响或左右政府制定决策的手段，故日本政治曾有"暗杀政治"之称。而这种以"爱国"为幌子，靠暗杀来达到某种目的的幕后指使者，恰恰印证了英国作家塞缪尔·约翰逊的一句话："爱国主义是流氓无赖们最后的藏身之地。"

阴谋与暴力的象征——黑龙会

具有阴谋与暴力的象征、富有神秘色彩的势力庞大的黑龙会，成立于1901年。它是从日本秘密社团的始祖玄洋社脱胎而来的。

该会主张将日本的疆界扩展到中俄交界的黑龙江，因而取名为黑龙会。著名的浪人之王头山满，往往被人视为该会的创办人和会长。他其实两者都不是。黑龙会的创建人是内田良平，头山满是它的幕后指挥。

内田良平是头山满的得意门徒，他帮会的成分较少，政客的成分较多，他平时爱访问政治家，与他们结为朋友，并且经常舞文弄墨，撰文宣传鼓吹自己的理论思想。1901 年 1 月，他与几个玄洋社社员和同路人策划创办了黑龙会，1901 年 2 月 3 日，东京神田锦辉馆召开了成立大会，通过了事先拟定的"旨趣书"和"规约"。

黑龙会主张，日本目前的急务是对俄开战，然后占领中国的东北、蒙古和俄国的西伯利亚，为经营中国大陆奠定基础。

黑龙会成立不久，便大造舆论，发行《黑龙会会报》及《黑龙》月刊，登载会员侦察到的中、俄、朝三国的资料，同时设立黑龙语学院，教授俄语，培养"俄国通"。《黑龙会会报》第二集发表了一篇 70 余页的长文《日俄实力的计算和战争的利弊》。日本政府深恐泄露国家机密，下令禁止发行。黑龙会还刊行《最新满洲国》和《俄国东部经营部分全图》，这是一幅东部西伯利亚、中国东北和朝鲜的精密大地图。

内田良平在黑龙会成立之前，就曾潜入俄国，进行秘密侦察，对俄国的情况颇为了解。黑龙会成立后，内田良平在《东亚时论》上发表一篇名为《俄国内部的大缺陷》的文章，揭露了俄国外强中干的真面目，并著有《俄罗斯亡国论》一书，除出版单行本外，还在东亚同文会的杂志上连载。

1904 年 2 月，日本与俄国为争夺中国领土和在华各种特权而发动战争。玄洋社、黑龙会等秘密社团对日本政府发动这场战争，起到了推波助澜的作用。在战争期间，黑龙会向西伯利亚和中国东北地区派出了大批密探。内田良平亲自带人到西伯利亚以开设柔道馆做掩护，刺探俄国各方面的情报。

黑龙会成员的成分颇为复杂，上至军政界要员、学者名流，下至流氓地痞、职业间谍、妓女毒贩，以及受雇于人的杀手，无所不包，可谓社会各个界层的人物都有。

与黑龙会有联系的政治上最显赫的人物，是广田宏毅。他是头山满的同乡与知己，他的家庭曾经受过头山满的帮助。他是黑龙会最早的赞助者之一，又有某些原始资料记载，他曾是黑龙会的成员。不过他像头山满一样，一直隐身于幕后。他当上首相之后，对黑龙会给予了很大的支持。在他任首相期间，外务省每年都拨给黑龙会大笔的秘密活动经费。

日俄战争结束后，黑龙会又派遣大批会员到中国活动，他们打入社会各个阶层，足迹几乎遍及全中国。这些浪人间谍，除了搜集情报外，还经常挑起事端，制造骚乱，策划暗杀、绑架恐怖活动，对中国政府和人民为害不浅。

辛亥革命爆发后，黑龙会首领内田良平与一些著名浪人觉得有机可乘，纷纷来到中国，与革命党取得联系。他们支持革命党的目的，是为了在革命党胜利后攫取中国东北。内田良平就在他的《日本之亚细亚》一书中，编造说孙中山在同他的一次谈话中口头承诺，待中国革命胜利后，把"满蒙"让给日本。这本书于 1932 年由黑龙会出版后，被日本不少著作援引，说孙中山确实对内田有过"承诺"、"谅解"或"君子协定"。

内田良平之所以伪造这次谈话，是因为他于 1931 年 6 月成立了推崇法西斯主义的大日本生产党。

该党是一个全国性的法西斯主义政党，有党徒 1500 人，由内田良平任总裁，头山满任顾问，并在国内外设有支部。第二年，党徒一度发展到 16000 人。其"主义"是"以大日本主义作为治理国家的方略"，而内田良平的《日本之亚细亚》就是大日本生产党的纲领。为了配合"九·一八"事变后日本政府对中国东北的侵略行动，他认为需要借孙中山的威望，伪造这样一个"口头承诺"作为历史依据。

黑龙会在中国的活动经费，一部分由日本政府和财阀提供；一部分则来源于在东北、华北与内蒙古等地经营毒品、开设妓院的收入。

黑龙会在日本国内的活动影响巨大，除了出版书刊，为侵略扩张大造舆论，举行民众大会，要求政府向中国派兵，而且频频制造恐怖活动，暗杀的对象从银行家、实业家、内阁大臣，直至首相。它的势力足以对日本政府构成威胁，因此，内阁制定的决策常常因为黑龙会的反对而不得不重新进行修正。

黑龙会等秘密社团成了日本政府对外侵略的不可缺少的构成部分。

继黑龙会之后成立的另一势力庞大的右翼社团，是"大日本国粹会"。

1919 年 10 月 10 日，在原敬内阁的内相床次竹二郎的幕后操纵下，以关西浪人西村伊三郎和关东浪人青山广吉等人为主导，创立了大日本国粹会。该会的本部设在东京，后迁移至京都，会员号称 60 万人。这些会员遍布全国各地，到处制造暴力事件，大搞恐怖活动。

与在指导思想上属于右翼的玄洋社、黑龙会相比，大日本国粹会有"任侠右翼"和"行动右翼"之称。所谓"任侠"、"行动"，说穿了，就是以暴力推行他们的"主义"。他们破坏各地工人的罢工请愿活动，介入种种争端，暗杀与自己政见相悖者，恐吓财团、企业的首脑人物……这一事端尚未平息，又去制造另一事端，以"警醒世人"。

这个组织把天皇制绝对化，并号召日本人要选择"应有的正道"，如不遵循这一原则，就会被视为"非国民"而加以攻击，甚至对其采取暴力行动。他们美化日本，将其理想化，并极力宣扬对外扩张的侵略思想，在军人和中产阶级当中有很大的影响。

2. 神秘的浪人之王——头山满

出身贫苦，经历坎坷

黑龙会的幕后指挥者头山满，在日本浪人中享有崇高的威望，他的一生充满传奇色彩。他的活动在日本朝野产生过很大影响。

黑龙会头子头山满

在日本，有关头山满的著作达数十部之多，其中有不少书把他描写成为"巨人"、"忧国之士之栋梁"、"东洋豪杰"、"国士的典型"和"浪人之王"。一个敬仰他的作家在书中写道："一个日本小学生也许不知道首相的名字，但是他一定知道头山满的大名。"夸大其辞的鼓吹，使头山满变成了一个知名度极高，但又高深莫测的神秘人物。

头山满，号立云，1855 年生于九州福冈县一个破落武士家庭，原名筒井满，后因家境贫困，18 岁时过继给母亲娘家——破落武士头山家做养子，取名头山满。

日本 1868 年王政复古时期，头山满还是一个年仅 13 岁的孩子，整日身穿破旧肮脏的衣衫，在福冈街市叫卖甜薯。但是他后来却成为日本黑社会最有势力的帮魁，成为浪人社团的"老头子"。而他的名字，也因同多起重大的暗杀案件有关而闻名于世。他寿命很长，活了 90 岁。在他漫长的一生中，亲见和经历了日本历史的重大变革和多次侵略战争，他靠其巨大的影响力，在这些侵略战争中搞了不少阴谋活动。

头山满终身不仕，也从未发表过任何文章。他之所以能影响日本政界，是因为他是刺客和浪人的老头子。对于他的追随者，他表现出暧昧、深奥和谜语般的缄默。他慷慨好施，有过人的聪明和极高的声望，能够很好地控制平冈浩太郎和内田良平等颇有才干但又桀骜不驯的人物，使大批浪人死心塌地地追随他，并乐意为他而死。

头山满的青年时代颇为坎坷。他遍游日本山川，途中常以野菜果腹。为了对自己进行艰苦的磨炼，他赤脚走路，夏季不用蚊帐，任蚊虫叮咬，颇像中国苦修的僧侣。他曾和一个禅师比赛忍耐力，看谁躺在床上不动的时间最长。不过，这种苦修经常中断。他有时也与人竞争艺伎的青睐，并时常梦想发财。当他第一次与外务大臣曾祢会面时，曾祢问他，我有无可以为阁下效劳之处？他幽默地答道，此时最迫切的事就是使自己如何成为富翁。

早年贫穷的头山满，到了35岁以后，竟成了煤矿资本家。北海道和福冈都有他的煤矿，并且他从农民那里廉价购买土地，贩卖给经纪人，从中牟取巨利。到了老年，日本内阁给予他殊荣，天皇裕仁太子举行婚礼和后来加冕时，都邀请他参加，首相近卫文麿也请他做客。他家住东京涩谷区，登门拜访者络绎不绝。这些拜访者，有的来自日本各地，有的远涉重洋，来自中国、印度、朝鲜，或者欧洲与美洲。可见这时的他已经成了世界闻名的人物。

头山满从不对传记作家们谈他的早年，可能由于他是过继给母亲娘家，并改了姓的缘故，也从不向人提起他的母亲。他少年时代除了叫卖甜薯之外，还有当木屐匠学徒而不成的经历。他在家乡的私塾受到启蒙教育，受到"尊王攘夷"思想的影响。他17岁时因患眼疾，到女医生高场乱开设的眼科诊所求医，后来又在高场乱的私塾求学。他在那里修完了《十八史略》、《左传》等典籍，并且记下了高场乱讲述的许多民族英雄的故事。这些民族英雄，是他当时崇拜的偶像，对他确立未来的人生目标，起到了启发和激励的作用。

头山满的事业，是从参加西乡隆盛1877年发动的反政府叛乱开始的。但是叛乱很快被政府残酷地镇压下去，头山满也被捕下狱。后来西乡隆盛因叛乱失败而自杀，他才获释。此后，他又因涉嫌与刺杀中兴名臣大久保利通一事有牵连而被捕。但那时他手下已有一大帮追随者，政府为了不致引起骚乱，将他拘留一段时间后，便释放了他。

西乡隆盛叛乱受挫，使得浪人们感到一时无所依归。头山满怀着惆怅的心情，加入了著名政治家板垣退助创建的爱国社。后来爱国社派生出许多社团，板垣把这些社团联合起来，组成一个"议会促进社"，社员多达9万人。他们领导这一力量，迫使政府制定宪法，设立议院，政府接受了他们的提议。头山满因具有巨大的社会影响力，而被政府邀请为议院的后补议员。但他拒绝了这个邀请，他知道自己的前程要比一个后补议员更加辉煌。

恐怖活动的幕后指挥

头山满随着玄洋社的成立而名声大振。他凭着已经赢得的威望和拥有的势力，不把政府放在眼里，凡政府的对外侵略扩张政策，在执行中一有所谓"软弱"表现，他觉得极不合胃口时，就要起来反对，用种种手段对政府施加压力，从而迫使政府按照他的意图行事。

1889年，他煽动浪人要求政府采取强硬外交，扩大军备，以便时机成熟时"膺惩中国"。当时，首相伊藤博文和外相大隈重信，正准备向各条约国妥协，签订一个协定。头山满进谒伊藤博文首相，向他提出抗议，然后指使玄洋社社员来岛恒喜刺杀大隈外相。大隈被炸弹炸去了一条腿，而投掷炸弹的来岛恒喜，却因自杀而成为民众心目中的英雄。政府也因这一暴力行动而改变了向各条约国妥协的政策。

头山满因涉嫌幕后指使暗杀大隈外相而被捕，后又因证据不足被释放。但由于这次事件，许多政治家都对他和黑龙会怀有戒心。日本政府企图收买他，要他到东南亚某国去当驻外使官，被他拒绝。因为他离开日本，便可能变成孤家寡人。

头山满很善于表现自己的影响力。1912 年，明治天皇逝世，他向内阁递交了有他署名的声明，要求全体内阁成员以"自殉"来谢其未能"谏阻天皇忽视健康"之罪，理由是明治天皇嗜饮法国酒，而内阁成员却不对天皇这一嗜好加以谏阻。因为内阁成员不"谏阻"天皇饮酒的嗜好而要求他们"自殉"，显然是没事找事，小题大作，但从这件事可以看出，他是很善于寻找借口，把一些无关紧要的小事闹大，从而显示他对政府的影响力。

图为1927年6月28日至7月7日，日本田中内阁召开"东方会议"，确定把"满蒙"同"中国本土"分离的方针，制订了先征服"满蒙"，再征服"支那"的计划。右起第3人为日本首相田中义一

1920 年初，太子裕仁选择久迩帮彦亲王的女儿久迩良子作为未婚妻时，曾遭到军界元老山县有朋的反对。他反对这桩婚姻的理由是：良子有色盲的缺陷。然而真正的原因是他怀疑久迩亲王一家的用心，害怕久迩家的势力因与未来的天皇联姻而扩大。山县有朋

反对裕仁的婚姻，得到了政界元老西园寺公爵的支持。

久迩亲王为了挫败山县有朋的阻挠，秘密会见了头山满，他把一大笔钱交给这位浪人之王作为酬谢，要他给山县以有力的警告。

头山满是十分乐意破坏军政界要人各种与他意愿相违的计划，或是阻止他们此类的行动而显示自己的势力的。他当即答应久迩亲王，愿意为促成良子与天皇的婚姻效劳。他很快便派出一名身手不凡的亲信刺客，前去拜访山县有朋。当然，他不是叫这个刺客去刺杀山县，而是带去了黑龙会对他的警告。这个刺客闯进山县有朋的宅邸，向山县说明他的来意后，即行告辞。他在鞠躬告辞时，颇有礼貌地威胁说："本人如能领受尊夫人的性命，将不胜荣幸之至。"

山县有朋并不惧怕这种威胁，但是他的长州藩的同族人却很不放心，他们自动担负起了保护他全家的责任，他们身穿便服，昼夜轮班站岗，护卫山县一家。

时隔不久，头山满又得到一个显示自己无比威力的机会。

长期以来，皇太子裕仁一直打算以欧洲之行来结束他的学业，并同英、法政府拟定了各种安排。军界元老山县有朋也同意这一计划。内阁成员一致认为此行会改善同英国的关系，从而有可能恢复有利的日英同盟。

但是，政界元老西园寺公爵却不这么看，他已风闻久迩良子的叔父东久迩宫，有借裕仁天皇旅欧而扩大自己在政界的势力范围的企图。于是，他便通过他的女婿和养子，即西园寺八郎，向报界透露了一个说明，大大歪曲了裕仁出国旅行的原因，说原先就反对这门亲事的山县有朋，正想把裕仁送走，使他对良子的热情冷下来，进而破坏婚约。

这个消息起到了预期的作用，一夜之间，日本民众和报界群情激愤，一起反对裕仁欧洲之行。一些报纸载文指出，山县有朋会在裕仁离开日本时杀害良子，西方人会嘲笑裕仁喝汤时喷喷作声的习惯，朝鲜的刺客将在特拉法加广场把裕仁砍倒，又说欧洲人那种讨厌的擤鼻子的习惯，会使裕仁感冒等等。

头山满了解到裕仁殷切盼望出国访问，并希望旅途平安。但是在他尚未了解局势的全部微妙之处时，他忠诚狂热的手下，却把赌注压在阻止裕仁这次旅行的斗争上。有几个打手已经发誓，要把自己捆在铁轨上，以阻止裕仁的专列开往港口。

年轻的皇太子被举国沸腾的舆论弄得很不耐烦，他希望能够早日成行，但又担心会遇到麻烦，于是他不得不派人去拜访头山满，请他命令他的手下放弃卧轨的计划。

头山满听完了使者的话后，点头表示同意。但他又告诉使者，让他转告裕仁，要求皇太子给他时间，以便他做出某种转移注意力的小动作，让他手下的人放弃自己的主张。

数日之后，一帮黑龙会的会员气势汹汹地闯进了西园寺八郎家中，他们严厉指责西园寺八郎与山县有朋勾结，反对裕仁与良子的婚约。最后，他们又指责他作为一个宫廷侍卫官，对报界人士胡乱议论裕仁计划中的旅行，是严重的失职行为，他们要西园寺八郎站起来接受处罚。

西园寺八郎明白，他被这些打手当成了他父亲的替罪羊，于是他拔剑而起，要捍卫西园寺家的荣誉。

这些黑龙会会员都是好斗之徒，他们见西园寺八郎首先动武，顿时兴奋起来，一个打手抓起了拉屏上的门闩进行抵挡，另外几个打手冲出屋外，去取藏在前门入口处的木剑，然后再次拥入屋内，围攻西园寺八郎。西园寺八郎见势不妙，一面挥剑抵挡，一面后退。他穿过后屋的门，打算通过后花园逃走，但被埋伏在街边的黑龙会会员抓住，这帮人用木剑将他痛打了一顿，临走时，在他遍体鳞伤的身旁留下一张事先写好的条幅，这张两尺长的条幅上写满了他的罪状，并称他是"卖国贼"。他们希望通过这次惩罚和羞辱，使西园寺八郎愤而自杀。

这帮黑龙会会员的行动，当然是受到了头山满的指使。

　　然而，西园寺八郎没有因这次毒打而自杀，他父亲西园寺公爵和头山满互相得体地道了歉，并一同向天皇请罪。裕仁皇太子为避免节外生枝，将前往英国的行期提前了一周。

　　1924 年 1 月 26 日，裕仁和良子举行了隆重的婚礼。应邀的来宾共有 700 余人，头山满也在其中。

日本最有势力的平民

　　头山满深谙如何使浪人们成为其忠实信徒的诀窍，他把自己的所作所为说成是效忠天皇的爱国行动，假如要暗杀一个派系的头领，就说他玷污了皇族的名声；假如要讹诈某个商人，就说是因为献身于皇业的某个社团需要资金。他以满口的忠义之辞，赢得了浪人的钦佩，并且通过切磋武艺与一些浪人加深了个人的感情。

　　他在与人谈话中，时常夹杂一些吓人的寓言和奇闻。他讲起故事来，特别擅长诉说难言的苦衷，每讲一会，就要煞有介事地停顿好长时间。他能通过面部表情装出一副瞌睡和发呆的样子，这模样可能真的是因为发困，也可能是为了从袖中抽刀杀人而麻痹对手。总之，听过他谈话的人会更觉得他高深莫测，神秘惑人。

　　头山满威吓对手的艺术十分高明，他可以不显示任何武力，不打破日本礼仪的任何传统规矩，不带任何武装地走进国会议员甚至首相的家中，使他们为自己的生命受到威胁而发抖。

　　头山满笼络、控制浪人，为他效忠，当然并非完全依靠语言。他成为煤矿资本家后，经常慷慨解囊，救济故旧和他的信徒。他曾将自己在北海道的一处煤矿卖掉，得款 80 万日元，将一部分钱用来还债，一部分则散发给手下的人。他把钱散发给遇到困难的信徒时，从来不数。他把从银行里取出的钱原封不动地包在纸里，只看一看纸包的厚薄来估计钱的多少。如果他的打手奉他之命搞暴力活动时，被对手杀死，他会拿着礼物，边走边哭，送到死者家中。他这一套把戏，无疑要比语言更能笼络人心，使信徒们死心塌地地为他卖命，肝脑涂地，在所不辞。

头山满策划暗杀与恐怖活动，总是躲在幕后。他只要说一句话，或做一个暗示，他的手下就会圆满地完成任务。但要求政府加紧对外侵略扩张这样的大事，他却要亲自出马。

1894 年中日甲午海战爆发之前，他让他的得意门徒内田良平组成"天佑侠团"，到朝鲜去"纵火"。由于战争很快爆发，头山满无需再亲自出面做煽动工作。

1900 年，西园寺公爵和伊藤博文首相主张与俄国达成一项明确的协定，承认俄国对满洲北部的霸权，以换取日本对朝鲜无可争议的控制权。

1901 年夏天，已经辞职的伊藤博文与西园寺公爵加紧活动，试图促成内阁直接与俄国的谈判。头山满觉得有必要给伊藤以忠告，叫他停止这项活动，因为他主张立即发动对俄战争。

他亲自到伊藤的府邸拜访。时年 61 岁的伊藤博文有些耳聋，他在听取头山满的"忠告"时，尽管伸着脖子，一副全神贯注之态，却仍听不清头山满那低沉、含蓄的威吓。于是头山满说："阁下让我坐近一些，您就能听清楚了。"

心怀戒备的伊藤大声地拒绝说："你已经坐得够近了。"

浪人之王，也是暗杀之王的头山满亲临宅邸，已使这位前任首相感到不安，他不能不警惕头山满会突然从他和服的肥大袖管里抽出一把锋利的短刀。

后来，伊藤推说自己年迈，已不问政事，才把头山满打发走。

1911 年辛亥革命爆发后，时年 56 岁的头山满，认为趁中国革命之机从中渔利的机会到了，他召开浪人大会，建立以援助革命党为宗旨的"友邻会"，派遣浪人来中国与革命党取得联系。

是年 12 月，头山满继犬养毅（后来曾任首相）之后，带人来到上海活动。他见革命党势力薄弱，又缺乏军费，就极力怂恿孙中山、黄兴与岑春煊、康有为合作，共同对付袁世凯，但因孙中山不同意而未能成功。

1912年，头山满又带人到南京总统府拜访孙中山，主张北伐，反对议和。因为他认为袁世凯不是亲日派，担心袁统一中国后，有利于英国而不利于日本。

头山满号召民间社团支持革命党的目的十分明确，那就是统一中国后，把满蒙地区让给日本。

"九·一八"事变后，头山满与内田良平等人发起召开"满洲问题举国各派一致联合会"，派代表四处演说。随后又在日比谷公园会堂召开"满洲国"即时承认国民大会，为制造伪满洲国大造舆论。

1937年11月6日，日、德、意三国签订防共协定，25日，头山满主持在日比谷公园召开庆祝会。他在会上三呼"希特勒万岁!"对其后订立的日、德、意军事协定，头山满完全拥护。1941年秋，头山满命刀匠栗原秀昭用黄金锻造大刀，赠给希特勒和墨索里尼，并在给他们的信中说，日本进行的大东亚战争有了很大的进展，将要把英、美势力驱逐出东亚，他对此满腔喜悦，并怀着必定成功的信心。

头山满在去世之前，已预料到当他追随祖宗于九泉之下时，东京将有一个难得见到的大葬仪，内阁成员将会全体到场凭吊，在他的遗体前焚香默哀。因为广田宏毅首相曾经说过："任何国家都没有一个像头山满这样有势力的平民。"

1944年10月5日，神秘的浪人之王头山满，以90岁高龄病逝于东京。

3. 震惊朝野的恐怖活动

自从秘密社团如毒菌般在日本国土上出现之后，恐怖活动便日益频繁，且愈演愈烈。

这些恐怖活动并非是杀死一个职员、绑架一个富商，或是在公共场所扔一颗炸弹那样简单，秘密社团暗杀的枪口所指，都是那些元老重臣、内阁首相，以及大银行家、大企业家。此外，不是制造大规模骚乱便是血腥四溅地杀戮。震惊朝野的恐怖活动举不胜举。

秘密社团，成了日本恐怖活动的策源地。

暗杀外相大隈重信

玄洋社成立之后所制造的震动日本朝野的恐怖活动之一，就是暗杀外相大隈重信。

早在大隈遇刺之前 8 个月，就发生了一起暗杀事件。

1889 年 2 月，明治天皇颁布了日本宪法。这部宪法由西园寺公爵和伊藤博文起草，他们在宪法中吸收了一些法国和德国的内容。这部宪法经明治政府讨论了 6 年才得以颁布。西园寺和伊藤在起草宪法时吸收西方国家的宪法内容，自有他们的计划：他们要使天皇和民众之间神化了的关系变成理性关系，使天皇成为法律上的人，而不是超乎世俗的神。

但是，就在颁布宪法的那一天，文部大臣森有礼被一名青年刺客刺死。刺杀森有礼的理由是：他在游览伊势神宫时，曾用他的手杖尖头挑起竹帘，窥视帘后的圣物，亵渎了神灵。

这次暗杀的幕后指使者，便是浪人之王头山满。因为西园寺公爵和伊藤博文的计划，显然与玄洋社的宗旨相悖。

文部大臣被刺，当然阻止不了日本宪法的颁布。但是西园寺公爵和伊藤博文鼓吹自由主义的活动却不得不有所收敛。

时隔 8 个月后，便发生了大隈重信遇刺事件。

1888 年 4 月，伊藤内阁解散，黑田清隆任首相，大隈重信接替井上馨任外相。大隈深受黑田重用，俨如副首相。他上任后，向内阁秘密提出一个修改日本与西方列强签订的不平等条约的草案。

井上馨任外相时，就曾对这些条约提出修改方案。但这个方案以开放内地换得治外法权，领事裁判权等均未废除，反把立法权拱手让给外国，比以前的条约更加损害日本的民族利益，引起了全国舆论的反对。以头山满为首的各秘密社团首领也提出抗议，要求中止这个方案。伊藤内阁只好决定将此改革方案无限延期。

大隈重信的改革方案与井上馨的大同小异，虽然对最惠国待遇有所限制，但仍任用欧美人为日本的法官，违背了日本的宪法，也违背了一些秘密社团的"国权主义"指导思想，因此激起了日本浪人和民众的反对。头山满代表玄洋社与其他几个社团的首领，联合发起反对运动，他们开会发表演讲，派员到各地游说，与新闻社联合制造舆论。前外相井上馨当时任农务大臣，也站出来反对大隈的方案。

1889年10月18日下午4时许，大隈重信神色疲倦地走出皇宫，乘坐他的马车，回内霞关外务省官邸。他刚参加厢完修改条约的会议，这个会议在明治天皇的主持下，已经连续开了4天之久，会上充满激烈的辩论，最终仍无结果。

当大隈重信的马车驰至外务省官邸门口时，一个早已等候在那里的刺客，将一枚炸弹掷向他的马车。随着轰然一声巨响，马车的车轮被炸飞，车厢顿时翻倒在地。

外务省的警卫闻声赶来，一些人忙着抢救鲜血淋漓的外相，所幸的是，大隈未被炸死，而只是被炸去一条腿。

当时刺客仍在现场，一些人上前逮捕他时，他并无逃走之意。他在警卫还未扑上来之前，从容地抽出随身携带的短刀，当场剖腹自杀。

这个年轻的刺客是玄洋社社员来岛恒喜。他决心以暗杀大隈重信来阻止条约修改案的实行。

来岛恒喜的行动，自然又是受玄洋社的老头子头山满的指使。

大隈重信被刺后，头山满与30余名玄洋社社员被警方逮捕。

头山满在受审的时候，只说他和来岛恒喜有着很亲密的交往，别的什么也不承认。警方经过反复调查，终无证据，最后不得不将其释放。

头山满出狱后，对来岛恒喜行刺一举大加宣扬，说他是"好汉"、"壮士"，并决定每年给他开追悼会，把他推举为玄洋社精神的典范，以此来诱导玄洋社社员为他的侵略扩张目标而献身。

玄洋社这一暴力行动果然奏效，大隈重信遇刺后，宣布辞去外相之职，放弃了他修改条约的提案。头山满也因在幕后指使这起暗杀事件而名声大振。

暗杀朝鲜王妃

玄洋社参与的另一起重大暗杀事件，是在朝鲜进行的。

甲午中日战争结束后，中国不再是朝鲜的"宗主国"。朝鲜以闵妃为首的统治集团失去了清政府的靠山之后，面对日本的侵略野心，不得不寻求俄国的支持，以镇压国内的亲日派。

在日本成为朝鲜"保护国"的第一年，有两任日本公使曾竭力使朝鲜像日本那样，仿效西方进行类似的改革，但由于闵妃集团的抵制而收效甚微。

以玄洋社为首的一些秘密社团，认为这两任驻朝公使过于温和，不配担当帝国代表的重任。日本政府鉴于此种情况，决定更换人选，改派三浦梧楼将军接任驻朝公使。

三浦梧楼曾经办过贵族学校，是个交游很广的人物，与玄洋社等秘密社团过从甚密，他在赴任之前，就求教于头山满，问他怎样才能使日本在朝鲜的势力得到巩固和扩大。头山满经过一段时间的沉思之后，提出了一个建议，那就是干掉闵妃，并表示他可以派人配合他的行动。

三浦梧楼到任后，便与朝鲜王宫内反对闵妃的"反后党"取得联系，并秘密策划，做好刺杀闵妃的准备。

1895 年 10 月 8 日，三浦梧楼暗中与朝鲜禁卫军中的日本军官约定，由他们留下入宫的门路，并在必要时将朝鲜禁卫军阻于宫外。

当天夜里，40 余名浪人突然冲进王宫的内室，闵妃的贴身侍卫没来得及反抗，就被他们砍倒。浪人们将闵妃乱剑刺死后，并未就此罢手，他们接着将闵妃的侍女一齐杀死，然后把所有满是刀伤剑痕的尸体拖至庭院中，浇上汽油，焚尸灭迹。

这次暗杀闵妃的行动进行得很顺利。但是三浦梧楼的妄为，使日本受到许多国家的责难，日本政府不得不将他召回国内受审。

刺杀闵妃的浪人，大多是玄洋社和紫冥会的成员。他们都是反对大隈条约修改案，主张侵占朝鲜的人。他们的结局是和三浦梧楼一起住进了广岛监狱。

后来，日本法官以"并无充分证据证明彼等确曾实行意图中之犯罪"的理由，将三浦梧楼及浪人全部释放。

三浦梧楼获释后，并未过着忍辱含垢的生活，也未从此与政治绝缘。他在内阁与军部中仍有势力，因此他经常躲在幕后，为日本一些对外政策的制定出谋划策。

东京大暴动

20 世纪初，由黑龙会为首挑起的一场大规模骚乱，令日本举国震动。

1905 年 9 月，日俄两国应美国总统的提议，派出代表到美国的朴次茅斯举行谈判，签订和约。黑龙会、樱田俱乐部、青年国民党、江湖俱乐部等秘密社团联合举行会议，反对日本与俄国签订和约。9 月 4 日，秘密社团联合会以河野广中等 27 人联名上书，请求天皇拒绝签订和约。

但是，河野等人的上书，并未起到什么作用。9 月 5 日，日俄和约签字，日俄战争结束。黑龙会等社团仍不罢休，于当天在日比谷公园召开国民大会，反对和约的签订。

日本政府害怕酿成骚乱，在国际上造成不利影响，命令警视厅禁止这次集会。警视厅派出大批警察，用木料将公园大门堵塞，并在附近设立警戒线，禁止群众进入公园。

愤怒的群众在黑龙会会员的煽动下，冲破警戒线，排除设在公园门口的障碍，进入公园举行集会，参加会议者达数万人之多。与会者除了一小部分秘密社团成员和军国主义分子之外，多数是对日俄战争不满的群众。因为战争夺去了 10 万日本人的生命，29 亿元战争费用的负担，全部落在日本人民身上。战争结束后，那些失去了丈夫和独生子的许多遗孀老弱，将要过更加贫困的生活。黑龙会等秘密社团反对和约的原因，是日本没有得到大片领土和巨额赔款。他们提出，要俄国将整个库页岛和沿海州割让给日本。

参加集会的群众越来越多，秩序越来越混乱，终于与警察发生了冲突。

警察的弹压，使群众愤怒的情绪如火上浇油，愈加高涨。数万群众在黑龙会等社团成员的带领下，袭击了内务大臣官邸和警察署、派出所。

骚乱从 9 月 5 日晚持续到 6 日，激愤的群众纵火烧毁多处警察署，内阁成员的官邸、私邸，乃至首相桂太郎的御用新闻机构国民新闻社，都遭到袭击。东京城内火光四起，呐喊声、枪声、爆炸声彻夜不断。

日本政府见骚乱的规模越来越大，并有向其他城市蔓延之势，不得不出动军队，保护可能受到冲击的地方，并宣布东京全市戒严，禁止新闻杂志刊行，剥夺所有媒体议论报道的自由。

在这场骚乱中，东京全市的 15 个警察署，有 13 处被烧毁，派出所被烧毁 141 处，28 处遭到破坏。群众被警察打死或负伤的达 600 余人，被逮捕者达 1500 余人。这场骚乱被称之为"东京大暴动"。

刺杀首相滨口雄幸

1913 年，头山满指使玄洋社社员、18 岁的冈田满，刺杀外务省政务局长阿部守太郎。然后又命冈田满坐在一张大幅中国地图上的"满蒙"位置自杀。

1932 年，血盟团首领井上日昭派出刺客，刺杀曾任大藏相的井上准之助和财阀团塚磨等暗杀事件，都在日本朝野引起极大的震动。秘密社团暗杀这些人的目的，均与推行他们侵略中国的主张有关。作者将在以后的章节中详细叙述。

在诸多死于秘密社团派出的刺客之手的人当中，首相滨口雄幸是日本政界地位最高的人。

暗杀滨口首相的刺客，名叫佐乡屋留雄，此人属于黑龙会派生出来的秘密社团"爱国社"的成员。

1930 年 9 月 15 日，在天皇裕仁召开的枢密院会议上，滨口首相表示今后愿为海军筹措必要的经费。裕仁听信了滨口首相的诺言，于 10 月 2 日在海军裁军条约上签了字，心满意足地把注意力从政治转到军事上来了。

10 月 22 日，当天皇裕仁离开东京，去观看海军少将山本五十六开展的海军大演习时，滨口首相向他的内阁提出了国家预算。海相对这个预算很不满意，因为海军省要求在新的国防预算中给该省拨款 5 亿日元，占国防预算的半数。而滨口首相提出的国家预算中，只给了海军省 3 亿日元。

10 月 27 日，年轻的刺客佐乡屋留雄乘火车来到东京，他此行的目的是为了刺杀滨口首相。他所在社团的首领认为，首相为发展海军拨款 3 亿日元，而不是 5 亿日元，违背了他对天皇许下的诺言。

佐乡屋留雄到达东京后，并未立即对滨口下手，而只是在市内跟踪这位首相，在预算辩论结束时，暗中做出一种威胁的样子，希望首相能修正预算。西园寺公爵的政治秘书原田从警视厅获悉，有人在暗中盯首相的梢。首相的对立面也极感兴趣地关注此事，主管警察的内务相安达谦藏本人就是黑龙会会员，早在19世纪90年代，他因对暗杀朝鲜王妃事件有功而获得天皇的重用。他命令警方派人尾随监视这个盯梢人，但并不逮捕他。

滨口首相并未被吓倒。11 月 9 日，他终于说服海相接受了一个 3 亿 7 千 4 百万日元的折中预算。滨口认为，他已经赢得了一场大胜利，因为他仍然活着。于是他又开始大胆地谈论他彻底改革日本政府机构的计划。

刺客佐乡屋留雄见他暗杀的威胁，并未能使滨口首相增加海军预算经费，便准备将他的计划付诸实施。

11 月 13 日晚上，佐乡屋留雄由一个幕后指使人替他付账，在东京一家上等妓院过了一夜。警方为了保密，后来一直不愿透露这个幕后指使人的姓名。

第二天早晨，佐乡屋留雄携带一支 8 毫米口径的毛瑟枪，混进东京火车站。他已事先得知，滨口首相将乘火车去和天皇会合，一同参观陆军大演习。

8 时 50 分左右，滨口首相在警卫人员的保护下来到火车站，当他走上月台，正准备上车时，早已混在人丛中等候这一时刻的佐乡屋留雄，十分准确地朝滨口首相的要害部位开了一枪。

有两位碰巧在场的医生在站长室里对滨口首相进行了急救。滨口首相神智仍然清楚，但非常痛苦。他的脉搏急促，每分钟达到 90 次，腹部因腹腔出血而鼓胀得厉害。

滨口首相在站长室经过简单的急救后，被送往东京帝国大学医务室，一位外科主任为他做了手术，给他剪去了 20 英寸的小肠，把剩下的肠道缝合，在做 X 光检查时，大夫发现子弹埋在他的骨盆腔内。外科主任觉得自己没有把握将子弹取出来，便只好让子弹留在他的体内。

外科主任估计滨口首相有百分之六七十的希望可以活下来。但担心他的身体太虚弱，不能在议会下次开会时为他的预算进行申辩。

滨口首相遇刺后，很艰难地活了 9 个月，1931 年 8 月 26 日，经过一连串的消耗体力的外科手术后，这位首相终于痛苦地死去。他和西园寺公爵所共有的要使立宪的首相不但在名义上，而且在事实上掌管国家的美梦，随着他的死亡而破灭。

日本警方对这起震惊朝野的暗杀事件进行了长期的调查，但没有向社会透露任何有关的详情，只是宣称，刺客佐乡屋留雄刺杀滨口首相，是因他痛恨首相在使海军裁军条约获得通过中所起的作用。

佐乡屋留雄在调查和受审期间，由于警视厅厅长的担保，在监狱外过了三年，直到 1933 年 11 月 6 日，才被法庭判处死刑。但在行刑前夕，他意外地被天皇裕仁特赦释放。此后，他一直以佐乡屋吉明的化名，过着民族英雄式的生活。他暗中受到一些人的供养，并且时常在右翼社团的集会上发表煽动性的演说。

刺杀首相犬养毅

滨口雄幸首相遇刺六个月后，即 1932 年 5 月 15 日，另一位首相犬养毅又被暗杀，时称"5·15"事件。

刺客是几名青年军官，而不是秘密社团派出的杀手。但他们在行动之前，曾经得到神武会头目大川周明 2000 日元的经费，并受到另一秘密社团爱乡塾首领桔好三郎的盛情款待。其中一名刺客，曾充当过血盟团首领井上日昭的信使，负责向大川周明传递该团呈给宫内的信息。

这些信奉法西斯主义的青年军官，对犬养毅内阁主张以外交手段而非军事手段解决"满蒙问题"大为愤怒，与右翼社团爱乡塾成员合谋发动政变，他们先后袭击了首相官邸和内务大臣官邸、政友会本部、三菱银行、首都警视厅、变电站等处。随后，九名陆、海军军官，向太阳女神祈祷一番后，前去完成刺杀首相犬养毅的任务。

已经 75 岁高龄的犬养毅，见一帮军人杀气腾腾地来到他的官邸，毫不惊慌，他很有礼貌地将这帮暴徒引进室内，想和他们谈谈自己关于建立"满洲国"的主张。犬养毅的镇定和礼貌，使暴徒们感到意外，一时下不了手，竟按照日本的风俗，脱下了鞋子，提着枪走上了榻榻米。

没等他们坐下来，其中一个暴徒已经不耐烦了，他情绪激动地大喊："谈判没有用处，开火！"随着这声狂叫，九个军人一起开枪，把他们的子弹全部射进了这位彬彬有礼的老者的身体。年老的首相，胸腹部被打得血肉模糊，倒在血泊之中。

事发后，九个暴徒全部被捕。然而，日本大众并不同情受害的首相，而是把凶手视为英雄。大众对在押的凶手表示强烈的同情，甚至有九名男子集体站出来，提议代替被告接受审判。他们为了证明自己的真诚，居然每人事先砍下手上的小指，泡在酒精里，准备向大众出示。因时间过长，当他们带着九根小手指出现在公众场合时，手指已经腐烂。

在民众的呼吁下，刺杀首相的凶手们，竟没有一个被判死刑。

屠杀旅日华侨

日本秘密社团除动辄进行暗杀之外，还对华侨进行过一次血腥的屠戮。

1923 年 9 月 1 日，日本发生了强烈地震。这次地震发生在中午，当城市居民正在做午饭时，东京帝国大学的地震仪记下了第一次震动。随后，震动一直不停，而且愈来愈强烈频繁，地震仪上的指针摆动的幅度已达到空前的程度。东京周围的整个关东平原，犹如在巨浪中航行的小船一样颠簸不停。数以千计的住宅坍塌，高达 12 层的新东京铁塔轰然倒下，镰仓 13 世纪的高 50 英尺、腰围 100 英尺的大青铜佛像也从底座上翻倒。在震中附近的东京西南沿海，几个已成为废墟的村子全被浪潮冲走。

大地震持续了 5 分钟，震后的东京和横滨市区成为一片火海，称之为"龙尾"的火焰，席卷整个废墟。在横滨附近的横须贺海军基地，10 万吨库存石油注入海中，大片大片着了火的石油在沿岸飘浮，烧死了许多逃避陆上大火而跳水逃命的人。

这次大地震，东京有三分之二的建筑被毁，横滨有五分之四的市区变成废墟。被倒塌建筑物砸死或被大火烧死的人将近 14 万。

地震过后，日本政府面临一个大问题，那就是这次大灾难应该由谁负责。

当时，许多日本民众仍相信，在日本海域的水底，躺着一条巨大无比的鲇鱼，每当天照大神对她在位的皇儿发火时，这条鲇鱼就要骚动。以前，天皇在大地震后常以退位表示谢罪。但这次大地震对日本的破坏如此惨重，让那位已在病痛中失去能力的大正天皇退位，看来已不足以使天照大神息怒。

为了转移民众追究责任的目标，戒严令执行长官福田雅泽将军，给日本民众提供了一个替罪羊。他密令宪兵四处散布谣言说，中国、朝鲜的旅日侨民和本国的社会主义者冒犯了神灵，因而导致这场大灾难，而这些人在地震发生后又利用这次灾难纵火抢劫。

这个谣言很快起到了煽动作用。首先被激怒的是秘密社团的浪人们。黑龙会、青年同志会的成员在军警的协助下，大批出动，开始搜捕每一个讲日语带有异国口音的东方人。

9 月 2 日一天，浪人们便在东京市区和附近乡村搜捕到华侨及中国留学生 400 余人。他们将这些人集中起来，或用刀剑砍死，或用棍棒打杀，然后将尸体纵火焚烧。屠场上，浓烟弥漫，刺鼻的焦臭气息经久不散。

晚上 9 时许，300 余名浪人手持枪械，拥至大鸟町八丁目华人客栈，逼华工华商说出财物储藏之处，然后对他们说，当晚仍要发生地震，将他们骗至客栈外的空地上。当华侨带着简单的生活用品来到浪人指定的地点时，这些暴徒突然向他们开枪。174 名华侨，仅一人佯死幸免于难，余皆被浪人打死。而他们的财物，也被浪人们全部搜掠而去。

类似的残杀华侨事件，在其他地方也发生多起。

被搜捕到的朝鲜人达 4000 余名，浪人和军警对他们经过儿戏般的审讯或简单的语言测试之后，就随便将他们打死。

日本大地震发生后，中国政府和人民深表同情，当即停止抵制日货，并决定对日本进行救助。在日本浪人及军警疯狂屠杀华侨的当天，中国政府就派员赴日本驻华使馆慰问，并了解日本的受灾情况。9 月 3 日，中国政府决定：

> 电令驻日代理公使张元节调查实情，并向日本政府慰问。
> 致电神户我国总领事，急赴灾区调查。
> 颁发命令，拨库币 20 万元，赈恤日灾。
> 命令各省联合绅商地方团体，组织日灾急赈会，与政府一致进行赈恤日灾。
> 派遣商轮，运送粮食药品及红十字会人员赴日。

中国招商局运送粮食药品的新铭号轮船，于各国之先到达日本。一些城市也纷纷举行集会，募集捐款，以救济日本灾民。但是中国人民却不知道，旅日华侨正遭到日本浪人和军警的残杀。

旅日华侨惨遭杀戮的事件发生后，中国政府向日本政府提出抗议，并要求惩凶、谢罪、抚恤，但日方根本不予理睬。后来，中国政府又派员多次交涉，一直拖延至翌年 4 月，日本外务省才照会中国驻日公使，表示道歉。至于惩凶、谢罪等项，一概不予答复。中国数百名无辜同胞，就这样白白惨死于异域他乡。

　　恐怖活动的策源地——秘密社团在日本国内的暗杀、暴力活动数不胜数，本章仅列举数端，以说明秘密社团的势力无所不在，秘密社团的成员无所不为，正因为如此，日本浪人才能够成为日本侵略中国的庞大的别动队，在中华国土上制造种种阴谋，犯下累累罪行。

第二章

甲午战争的纵火者

1. 军界要人阴险的暗示

载入史册的密晤

1894 年 5 月 21 日，日本东京。

夜幕已经降临许久，高悬的冷月漠然俯视着岛国之都。白日的喧嚣像潮水般退去，从太平洋上吹来的初夏的暖风，温馨地抚摸着这座渐入梦乡的城市。

这是历史长河中一个平常的夏夜。

然而，就在这天夜里，在这个宁静的城市一隅，有两个人正在为挑起一场两国之间的战争而进行密晤。

这两个人便是日本陆军参谋本部次长川上操六少将和对日本军政界最有影响力的秘密社团——玄洋社的重要成员的野半介。

这次密晤与两个月后爆发的一场战争一起载入史籍。

川上操六，1849 年生于旧鹿儿岛藩武士之家，少年入伍，历任中尉、少佐、大佐等职。1885 年升为少将，任陆军参谋本部次长（1898 年升任参谋总长，9 月晋升为大将，1899 年逝世），是日本军界主张对外扩张的强硬派的重要人物之一。

的野半介为人阴险诡诈，颇有计谋，经常参与头山满与平冈浩太郎等人的种种阴谋策划，在玄洋社号称"军师"。他多次以经商作掩护，深入朝鲜各地搞情报活动，对朝鲜的政治时局和军事方面的情况了如指掌，称得上是"朝鲜通"。1882年6月15日，他奉头山满之命，带领玄洋社的五个成员前往朝鲜，为日本出兵朝鲜、驱逐中国在朝势力制造事端，不料正好遇上由朝军训练都监兵使柳春万、金长孙等发动的"壬午兵变"，矛头直指闵妃统治集团和日本驻朝公使及在朝鲜活动的浪人，的野半介等人无功而返。这一次，他又在为挑起一场战争而积极奔走。

的野半介作为玄洋社的"特使"与川上操六密晤之前，已经拜访了外相陆奥宗光。他拜访外相的目的，是代表玄洋社和其他右翼团体，要求政府对中国宣战，为在中国被人暗杀的朝鲜开化党领袖金玉均报仇①。

于的野半介拜访外相的前一天，由玄洋社等秘密社团主办，在东京浅草本愿寺为金玉均召开了追悼会。在头山满等人的极力煽动下，参加追悼会的浪人们情绪悲愤激昂，一致提出了"讨伐清、韩暴政政府"的口号。会后，头山满和平冈浩太郎等人秘密商定，派的野半介为代表，密晤陆军参谋本部次长川上操六，要求政府与中国开战。

金玉钧是何许人也？日本浪人为何抓住金玉均之死大做文章，呼吁金玉均之死是日本的"国耻"，要求政府发动对清战争？其原因还要追溯到1884年。

是年12月4日，以金玉均、朴永孝等人为首的开化党，借京城邮局落成开幕式之机，与日本驻朝鲜公使竹添一郎密谋发动政变。当天夜里，他们同日本驻朝鲜公使竹添一郎率领的一个中队日

---

① 开化党：出现于朝鲜统治阶级内部的要求改革的集团，其成员主要是不满现状的青年知识分子和官吏。

军，首先杀死闵妃统治集团的事大党（亲清党）首领①，然后攻占了王宫。次日，开化党组织新政府，宣布与清政府脱离宗藩关系。12月6日，新政府发布新政，改革弊政。看起来，这次政变已轻而易举地取得成功。

不料，就在开化党发布新政的当天下午，驻朝清军将领袁世凯便率兵两千，向占领王宫的日军发动猛烈进攻。经过一番激战，清军杀入王宫，大败日军。日本公使竹添一郎仓惶逃回本国。金玉均和另一名开化党领袖朴泳孝见大势已去，也一同亡命日本。

闵妃集团在清军的援助下，重新掌握了政权。

由开化党发动的政变昙花一现，仅三日内便被挫败。这一事件，在朝鲜历史上称之为"甲申事变"。

金玉均等人在密谋发动这次政变之前，曾与日本政府和头山满等人联络。开化党的纲领是反对清朝政府干涉朝鲜内政，主张日本明治维新式的改革。金玉均等人试图借助日本的力量发动政变，赶走驻朝清军，击败闵妃的事大党。日本政府早有侵略朝鲜的野心。开化党的政变计划，正中日本政府的下怀。日本当即答应为开化党进行内政改革提供活动经费，并暗中指使驻朝公使竹添一郎，率兵协同开化党举事。

岂料协同举事的日军竟未经得起驻朝清军一击。日本政府企图通过新党控制朝鲜，进而驱逐清政府在朝势力的计划再次落空。

亡命日本的金玉均和朴泳孝一直受到日本政府和头山满的庇护。朝鲜政府曾要求日本政府按照国际法引渡金、朴二人，遭到日本的拒绝。日本政府把他们当作朝鲜独立的种子，指望有朝一日，这两颗种子能在朝鲜半岛上生根、开花、结果。

然而，这两颗种子已无重返朝鲜国土的希望。

① 闵妃（1851—1896）：朝鲜李朝第26代李太王的王妃，婚后6年无子。李太王及其父大院君都宠爱宫女李氏所生之子。她为此感到地位受到威胁，便经过一番策动，于1873年迫使大院君隐退。从此，她在宫廷中得势，其族人均占据政府要职，把持国政。闵妃集团与大院君的矛盾也日趋尖锐化。

　　1892 年，朝鲜政府派李逸植前往日本，伺机暗杀金玉均和朴泳孝。李逸植到日本后，在东京结识了曾经留学法国的朝鲜人洪钟宇。洪钟宇身着西装，留着一头短发，能说朝、日、中、法几国语言，且与金玉均等人相识，但他的立场却站在朝鲜政府一边，反对开化党人的政治主张。李逸植觉得洪钟宇是暗杀金玉均等人的极好人选，便将自己来日本肩负的任务告诉洪钟宇，洪钟宇表示愿为政府效力，除掉开化党首领。两人遂寻找下手的机会。

　　金玉均流亡日本 10 年，日本对他的种种承诺一直未能兑现，令他非常失望，转而想借助清政府的力量，实现自己的政治抱负。后来，他与清政府驻日公使、李鸿章之子李经方和汪凤藻取得了联系，很想通过李经方的关系会见李鸿章，讨论东亚与朝鲜的未来。洪钟宇得知金玉均有此想法后，表示愿意为他提供帮助，使他能安全地前往中国，实现这一愿望。

　　1894 年 3 月 27 日，金玉均和洪钟宇装扮成日本人，同清政府驻日使馆翻译吴静轩和一个日本仆人乘船抵达上海，住进日本人吉岛德三所开的东和洋行。次日下午 3 时，洪钟宇在洋行宿舍里，将毫无防备的金玉均枪杀。29 日，洪钟宇被租界巡捕逮捕。

　　继金玉均被杀之后，在日本的朴泳孝也遭朝鲜刺客李逸植的追杀，险些丢掉性命。

　　4 月 12 日，清政府应朝鲜政府的要求，由李鸿章安排"威靖"舰将金玉均的尸体运回朝鲜。朝鲜一些守旧派大臣对金玉均之死欣喜若狂，并当夜戮尸，以示对金玉均的惩罚。

　　金玉均之死，使玄洋社的首领们找到了一个煽动民众反对清、韩政府的由头。而眼下，朝鲜的东学党领导的农民起义军正在攻城略地，与政府军展开激烈的战斗。因此他们认为，吁请政府向中国宣战的时机到了。

　　但是，玄洋社的"特使"的野半介，并未从外相陆奥宗光那里得到半点明确的答复。外相面对的野半介的慷慨陈词，仍像平素一样冷静，他说："从朝鲜政府的角度看，金玉均不过是一芥叛逆。我大日本帝国，固然要膺惩中国，以雪甲申之耻，但也不能以金玉均之死作为开战的理由。何况战争大事，除天皇之外，并非谁一人能够决定。你不妨再去拜访川上将军，看看陆军省是否有对清、韩开战的意图。"

陆奥外相不置可否的回答，不仅使的野半介大失所望，而且感到愤慨。近年来，日本朝野的"对外强硬派"，一直攻击陆奥外相奉行"软弱"外交，通过这次拜访，足见其真。

但是的野半介却不知道，表面上奉行"软弱外交"的陆奥外相，却与军界的强硬派首脑在幕后紧密合作，积极准备发动一场战争，以转移国内舆论对政府的不满。3 月 27 日，他在给驻英国公使青木回信时就说："国内形势日益紧迫，政府若不做出一番惊人事业，便不能稳定动荡不安的人心。但是，又不能无故发动战争……"

从这封信看，他正苦于找不到一个发动战争的理由。但他作为外相，不便对玄洋社的人明确表示自己的态度。这位外表"软弱"的外交大臣，其真实面目在甲午战争爆发之后才暴露出来。

陆奥宗光叫的野半介去见陆军本部参谋次长川上操六，自有他特别的用心。他相信川上操六这位军界强硬派的重要人物，会给这位民间秘密社团的代表一个比较明确的答复。

肩负"重大使命的"的野半介从陆奥外相处一无所获，当天晚上便秘密来到川上少将的官邸，以求从这位军界要人口中得到一个满意的答复。

"我们现在需要的是纵火者"

川上操六在他的书房里接见了这位玄洋社的"特使"。

川上的书房陈设雅致，一排高大的书橱中有不少是线装书。而最引人注目的还是壁立于书房一隅的檀木古董架，架上那些珍贵的中国古玩和精致的明代瓷器，即使是见惯宝物的老古董商看了，也会感到惊羡。川上喜欢在书房中会见他认为尊贵的客人，在书房中商谈他认为重大而又需要保密之事。

由于玄洋社社长平冈浩太郎极力支持"对外强硬派""鹰惩中国"，已和川上操六暗中结为知友，而的野半介作为平冈浩太郎的妹婿、参议院议员、玄洋社机关报《福陵新报》（后改为《九州日报》）主编，自然要被川上操六待为上宾。

当的野半介说明他的来意时，川上操六并未感到惊讶。但他对如何回答的野半介提出的要求，却显得颇为审慎。他点燃一支雪茄，深深吸了一口，然后才慢条斯理地说："对清开战，眼下时机似乎尚未成熟。而金玉均被杀一事，也不能作为开战的由头。"

的野见川上的答复并不比陆奥外相的态度明朗一些，他便意识到必须向参谋次长强调，朝鲜目前的骚乱，正是出兵的大好时机，他说："金玉均之死既然不能作为开战的理由，那么我们很想知道，军界对于东学党起义持何态度，是不是准备趁此机会出兵朝鲜？"

"我们一直关注着朝鲜的骚乱，不过目前尚在静观其变。"

川上颇费猜想的回答使的野半介失去了耐心，他一改刚才的恭敬态度，情绪有些激动地说："将军阁下，如果您说的是军界对待朝鲜之乱的真实态度，那就让我们太失望了。难道日本要等到东学党攻下汉城，才发兵支持起义军吗？"

的野半介明显像是指责的口气，令川上有些不快。但他却不动声色地反问道："东学党目前的声势确实不小，但是你们凭什么断定朝鲜政府平息不了这场骚乱，又凭什么断定东学党能够靠自己的力量攻下汉城呢？"

"我们根据可靠情报，全罗道地方的义军已以破竹之势攻克井邑、咸平、长城三郡。现在队伍已发展到万余人。在全罗道义军的影响下，忠清道、庆尚道等好几个地方也相继爆发了起义。平冈社长和头山满先生一致认为，东学党揭竿而起时，提出的口号只是

'辅国安民'、'尽灭权贵，逐灭夷倭'，随着力量的壮大，他们现在已成立了政权机构——'执纲所'，显然已有推翻政府的计划。如果我国现在出兵支援东学党作战，他们自然会取消'逐灭夷倭'的口号，而他们将来如果夺取政权，也必会为我大日本帝国所用。"

"嗯，你的话有些道理，说下去。"

的野半介见自己的话引起了川上的重视，情绪更加激昂，他接着说："到那时，日本驱逐清国在韩势力，也就名正言顺。我们可以断定，清国不会轻易放弃对朝鲜的宗主国地位。只要清国起兵迎战，我大日本帝国即可将战场推至鸭绿江以西！"

的野半介一番慷慨陈词，使川上陷入沉思。

连月来，日本内阁一直关注着朝鲜事态的发展，川上作为军界"对外强硬派"中的一员，自然也不例外，他希望从朝鲜的骚乱中找到一个契机，作为发动战争的借口。对于东学党起义的进展情况，他要比的野半介更清楚一些。但是，直到目前，清政府仍对朝鲜的骚乱袖手旁观，而朝鲜政府也对平息这场叛乱怀有自信，一直未请求宗主国帮助平叛。这使得日本政府感到无机可乘。

那场爆发于异邦的农民战争的前景，就像烟雾一样迷蒙，川上操六一时还无法透过这迷蒙的烟雾，找到一条路——一条"师出有名"的对外扩张之路。

的野半介对于朝鲜政局的分析，虽然不免一厢情愿，只往有利于日本一方着想，但最后那句话却仿佛一道阳光，穿透了他眼前的烟雾。

"只要清国起兵迎战，我大日本帝国即可将战场推至鸭绿江以西！"片刻间，一个阴谋在他脑海中形成，如果玄洋社的人能够……他重新点燃一支雪茄，起身缓步踱了几个来回，然后转身面对的野半介站定，说："你们对东学党的力量未免估计过高，他们的起义究竟能坚持多久，目前尚未可知。韩国政府至今未请求清国政府出兵平叛，说明他们自信有能力对付东学党。而等东学党夺取政权之后，再驱逐清国在韩势力，这种想法也有些天真，因为那未免太渺茫，也太遥远。至于说让一国政府出兵援助另一国的叛党，也会受到国际舆论的指责。"

"将军阁下，难道政府就这样坐失良机吗？"

"不，"川上略作停顿，接着说，"我们现在需要的是纵火者。"

"纵火？"的野半介茫然地看着川上那张冷峻的脸问。

"对。你刚才说，只要清政府出兵迎战，我大日本帝国就可将战场推至鸭绿江以西，那么我要问，怎样才能使清政府出兵，你们想过没有？"

"这……"

川上阴险地一笑，说："听说玄洋社是高士济济的远征党的根据地，难道就找不出几个有本领纵火的人来？如果有人在韩国纵起火来，那么，灭火就是我们的任务。"

"将军阁下，请您赐教具体良策。"

"哈哈，这我就不便明说了。头山满和平冈先生都是足智多谋、善于运筹之士，你把我的话转告他们，他们自然会有良策的。"

的野半介见川上不愿明说，不好再问，低下头稍事沉吟，悟出这可能是一个重要的暗示。他见时已夜深，便起身告辞，离开了这位军界要人的官邸。

2．战争的纵火者——天佑侠团

黑龙会首领率众出征

第二天，的野半介便来到头山满的寓所，向这位浪人之王详细复述了他拜访川上操六少将的经过。

老谋深算的头山满听完的野半介的报告，对川上操六的暗示心领神会，他明白，川上所说的"纵火"，并非是叫他们派人到朝鲜去制造骚乱，因为现在东学党的起义已颇具规模，川上之意，是叫他们设法点燃起日清两国之间的战火。

头山满十分清楚，东学党起义，目前虽然连获小胜，但还不足以对朝鲜政府构成很大的威胁，因此朝鲜政府至今仍能沉得住气，未向清国求援。玄洋社的任务不是去壮大东学党的力量，帮助他们去推翻政府，而是要去壮大他们的声势，让朝鲜政府看到，在东学党的背后，有日本人的支持。这样一来，他们就会向清国求援。而清国一旦出兵，日本对清开战，也就找到了一个由头。

这便是川上操六叫他们纵火的真正意图。

随后，头山满与平冈浩太郎、的野半介经过一番秘密策划，决定由玄洋社的骨干成员内田良平为首，组织"天佑侠团"，赴朝鲜参加东学党起义军作战。所需经费，由头山满和平冈浩太郎负责筹集。

内田良平，原名内田甲，号硬石，1874年生于九州福冈旧黑田藩一个下级武士之家。内田良平早在幼年时代，出生于"名儒"之家的母亲便常向他讲述古今"忠臣"、"英杰"的故事，向他灌输"敬神、尊皇"思想。内田良平小学毕业后，在阿郡郡公所当勤杂工，闲暇时喜读文学、历史书籍。他少年时代常听父亲与叔父平冈浩太郎在"征韩论"或"伸张国权"问题上的种种议论，深受"国权论"的影响。

1888年，内田良平因病辞去郡公所的工作，寄居叔父平冈浩太郎家，进行"文武之修炼"。他一边去玄洋社的武道场学习弓术、相扑、击剑和柔道等武艺，一边埋头钻研日本国学和汉学典籍，立志要干一番惊天动地的事业。

内田良平1901年组织黑龙会，自任"主干"（会长），在以后的日俄战争中积极从事情报活动，辛亥革命期间，他曾多次与孙中山接触，企图插手中国革命。

如果说头山满是日本右翼社团的开山祖师，那么内田良平则是日本右翼社团的第二代领袖，是浪人中的阴谋家和冒险家。

内田良平在头山满等人决定派人赴朝鲜"纵火"之前，就曾到长崎找他的亲戚、著名浪人末永节商量赴朝活动，拉拢和利用东学党，为日本政府所用一事。末永节主张："帮助东学党打倒李家王朝，成立新的韩国独立国，然后推广到西伯利亚，大事就容易成功。"两人可谓一拍即合。但由于没有经费，无法活动，内田良平不得不返回福冈筹集资金。

内田良平受命赴朝纵火，自以为是一个施展抱负的大好时机，他很快就物色了 13 名浪人，取名"天佑侠团"，整装待发。

这支 14 人的队伍，其中有四名是玄洋社的社员，即内田良平、铃木天眼、大原义刚、武田范之。另一名浪人，虽然不是玄洋社的社员，但却是玄洋社著名社员山崎羔太郎的弟弟，也是一位与玄洋社有密切关系的浪人。其余人则是从别的社团召集而来。他们有的文武双全，如内田良平、大原义刚、铃木天眼等；有的则武艺精湛，胆识过人。

天佑侠团组成之后，内田良平与团员们经过密商，决定了他们的活动方针："为实现东洋的和平，有必要先进行日韩协力。韩国朝野都误认为清国是世界无比的大国，于是便一直持反日辱日的态度，难期东南亚之安定。为开拓韩国国民的眼界，在此际开日清之间的战端，当以将清政府势力驱逐出韩国为当务之急。"

此后，内田良平拍电报给长崎的末永节，要他与岛田经一、关屋斧太郎为先遣队，提前去朝鲜，但由于末永节等人出发时，因携带炸弹被警方发现而被拘捕，未能成行。

的野半介原也准备作为天佑侠团团员赴朝，但由于他在东京的活动引起警方的注意，被警察监视，只得留在日本。

5 月下旬的一天上午，苍穹碧蓝如洗，对马海峡风平浪静，甲午战争的纵火者们在内田良平的率领下，在某港口登上一条小型商船，开始了他们的远征。

花言巧语，骗取信任

朝鲜东学党又名东学道，创立于 1860 年。创始人崔济愚，号云水，庆尚道庆州人，道学家。他在民间信仰的基础上，合儒、佛、道为一体，创立"东学"，意为东方朝鲜民族的宗教，与以基督教、天主教为主体的"西学"相对抗，并周游全国各地，宣传东学思想。东学道被朝鲜政府视为异端，遭到镇压，崔济愚被政府逮捕，以"左道惑民"罪斩首。

崔济愚被杀后，东学党在第二代道主崔时亨的领导下，以南部诸道为中心，广泛发展党徒，数年后，党徒已遍及全国。

19 世纪 90 年代初，朝鲜连年灾荒，而闵妃统治集团则仍然对外妥协屈服，对内横征暴敛，赋重刑苛，使广大百姓啼饥号寒，民不聊生，不断奋起反抗。

1894 年 1 月，东学党党徒全琫准在古阜郡率领农民揭竿而起。起义军所到之处，百姓箪食相迎，执械来投者络绎不绝，队伍迅速壮大。至 5 月份，已经发展至一万数千人。

内田良平率天佑侠团到达朝鲜后，了解到东学党起义军由于轻信政府承诺的停战条件，撤出了占领不久的军事重镇、全罗道首府全州，退至淳昌和南原地区，使朝鲜政府争取了时间，调集兵马，开始向东学党大举进攻，义军现正处在困难关头，很需要外力的支援，天佑侠团来的正是时候。这些情报令他心中大喜，对"纵火"充满信心。

内田良平等人在仁川稍事停顿，领到了玄洋社社员宫川五三郎送来的由头山满和平冈浩太郎筹集的经费，然后日夜兼程南下，在全罗道的淳昌附近，与东学党起义军取得了联系。

这天下午，内田良平一行来到东学党的大本营，他从营门外望去，只见营门两侧四面彩旗迎风招展，旗上分别有四个大字，一面是"辅国安民"，一面是"尽灭权贵"，一面是"惩办贪官"，一面是"逐灭洋倭"。内田知道这四句口号是东学党的起义纲领，对于前三句，他并不在意提得是否妥当，而对于第四句，他和随行的浪人都表示极大的不满，同时担心是否会因这一口号而与全琫准发生分歧。

义军统帅全琫准事先接到禀报，已和金开南、孙化中、金德明等将领准备迎接内田良平的到来。

全琫准本不想接见内田良平一行，因为东学党的斗争宗旨之一，便是"逐灭洋倭"。但部将们却说，眼下与官军作战，很需要外力的支援，若日本人果真怀有诚意，为支援东学党作战而来，不妨趁机加以利用。全琫准觉得此说颇有道理，才改变了态度。但他对这帮日本人仍怀有戒心。

双方在议事厅分宾主坐定，略作寒暄，内田良平便开始施展他的外交才华，他对全琫准说："东学党人据于正义，履行大道，举旗兴兵以振王家之衰运，救百姓于水火，早已轰动日本朝野。将军振臂一呼，应者云集，起义军攻无不克，所向披靡，足见民心之所向。我等侠徒虽属平民，但也都是胸怀大志，向往正义之士，今日掷产舍家，置生死于不顾，远离父母之国来到大韩，一是慕将军威名，想为义军略尽绵薄之力；二是要协助贵国从清国的奴役下解脱出来，成为真正独立的国家。"

内田良平之言，情辞恳切，令全琫准戒心稍释，他说："内田壮士之言，真是感人肺腑，我全琫准欢迎诸位侠士的到来！"

内田良平继续说："我等侠徒，不过是日本民间力量的代表，将军如希望得到日本的援助，我们的同志将会源源不断地来到贵国，支援义军。在我们来贵国之前，头山满和平冈先生已经召集两百名玄洋社壮志，加紧训练，准备随时开赴贵国。"

全琫准闻言，心中暗喜。只是不知，这帮主动找上门来要援助义军的日本人，对东学党的起义中"逐灭洋倭"一条怎么看，他不动声色地说:"请问内田先生,你们知道我们的起义纲领吗?"

内田良平和一帮浪人,没想到这个农民军将领和他们第一次见面,就提出这么个敏感问题,一时有些发怔。内田良平毕竟机敏过人,眼珠子转了两转,答道:"东学党的威名远播国内外,我们日本人早就知道东学党是集儒、佛、道三教为一体,由崔济愚创建于 1860 年,所谓'东学',意思是东方朝鲜民族的宗教……"说完,又接着背诵起东学党的起义宣言,"吾辈举义旗至此,决非他故。所望拯百姓于涂炭,奠国家于磐石。当内斩贪虐之官吏,外逐横暴之强敌。举凡苦于两班、富豪之民众,与夫受辱于方伯守令之小吏,皆与吾辈同仇敌忾,勿少踌躇,勿失良机,乞速奋起……"

全琫准见他答非所问,又一次郑重问道:"内田先生,我是问,你们了解我们东学党的纲领主张吗?"

内田良平见全琫准一再发问,见已无法回避,便答道:"我们当然知道:辅国安民、尽灭权贵、惩办贪官,还有,还有逐灭洋倭。"

全琫准笑道:"既然如此,我不禁要问,诸位为何还要远离家国,前来帮助我们?"

内田良平正要做进一步解释,武田范之在一旁插话道:"逐灭洋倭,是你们当初发动起义时提出的,现在我们既然来到贵国,冒着生命危险和你们并肩战斗,我大日本帝国还要不断支援你们武器弹药。你们的纲领,将军得修改才行。"

总参谋金开南见这些日本浪人刚来,就提出修改他们的起义纲领,心中不快,不等全琫准发话,便说:"不行,我们的纲领,是众将领一起制定,并且得到东学党所有弟兄拥护,全军上下,都甘愿为实现我们的目标而不惜一死,怎可随便修改?"

全琫准意在进一步弄清日本浪人援助东学党的目的,并不想因为一句口号而把双方关系闹僵,挥手示意金德明不要意气用事,他心平气和地反问道:"请问武田先生,按照你的意思,我们这一口号应该怎样修改呢?"

内田良平怕武田范之出言不逊，坏了纵火大事，急忙解释道："我们并不要求你们把东学党的纲领全部改掉，'辅国安民，尽灭权贵，惩办贪官'，很有号召力，能够唤起大众投身义军，但'逐灭洋倭'，现在就要改一改了，我们既来援助义军，大家都是弟兄，弟兄之间总不能互相打杀吧？再说，难道将军还要让我们去攻打日本驻韩公使馆、去杀那些在贵国的日侨吗？"

义军总管领金德明解释道："我们所说的逐灭洋倭，矛头所指，是那些在我国搞侵略活动的日本人，对于援助东学党的日本人，我们则要以朋友相待。"

内田良平口气温和但态度坚决地说："全将军、金管领，这一条如果不改，我们可是没法向国人交代呀。"

全琫准考虑到东学党目前的处境，很想得到天佑侠团乃至日本政府的援助，何况内田等人要求修改口号，也有他们的理由，为大局计，他决定做出让步，他说："内田先生，你看把'逐灭洋倭'改为'反对侵略'如何？"

内田良平见金琫准这么说，也见好就收，只要东学党不在纲领口号上把矛头直指日本人就行，尽快完成纵火大任要紧，便说："好，就这样改吧。"

全琫准向金开南等人征询了一下意见，他们均点头表示同意，于是全琫准按照事先与众将领商定的计划，对内田良平说："既然你我双方已无异议，就请诸位壮士留在军中，和我们共图大业。至于对诸位壮士如何安排，容当后议。"

内田良平见大事已初告成功，心中暗喜，当即表示要全力以赴，助义军夺取胜利。

一心要把火烧大

当晚，全琫准设宴为天佑侠团接风。

席间，内田良平借着酒兴，以高屋建瓴之势，畅谈日、韩、清、俄之间的关系及世界东西方形势，并且旁征博引，插入哲言典故，自然是语惊四座，令几位起义军将领肃然起敬。

全琫准出生于全罗道高敞郡一个乡村塾师之家，年轻时代也曾广涉经史，见内田良平一个二十来岁的小伙子，居然学识渊博，议论起天下大事头头是道，不禁赞叹道："初见内田壮士，原以为是一位武夫，想不到壮士竟是一位具有远见卓识的青年才俊，令在下十分佩服。我全琫准愿与诸位壮士结为异国朋友，来，干杯！"

内田良平见自己已经得到起义军领袖的赏识，心中暗喜，他将杯中酒一饮而尽，然后即席表演了一套日本剑法。他精湛的武术，博得了一个满堂彩。一位五十多岁的起义军将领在向他举杯敬酒时说："壮士真是身手不凡，我活到现在还是第一次看到你这样的文武全才！"

随后，铃木天眼、大原义刚、武田范之等人，均即席发言，表示愿为起义军效力。

武田范之于寥寥数语之后，表演了一套日本刀法。这位越后显圣寺的和尚，精湛的武艺也令满座叫绝。

全琫准见内田良平一行人数虽少，但个个都是堪用之才，于酒席间，心中已暗暗有了一个如何任用天佑侠团的计划。

东学党起义军分为本营、游击军东面军、西面军、南面军、北面军、辎重军和红十字军。全琫准任本营总督。

翌日，全琫准请内田良平等人参观了本营和东、西两面军的大练兵，以显示起义军的阵容。

在一片开阔地上，数千名起义军头裹白巾，手执竹枪，在一面黄旗指挥下，不断变换阵势，队形丝毫不乱，士兵喊杀之声震动四野。随后，士兵们集合一处，高唱以东学党第二世道主崔时享的诗为词的"党"歌，其歌词是：

金樽美酒千人血，
玉盘佳肴万姓膏。
烛泪落时民泪落，
歌声高处怨声高。

歌声极为悲壮动人。

内田良平坐在以土石垒成的"帅台"上向下望去，见士兵们手中的竹枪戟指苍穹，有如一片密匝匝的竹林，士兵头上的白巾连成一片，有如皑皑白雪，阵容威武壮观，口中连连称赞全琫准练兵有方。全琫准听了，颇为得意，当众宣布内田良平任统兵军师，其余等人均任大将、副将之职，并且拨起义军550人，归天佑侠团指挥。

天佑侠团被全琫准接纳之后没几天，便碰上了崭露头角的机会。

这一天，全琫准接到禀报：两湖招讨使洪启薰，率领精兵八千，杀奔淳昌而来，估计明天清晨即可到达淳昌附近！全琫准闻报，立即召集义军将领和内田良平等人共商对策。内田良平得知洪启薰骄横狂妄，目中无人，仗着军队装备精良，而不把义军放在眼里，便向全琫准献上"诱敌深入，聚而歼之"之计，全琫准与众将领均认为此计甚妙。

当天夜里，东学党义军在淳昌附近山区设下埋伏，由全琫准亲自担任诱敌深入的任务，将洪启薰的八千人马引入一条长约十华里的山谷中。随着一声号炮响过，早已等候多时的义军和浪人们，分数路呐喊杀出。那些浪人，本来就是嗜杀好斗之徒，这一下正好可以大显身手。政府军在义军和浪人的勇猛冲杀下，死伤惨重，不少士兵向义军下跪投降。洪启薰见势不妙，急忙率领亲兵护卫，于重重包围中杀出一条血路，连夜逃往全州。

全琫准见日本人个个武艺高强，勇猛善战，心中大喜，对内田良平说："有你们这些智勇双全的日本朋友相助，我东学党何愁不能大败官军！"

内田良平一心要把火烧大，以引起朝鲜政府的恐慌，便抓住时机，与全琫准单独密谈，极力鼓动他趁热打铁，率军攻打全州。他说："韩国朝野都以为清国是世界无比的大国，其实不然。清国政府腐败，民怨沸腾，根本无法给韩国政府以有力的支持，东学党起义军士气高涨，而且深得民心，应抓紧时机挥师北上，攻取全罗道首府。到那时，日本就会给东学党以强有力的支持。然后，起义军便可一鼓作气，直逼汉城，推翻韩廷也就指日可待。"

全琫准不知内田良平的用心，欣然采纳了他的建议，于稍事休息之后，率领全军北上，猛攻全罗道首府全州。

6 月 1 日，东学党起义军攻克全州。

朝鲜政府得知全州失守，大为震惊，国王李熙急命洪启薰统兵数营，借驻泊在仁川的中国平远舰，并率本国之苍龙、汉阳两舰，在长山浦登岸，企图夺回全州。清政府驻朝鲜通商事务大臣袁世凯，派遣徐邦杰随行照料。

就在天佑侠团纵火成功的同时，日本政府正在集结重兵。一个引诱清政府出兵助韩平叛的圈套正在秘密设置之中。

3. 袁世凯汉城中圈套

巧探清廷态度

在全琫准率兵北上的当天，内田良平便通过早已在朝鲜活动的日本浪人，向平冈浩太郎发回密电，报告了天佑侠团入朝后的活动情况和东学党起义军的动态。

平冈浩太郎接到电报，喜不自胜，立即造访陆军参谋本部次长川上操六，向他报告纵火成功的消息。

川上操六认为时机已经成熟，便将这一消息报告陆相大山岩和参谋总长有栖川宫炽仁亲王，当即召开军事会议，决定于6月1日起，以开展"陆军大演习"为名，将邮船公司的轮船紧急集合起来，时刻准备运兵赴朝。

6月2日，日本政府得知东学党占领全州的消息之后，首相伊藤博文立即召开内阁紧急会议，正式通过以"保护使馆侨民"为借口出兵朝鲜的决定，并报请天皇"圣裁"。内阁这一决定，立即得到天皇的裁可。

明治天皇当日即向陆相、海相、参谋总长及海军军令部长传下敕语：

> 今朝鲜内乱蜂起，气势猖獗，为保护侨居该国的我国国民，决定派遣军队，卿等应悉心协商，妥善处理。

参谋总长有栖川宫炽仁亲王，开战的心情十分迫切，提议先派一个约7000人的混成旅团迅速赴朝。但是，川上操六却认为混成旅团赴朝，要等到清国出兵之后。

日本政府一面秘密进行战争准备，一面密切注意清政府的动向，同时密电驻汉城代理公使杉村浚，指示他设法诱使清政府出兵。

这天上午，杉村浚来到清政府驻朝鲜通商事务大臣袁世凯的寓所，向他探询清政府的态度。

袁世凯在朝鲜期间，虽然骄横傲慢，以"上国"大臣自居，但他对于日本公使却不敢怠慢，加上他与杉村浚原有交往，听说杉村来访，立刻丢下手中公务，整冠相迎。

杉村浚与袁世凯寒暄过后，便开门见山，问清政府对东学党之乱将做何打算。

袁世凯早就想显示他"上国公使"举足轻重的地位，在东学党起义爆发后，他就主张坚决剿灭义军，并早已有意电请清政府出兵弹压。但他生性狡狯，不愿将自己的打算和盘托出，便反问杉村道："敝国对如何处置东学党之乱，尚未做出裁决。不知贵国对此事持何态度。"

杉村浚说："韩国一直对敝国怀有戒心，故敝国对平乱一事不愿插手。即使派兵来韩，也不过百余名，可保护公使馆安全足矣，别无他意。贵国乃韩国之上国，怎可坐视反民作乱，危及韩廷，而袖手旁观？"

袁世凯

袁世凯见杉村浚一副坦诚之状，对他的话坚信不疑，便将自己的计划告诉了他。

杉村浚心中暗喜，继续怂恿他："露西（俄国）对韩国早有觊觎之意，而今韩国遇事，内乱不能自了，贵国如不出兵相助，他国必然乐意为之，到那时，贵国岂不是无地自容了吗？"

袁世凯听罢，连称杉村浚"言之极当"。

杉村浚见袁世凯已经上钩，便话题一转，叙了一番往日的旧情，起身告辞。

傲慢的上国使臣

1882 年，27 岁的袁世凯随淮军统领吴长庆入朝平定"壬午兵变"有功[①]，又通过叔父与李鸿章的关系，掌握了驻朝清军的兵权。1884 年，袁世凯又因平息开化党叛乱有功，接替了驻朝商务委员陈树棠之职。1885 年，袁世凯被清政府任命为驻朝鲜总理交涉通商事务大臣。

总理交涉通商事务大臣，只不过是北洋大臣的属吏，不能代表国家和国家元首。但因清政府以朝鲜为从属国，一度不设公使，袁世凯便把自己当作"上国"派出的"公使"看待，在朝鲜摆出监国大员、太上皇的架式，遇事直入王宫，或传呼朝鲜大臣听命，态度傲慢，盛气凌人，颐指气使，专横武断。袁世凯在各国公使面前，也是自视高人一等，遇有使领会议，自己不出席，仅派翻译参加，以显示其与众不同。

袁世凯对朝鲜内政横加干涉，强迫朝鲜政府按照自己的意志行

光绪皇帝

---

① 　壬午兵变：1882 年 7 月，汉城士兵因将领克扣军饷而发动兵变，受闵妃排斥打击的大院君李昰应，利用兵变重掌朝政，史称"壬午兵变"。这次兵变后来被清政府出兵平息。

动，任何重大问题，如不得到他的允许，朝鲜政府很难实行。闵妃集团对袁世凯的蛮横干预非常不安，企图把俄国作为新靠山，1886年8月，曾密函俄国公使，请求保护。

袁世凯闻知后，立即捏造了一个清政府将派兵前来问罪的假电报，大肆威胁朝鲜官员，恐吓李熙。同时电呈李鸿章，要求废掉李熙，另立新君。李熙在袁世凯的恫吓之下，终于屈服，打消了寻求俄国保护之念头。

东学党起义爆发后，袁世凯担心朝鲜政府无力平乱，一旦义军逼近京城，引起外国人干涉，自己多年苦心维护的清国在朝鲜的地位，就会发生动摇，因此便迫不及待地为朝鲜政府出谋划策。

东学党攻占全州之后，袁世凯调平远舰代为运兵，又派徐邦杰随洪启薰前往全州，侦察义军情况，并跃跃欲试，主动向朝鲜大臣流露出愿代为戡乱之意。但是，朝鲜政府尝够了袁世凯横作威福的苦头，害怕清政府出兵平乱后，他的气焰更加嚣张，叫他们无法忍受。而且顾虑日本也会出兵干涉，故未立即请求清政府出兵。

朝鲜政府暂时的"镇定"，使袁世凯既失望又焦躁，深恐没有再露一手的机会。

杉村浚的来访，更使他自信判断无误，出兵助韩平乱，非大清国莫属。他只盼朝鲜政府抵挡不住义军的进攻，早日乞求清廷发兵。

袁世凯的盼望很快便实现了。

第二天早晨，他正拥着一位汉城名妓于卧榻酣睡，仆从忽于门外报告："韩国兵曹判书闵泳骏求见大人。"

"叫他下午再来。"袁世凯厌烦地说。

"闵判书说有要事需立见袁大人。"仆从说。

"有啥要事，大清早的，他不知我在睡觉？"

"小人未问。"

袁世凯转念一想，闵泳骏一大早来找他，莫非是为乞求大清国发兵之事？想到发兵，他精神为之一振，他不再贪恋床榻，推开怀中的妓女，匆匆着衣下床。

袁世凯洗漱完毕，来到客厅，见闵泳骏正在焦急地来回踱步，心想："他果然有急事要相求于我。"

闵泳骏已等了好久，袁世凯一露面，他便上前施礼，说："袁大人，下官闵泳骏有要事特来求见，惊扰大安，尚乞恕罪。"

"有什么要事，坐下慢慢说。"袁世凯说。

闵泳骏仍立在原地不动，垂首低眉，向袁世凯陈明来意："袁大人，东学乱党占领全州后，敝国派洪启薰率兵前往清剿，然而乱匪人数激增，声势浩大。洪将军率兵多次向全州城发动进攻，均未奏效。东学乱党若继而进逼汉城，敝国将面临覆亡之危。为此，国王特命下官前来请求上国速发大兵，助剿乱匪。"

袁世凯闻言大喜。但由于他数日前曾向闵泳骏吹嘘，如果让他指挥平乱，十日之内，必可剿灭乱党，闵泳骏未买他的账，他仍耿耿于怀，故仍装腔作势，训责闵泳骏说："对于剿灭乱党一事，我早有明示。但你们从国王到大臣，无不自以为是，认为自己雄兵在握，可以自行平乱。洪启薰不过一介孺子，并非是何了不得的将才。将平乱大任交付于这种人，岂不误了国家大事？唉，韩国无人才，竟至于此！早要听我的话，你们怎能像今天这样惊慌失措，有如大难临头！"

闵泳骏以为袁世凯不肯电请清廷发兵，急忙说："派遣洪启薰率兵清剿乱党，是下官用人不当，罪在下官，万望大人力挽狂澜，救敝国于危亡。"

袁世凯嘿嘿一笑，说："你回去写一个请求大清国发兵的正式呈文，以便我转呈核准。"

闵泳骏见袁世凯同意发兵，这才谢恩告退。

闵泳骏在请求袁世凯电呈清廷发兵时，隐瞒了一个重要的情报，也是导致朝鲜政府下决心向中国乞援的情报，那就是平乱官军在与义军作战时，发现对方有日本人参加。

原来，洪启薰率兵到达全州之后，向守城义军发起多次进攻，均被义军击败。在守城的战斗中，天佑侠团表现得十分英勇，其中有五名浪人在激战中负伤。后来，官军于攻城时发现义军中有日本人参战，立刻禀报洪启薰。招讨使闻报大惊，当即电告朝廷。

洪启薰不知，他在淳昌附近吃了败仗，就是日本人给起义军出的计谋，而因是夜间混战，官军在遭到突袭时惊慌失措，十几个日本人掺和在义军之中，也未引起官军的注意。

闵妃与国王李熙接到"日本人参加东学乱党作战"的报告，以为义军背后有日本政府援助，深感已无力镇压义军，终于决定向清政府乞援。

闵泳骏怕袁世凯得知东学党背后有日本的支持，有所顾忌，以至于拒绝电请清廷发兵，便隐瞒了这一情报。

但是，闵泳骏并未能瞒过袁世凯。当天上午，随军前往全州的徐邦杰便发来电报，告知袁世凯义军中有日本人参战之事。

袁世凯接电，深感意外，如果东学党真是有日本政府在暗中支持，那么中国一旦发兵，就可能酿成中日两国的纷争，他不能不对此事审慎处之。

轻信谎言的结果

袁世凯经过一番考虑后，正决定亲赴日本驻朝公使馆，向杉村浚询问究竟，却听门卫通报："杉村浚公使来访。"

原来，杉村浚时刻注意着全州方面的动向，朝鲜官军屡战屡败的消息，他已得知，为尽快弄清中国政府是否打算出兵，他便再一次造访袁世凯，以探明虚实。

袁世凯不问杉村浚为何事来访，便说："怪不得昨日杉村兄来，声称贵国不愿插手平乱一事，原来其中大有缘故！"

"袁兄此言何意？"

"你看看这是怎么回事？"袁世凯将徐邦杰发来的电报递给杉村浚说。

杉村浚看完电报，往茶几上不屑地一摔，仰面大笑。

"这有何可笑之处？贵国原来已暗中支援东学党，若不是手下人亲眼所见，我袁某人绝难相信。"

杉村浚笑罢，解释说："敝国有许多无正当职业的武士，又称'浪人'，他们到处周游，靠出卖武艺以谋生，谁愿出钱，就为谁卖命。很明显，这些日本人不过是被东学党用金钱收买的几个亡命之徒。他们怎能代表敝国政府？！如果说东学党里出现了几个日本人，就说他们得到敝国政府的支持，那么东学党里如果出现了几个清国百姓，难道可以说是贵国在支持他们作乱吗？"

"这……照你这么说，贵国并没有支援东学乱党？"

"绝无此事。"

"那么，贵国是否打算出兵助剿乱党呢？"

"我昨天来此已经说过，敝国不愿插手此事。"

"此话当真？"

"袁兄这样信不过杉村，我们还有什么好谈的？"杉村浚微嗔道。稍停，他又说，"论私交，我们是多年旧友；论身份，我们都是代表国家的使臣，出兵与否，乃是国家大事，岂可做儿戏之言？"

袁世凯见杉村浚神情严肃，出言诚恳，相信其中无诈，心中这才释然。由于电请本国出兵一事已无顾忌，他便将闵泳骏来访一事告诉了杉村浚。杉村听了，表面上不动声色，心中却暗庆大事已成，日本政府对清开战，终于有一个理由了。

袁世凯送走了杉村浚，即将朝鲜发生的情况，电禀直隶总督兼北洋大臣李鸿章，请求派兵赴朝，镇压东学党。他在信中说："韩归华保护，其内乱不能自了，求华代戡，自为上国体面，未便固却。如不允，他国人必有乐为之者，将置华于何地！自为必不可却之举。"而对于日本政府的动向的判断，他几乎完全是根据杉村浚所言，他在电文中说："倭如多事，似不过借保护使馆为名，调兵百余名来汉，日公使已经声明，其政府必无他意。"

当天下午，闵泳骏送来了朝鲜政府的请兵呈文，袁世凯立刻电转李鸿章。

李鸿章早有出兵助剿东学党之意，但他因担心日本趁机出兵，扩大为中日两国间的战事，故一直持观望态度。李鸿章对袁世凯一向器重，1882年，他给袁世凯下过一条十六字评语，称其："血性忠诚，才识英敏，力持大局，独为其难。"他接到袁世凯的电报后，疑虑解除，即决定派兵赴朝。

6月4日，李鸿章命水师提督丁汝昌派济远、扬威二舰，赴仁川、汉城保护侨商，并调直隶提督叶志超率同太原镇总兵聂士成，率兵2000余人向朝鲜进发。同时电令驻日公使汪凤藻，将清国出兵朝鲜之事照会日本政府。

6月3日，杉村浚已将朝鲜政府请求中国政府出兵和袁世凯已同意转呈请兵呈文一事电告日本政府。日本政府见中国出兵朝鲜已入圈套，于6月5日正式成立有陆军大臣、参谋总长、参谋次长、海军军令部部长参加的最高指挥部——大本营。

当日，日本以保护驻朝公使大鸟圭回任为名，派先遣部队400人赴朝，在清军叶志超部抵达牙山的同一天，于仁川登陆。

紧接着，大本营便命早有准备的混成旅团开赴朝鲜。

至6月底，日本派到朝鲜的陆军已达万人，驻泊朝鲜釜山、仁川港口的军舰达八艘，其兵力大大超过了在朝的中国军队。

东学党起义军得悉清军赴朝，军心动摇，于6月7、8两日，连打败仗，朝鲜政府趁机派人与义军首领全琫准讲和。

全琫准向朝鲜政府提出十二条要求后，于6月12日撤出全州。

天佑侠团首领内田良平，见点起战火的目的已经达到，便率天佑侠团悄悄离开东学党起义军，打道回国。

14 名纵火者在归国之前，于安城举杯庆祝大功告成。内田良平于酒席间指出浪人今后的目标："纵起日清战火，驱逐清国在韩势力的目的达到之后，我们进而可以染指统一东亚的大业，改革朝鲜的内政，并向中国大陆迈进。"

7 月 25 日，日本海军在丰岛海面对中国军舰和运兵船发动突然袭击。

7 月 28 日，日本陆军向中国驻成欢的军队发动进攻。

8 月 1 日，中日两国同时宣战，中日甲午战争正式爆发。

民主革命家宋教仁，曾对日本纵火者的阴谋有深刻揭露：

"盖日人久欲以一战驱逐中国在韩势力，而苦无出兵之口实，乃阴差遣武士一队，煽动东学党作乱，以诱中国之出兵讨伐，而已出兵相抗，以激成战争者也。……日政府为利用东学党，乃以任举付良平，并给以外务者之机密费数万金。良平乃与其徒结一团体，曰'天佑侠'，榜其旨曰'扶助人道'，相率至朝鲜。……其一切举动，无非欲激成战争，以驱逐中国之势力，断绝中国容喙之关系，而其所用手段，极尽世人之狡狯。语曰：'国际无道德'，又曰：'大外交家之伎俩，日以卖人为事。'盖彼国之二三牛鬼蛇神，亦深得乎此道者也。夫甲午一役，实吾国盛衰一大关键也。前乎此，吾虽屡与皙种龃龉，然未尝大创，人犹不敢公然侮之，自是役之败，割地一行省，赔款 200 兆，而吾国之声威顿减，虎视眈眈之群雄，遂张牙舞爪，纷至沓来，而吾国几于不国。然究其原因，则所谓天佑侠之一团者，不谓为最初之导火线焉不得也。甚矣，日人种因之远而结果之宏也。"（《甲午战役挑发者谁乎》）

浪人间谍与甲午战争

日本侵略中国蓄谋已久，早在 1882 年，日本影响最大的浪人社团玄洋社，就将主攻矛头由对准朝鲜而改为对准中国。头山满的一段话最能体现玄洋社的对华方针：

> "如先取大者，则小者可不劳而获。如先取中国，则朝鲜可不招自来。与其先向狭小的朝鲜下手，不如先将广大的中国吃掉为好。"

朝鲜"壬午事变"发生后，头山满和平冈浩太郎经过一番计议，决定与其他右翼社团合作，进一步对中国大陆开展谋略谍报活动。

日本政府于 1885 年完成军事制度改革之后，开始有计划地向中国派遣军事间谍。而日本军方侵华谋略谍报活动的奠基人，便是陆军中的川上操六和海军中的桦山资纪。

川上操六自 1885 年任陆军参谋本部次长之后，不断向中国派遣间谍，搜集各方面的情报。1893 年 4 月 9 日，川上操六为了策划对中国发动战争，亲自出马，以旅游为名，从东京出发，先到朝鲜的釜山、仁川、汉城等地考察了一个多月。5 月 11 日，川上操六由朝鲜到达中国的烟台。12 日，川上到达天津，受到李鸿章的接待。李鸿章把川上待为上宾，对他毫无戒备。不知是为了表示对邻国的信任与友谊，还是为了炫耀由自己一手发展起来的现代化军事，李鸿章不仅让他参观了武备学堂，观看了炮兵操演技艺、发炮及步兵操练活动，还让他到兵工生产重地——天津机器局参观步枪、炮弹及火药的制造，甚至还请他到海防要塞北沽炮台参观山炮训练。然而，川上操六却对李鸿章的武力展示不以为然。

5 月 14 日，川上操六在参谋本部派遣到中国的间谍、陆军少佐神尾光臣的引导下，以观光天津郊外风景为掩护，大模大样地察看了天津周围的地形。川上认为，天津"西面展望自由，利于进攻"。

6 月中旬，川上操六又到上海、南京等地，畅行无阻地参观了上海江南制造局、吴淞炮台、南京金陵机器局等重要军事设施和军火生产部门。直到 7 月初，这位日本军界要人才结束了在中国的"旅游"，返回日本。

日本作家德富猪一郎在《陆军大将川上操六》一书中评述道：川上操六这次中国之行"不仅看破了中国的极端腐败，而且对其陆军的强弱如何，甚至对地形、风俗人情之微，均得进行一一观察。确信中国不足畏，而增强了必胜的信念。"

由于日本军事和浪人间谍在中国大肆进行情报活动，使日本侵略者不仅对中国的军事情况了如指掌，而且对大陆的地理山川形势也很熟悉。日本为发动战争而绘制的包括朝鲜、中国东北、山东半岛等在内的军用地形详图中，对军事要地周围的每一个村庄、每一条道路、每一座小丘、每一条沟河甚至水井，都标示得清清楚楚。甲午战争爆发后，日军从荣成西犯时，"凡诸埋伏旱雷（地雷）地方均未经过"，清军在作战中缴获的一张日军地图上，"驻兵多寡，有无处所，分列甚悉"，日本间谍在中日甲午战争中所起的作用，由此可见一斑。

在甲午战争中，日本陆、海军在几乎所有的重要战役中都获得了胜利，其谍报活动起到了不可小视的作用，而这些间谍中有不少就是浪人。我们从以下几个故事中可以看到，日本浪人在甲午战争中立下了什么样的"功勋"。

1. 石川伍一与丰岛海战

清军舰队海上遭突袭

朝鲜牙山口外海面上，岛屿星罗棋布。丰岛，便是这众多岛屿中的一个。这个小小的岛屿，由于一场惊心动魄的海战而被载入史册。

丰岛位于东经 120°偏东，北纬 37°偏北海上，距仁川利物浦锚地以南约 20 海里，岛长 1300 余米，岛上草密树茂，岩峭石巨，附近海面北狭南阔，水深礁少，可容巨舰航行，是日本至朝鲜仁川

图为在刘公岛上的北洋水师提督衙门

的通航要道，也是中国至牙山航路的必经之地。

1894 年 7 月 25 日清晨，中国护送运兵船爱仁、飞鲸号赴朝的济远、广乙号两艘军舰，驶离牙山港口返国。

是日，晴空如洗，海面风平浪静，能见度良好。7 时 30 分左右，济远、广乙两舰，一前一后，驶抵丰岛海面。两舰正航行间，忽然发现三艘日本快速巡洋舰自南而来，这三艘日舰分别为吉野、浪速、秋津洲号。

三艘日舰出现于丰岛海面后，向右 16° 变换针路，转舵向东行驶。

济远、广乙两舰见日舰转舵东去，以为日舰只是在海面巡弋，不会挑衅，继续向前航行。

不料，当中国军舰驶至丰岛南侧海面时，日舰突然转舵西下，继而掉头向北，以单纵阵向济远、广乙迎面扑来，截住两舰的去路。

当双方军舰相距 3000 米左右时，日本第一游击队旗舰吉野号，突然向中国军舰济远号开炮攻击。紧接着，秋津洲号和浪速号两条战舰，也以左舷炮向济远舰猛射。

骤然响起的炮声，打破了丰岛海面的沉静。济远、广乙号两舰的周围，激起一道道高大的浪柱，硝烟如乌云般从海面团团腾起。济远和广乙号两艘中国军舰遭到日本军舰的突然炮击后，被迫奋起自卫，开炮还击。刹那间，丰岛海面炮声震天，硝烟弥漫。

——甲午中日战争自此拉开了序幕。

这次海战，是在敌强我弱、力量悬殊的情况下展开的，日本军舰在吨位、炮火、兵力等方面都在中国军舰的三倍以上。况且中国舰队是在遭到日舰的突然袭击后，被迫仓促应战的，在各方面都缺乏准备。

经过数小时的激战之后，济远号多处中弹，官兵伤亡数十人，不得不向旅顺方向撤退。广乙号受创更为严重，在向朝鲜西海岸撤退时，船舵毁坏，勉强驶至朝鲜西海岸十八岛时搁浅。广乙号管带林国祥命士兵将舰上的大小炮及锅炉自行毁坏，并点火焚船，以免资敌。然后，林国祥率士卒70余人登岸，前往驻牙山叶志超军营。

但是，叶志超部已于两天前退守公州，牙山已是一座空营。林国祥等只好搭乘英国军舰回国，不料途中被日本军舰截留。林国祥与所率官兵被迫签署了"以后永不参加中日战事"的保结，才被释放回国。

在济远、广乙两舰与日本军舰激战之际，从大沽口开出，驶往牙山的运兵船高升号和运送银饷武器的操江号，恰好行至丰岛海面，结果操江号被日舰掳走，管带王永发以下83人，被日舰送到日本，以战俘身份投入监狱署，受尽残酷的虐待和折磨。

图为日本联合舰队"松岛号"

高升号是清政府雇用的商船，载有清军1000余人，船上悬挂着英国国旗。但是，日舰浪速号仍强行登船检查，并要将船及所载清军一起掳走。高升号船长、英国人高惠悌向日舰提出抗议，也无济于事。船上的清军官兵宁死不降，并监视船长高惠悌，不让他开船随日舰行驶。结果浪速号日军竟命令高升号船长离开轮船，然后施放鱼雷，并以右舷的六门大炮猛轰，将高升号击沉。

在高升号即将沉没时，一些清军落入海中，日军竟出动小船，满载武装士兵，野蛮屠杀失去抵抗能力的落海清军。高升号上的清军除少数人遇救外，大部牺牲，殉难者共 700 余人。

丰岛海战，清军以军舰一艘被毁，一艘被俘，官兵伤亡近千人而惨败。

老牌间谍显身手

日本海军为何能准确地获悉中国军舰的航行日期与路线，从而发动一场有组织、有准备的突然袭击呢？这要归功于在中国大陆进行谍报活动的日本浪人石川伍一。

石川伍一，别名义仓告，1866 年生，幼入私塾读书，后入兴亚学校专修汉语，1884 年，18 岁的石川伍一来到上海，投到驻华武官、日本军事间谍曾根俊虎门下，开始了他的间谍生涯。此后，他和一个名叫高桥谦的日本间谍结伙，深入到江苏、浙江、江西、两广、河北、河南、四川、陕西等 13 个省，对中国的军事、地理、风俗、民情等方面，进行深入而详细的调查。

1886 年，石川来到汉口，加入日本秘密谍报机关汉口乐善堂，受另一著名日本间谍荒尾精的领导，继续从事间谍活动。后来他又加入设在重庆的四川支部，于 1888 年底，和另一名间谍松田满雄潜入大渡河打箭炉一带活动。后来，他与松田几乎跑遍了四川盆地，并一度深入到西藏东部。在搜集情报、探查地理的过程中，石川几次被清政府地方官员和少数民族拘押，但他均侥幸逃脱，最后返回重庆。经过一番长时间的周密调查，他完成了一部内容十分丰富的关于四川军事、地理的报告，并附有详细的地图。

自 1890 年起，已经是老牌间谍的石川，在日本驻北京公使馆武官、海军大尉关文炳门下，专门为日本海军搜集情报。关文炳死后，石川改受海军少佐井上敏夫领导，着重调查黄海沿岸可供日军登陆的地段。1893年5月，石川与另一名间谍井上，以旅游为掩护，从烟台乘小火轮出发，"游历"了长山岛、庙岛、吒矶岛、城隍岛、小平岛等处，并设法混进旅顺炮台，察看地形。然后，又前往貔子窝、大孤山以及朝鲜大同江、平壤和仁川口等地侦察，之后经威海卫返回烟台。

1893年8月，石川被派往天津，配合日本驻天津武官有世良大尉，搜集中国海军方面的情报。

石川到天津后，在日本松昌洋行做职员，以此身份为掩护，进行间谍活动。这时的石川伍一，已经在中国从事情报活动近10年，这些年的磨练，使他已经成为一个有丰富经验的成熟老练的间谍。

石川到天津后，虽然没多久便摸清了驻天津清军的部署情况，但一连数月，并未搞到什么有价值的情报。转眼到了1894年2月，他正愁无法结识清军官兵，通过他们刺探军方的情报时，机会居然来了。

这一天，一个名叫汪开甲的清军士兵来到洋行，要用银子兑换英镑。洋行对英镑的兑换控制较严，伙计做不了主，便去请示石川，石川听说是清军士兵要兑换英镑，觉得正好可以借此机会结识他，然后向他了解一些中国军方的情况，于是便特准让他兑换，并来到柜台前，假借洋行兑换英镑有种种规定，问明了他叫什么名字，是何军阶、在哪个兵营等情况。

清军士兵说他叫汪开甲，是清军驻天津护卫营的弁目。石川递上自己的名片，和他客气一番，要他以后常来洋行聊天。

石川与汪开甲认识后，主动与汪交往。汪开甲觉得自己能交上石川这个日本朋友，也很得意，于是两人很快混熟。汪开甲能说会道，口无遮拦，并且很爱炫耀，说起军中的情况来滔滔不绝，他这种特点，石川求之不得，觉得正可以通过此人来打探清军的情报。

一天晚上，汪开甲又来洋行找石川，两人闲扯了一会，石川提出要带他到日本妓院开开洋荤。

石川把汪开甲带到一家日本妓院。这家附设赌场的妓院，是玄洋社所开，其实是日本浪人设在天津的谍报机构。石川先是挑了一名能歌善舞的艺伎，让她表演日本歌舞，以助酒兴。吃喝一通之后，又为汪开甲挑了一年轻美貌的妓女供他玩乐。汪开甲在饮酒时，看着身材丰满、双乳颤颤的日本艺伎又歌又舞，已是心猿意马，难以把持，酒后，石川叫来艳丽白嫩的日本妓女陪他过夜，更是心花怒放。他知道来日本妓院玩乐一场，花费很大，而且对他来说，也是头一次嫖洋妓，他十分庆幸自己交上一位日本阔佬。

从妓院出来后，他问石川："石川兄，来这里逛一趟，得花不少银子吧？"

"问这些干吗，能让老弟开心，花点银子算得了什么。"石川说。

两人临分手时，汪开甲不知是为了表示感激，还是为了炫耀自己结交甚广，又说："石川兄，我想带你去认识一个新朋友，不知你有无兴趣？"

石川忙问："说说看，这位新朋友是谁？"

"此人名叫刘菜，字桂甫，是军械局的书吏。"

石川心中一喜，军械局是清政府掌管军火制造与买办的重要机关，能够结识军械局的官员，便可能得到一些清军的重要情报，但他仍不动声色地说："我以为是什么高官，不过是个小小的书吏。"

汪开甲见石川对认识刘菜并未表现出多大的兴趣，便凑过来，神秘兮兮地对石川附耳低语道："你知道军械局的总办是谁？"

"谁？"

"这可是大人物，说出来吓你一跳。"汪开甲说到这里，故意打住，向前走去。

"你别跟我故弄玄虚，告诉我他究竟是谁？"石川跟上来问。

汪开甲见已吊起了石川的胃口，便停住脚步，压低嗓门，几乎是一字一顿地说："就是咱大清朝权势赫赫的李鸿章的外甥——张士珩!"

石川这下真是大喜过望,凭着他在中国多年从事谍报活动的经验,只要能认识张士珩,他就有希望刺探到清军高层的军事机密。没想到汪开甲这个小小的清军弁目,居然有此大用!于是他让汪开甲尽快带他去见刘棻。他相信,凭着他的交际手段,认识了刘棻,他便可以很快结识那个背景赫然的人物。

汪开甲也为找到了一个向石川献殷勤的机会而高兴,当天便带他到刘棻的府上拜访。

刘棻毫不客气地收下了石川的见面礼——一件珍贵的宋代玉器,并且夸夸其谈,向石川卖弄他在军械局如何受总办张士珩的器重,怎样有实权,以及在天津有哪些有权有钱的朋友等等。石川通过一番交谈和观察,便看清刘棻是一个贪婪俗劣,很容易上钩的家伙。

次日,石川便邀请刘棻到日本妓院寻欢作乐。刘棻于财色交攻之下,很快成了石川的"俘虏"。

石川为了自身的安全和便于接触天津军政界要员,假意说洋行的住宿条件太差,想请刘棻为他代寻一套好点的住宅。刘棻为自己结识了一位慷慨大方的日本人而得意,并希望能经常从石川那里得到好处,竟让石川干脆住在自己家里。接下来刘棻又向石川提出,要他安排亲戚王大到洋行工作。石川当然乐意,于是这王大后来便成了为他传递情报的人。

劫获重要军事情报

不久,石川就在刘棻的引荐下,见到了军械局总办张士珩。

张士珩,字楚宝,又字治衲,号韬楼,1857年生,安徽合肥人,李鸿章的外甥,早年应礼部试不中,留在李鸿章身边做幕僚。光绪十四年（1988年）举人，直隶后补道，后以道员领军械局，兼管武备学堂。张士珩善诗文，有文名，当时与李鸿章的女婿张佩纶有"二张"之称。张士珩也和清政府许多官吏一样，是个贪婪之徒，他曾贪图日本人的贿赂，于甲午战争前从日本购进一批劣质军火，使得北洋水师在黄海大战中因劣质炮弹的缘故，在火力上大大削弱。甲午战争结束后，李鸿章查出购买劣质弹药一事，大为愤怒，曾痛打外甥的耳光，此是后话。

石川看透了清政府部分官员的腐败嘴脸，一面向张士珩接连送上厚礼，以讨其欢心，又陪同他频频出入日本妓院，并暗中吩咐一个色艺双绝的妓女，施尽解数，迷住这位清政府要员。张士珩财色兼收，对石川伍一十分友好。

刘棻见石川甚得张士珩的欢心，便又大献殷勤，介绍他认识了一位天津电报局的职员。石川深知这一关系的重要性，便以重金收买那位电报局的职员，要其为他提供有关中国海军的情报，为刺探清军的重要军事情报打下了基础。

天津电报局是北方最重要的通讯机构，李鸿章关于内政外交方面的电文，均通过此局发送接收。当时，清政府的军事密电在送电报局之前，虽然已由军机处的官员译成密码，但由于其密码的编制太原始，规律太简单，且不常变换，很容易译出，结果给清政府在外交和军事上造成了无法弥补的损失。

7月21日，被石川收买的电报局职员，秘密地把石川约出洋行，交给石川一份清廷的电报，石川将密码翻译过来一看，竟是李鸿章令北洋水师提督丁汝昌，派船运兵增援朝鲜清军，并由济远、广乙两舰护航，以及船舰起航的具体日期的密电，当下重赏了那个电报员，赶回洋行，准备设法核实一下这份密电的真假。

与此同时，被张士珩召至公馆夜宿的日本妓女，也从张士珩处发现了一封密函，并趁张士珩熟睡之机，将其抄下。这份向待命增援朝鲜清军的将领转达李鸿章面谕的密函写道：

"兹特启者，顷奉中堂面谕，现雇'高升'号轮船载步兵
八百，又亲兵营炮队一哨，准于捻一日由大沽开行，径赴牙山
海口。此次轮船到口，务须先上兵勇，愈速愈妙，以防阻挡。
辎重不妨随后再上……"

　　这封密函与李鸿章的电令相互佐证：中国舰船即将运兵增援驻
朝鲜清军的情报准确无误！

　　石川欣喜若狂，立即将这一重要情报电告日本大本营。

　　7月23日，日本联合舰队司令长官伊东佑亨接到大本营的作
战密令，亲率军舰15艘、水雷艇6艘、侦察舰一艘，从佐世保军
港出发，驶向朝鲜海面，准备以迅雷不及掩耳之势对中国海军发动
突然袭击。

　　日本联合舰队经过一夜的航行，于24日午前9时到达朝鲜海
面，遂在中国舰船必经的丰岛一带进行搜索。但直到25日午前4
时左右，也未发现中国舰船。伊东佑亨便命第一游击队吉野、秋津
洲、浪速号三舰，继续向丰岛附近海面扩大搜索范围，大队舰船则
隐蔽在群山浦附近待机行动。

　　25日早晨6时30分，吉野等舰发现中国舰船；7时30分，日
本舰队向北洋舰队的济远、广乙二舰发动突然袭击。

　　石川得知日本海军在丰岛海战中大获全胜的消息后，十分兴
奋，独自携酒到天津郊外，举杯痛饮，向东方遥拜，至深夜方归。

　　丰岛海战失败后，清政府据战况分析，认为日本组织强大舰
队，提前在丰岛海面等候，阻击中国海军舰船，一定有人泄露军
情。7月27日，李鸿章命电报局总办盛宣怀先电呈总理衙门：

　　"倭人狡谲，各口有人改装侦探，用洋人密码通电，大碍
军情。若专禁倭电，仍可托名他国人传递。自应照公例禁止一

切密报。"

然后又将禁止密电的具体办法电示各电报局：

"奉傅相谕：倭兵已在牙山开仗，各局自六月二十五起，除中国一等三、四等有印官报及驻洋各钦差一等报，督办，总办有印公报，密码照发留底备查外，凡商报无论华洋文密推均不准收。明码各电应听电局派员细看，如有关涉军务者立即退还。至各国公使及总税务司、津税司盖有中国之密电，京总署、津督署特允收发者，请由两署加印饬局代收。各国来报，亦须奉两署特饬准收，仍送两署转交。此外密电，概不准收。如有违误，定惟局员、领班是问。此系军务，所关非浅，勿稍玩视。"

自 7 月 28 日以后，英、法、德等公使馆凡发密电，皆按此办法执行。这一措施，对日本间谍传递情报起了一定的防止作用，但以前电文被日本间谍破译所造成的巨大损失，已无法挽回。

7 月 30 日，李鸿章致电总理衙门：

"自五月初至今，日派奸细二三十，分赴各营各处侦探，并有改装剃发者，狡诈可恶！拟令出境，以杜诡谋。如再有影射奸探，即行查捕。是否，乞速核示。"

总理衙门采纳了这个建议，行文全国督、抚、将军、大臣：

"本衙门查两国开战，虽有互保人民之条，而稽察奸宄，尤应严密。倭人狡诈，是其惯技，所有沿海沿江及内地各省倭人足迹能到之地，均应一体防缉，以重防务。此为公法所准。

况倭系同文之国，须发睛准与华民相类，防范自应加严。除照会美国公使外，相应咨行贵督、抚、将军、大臣，饬属严密访查。如有日本奸细改装剃发，潜匿民居、客寓或庙寺等处，各该地方官立即查拿监禁看管。仍呈报本衙门以凭办理可也。"

此后，沿海各省均加强了对日本间谍的防范工作，并且破获了几起重大的日谍案件，捕获了一些秘密搜集情报的日本浪人。

妄图再立新功

丰岛海战之后，石川伍一仍隐藏在天津。8月1日，中日两国同时宣战。在此前夕，日本曾命天津的日侨撤退回国，石川也和其他侨民一道，奉命乘坐英国商船重庆号返回日本。

是夜，天气燥热，风止树静，残月如钩，海面波平浪尽。石川来到停泊在港口的重庆号商船上，见日本驻天津领事荒川已次与武官神尾光臣已先他到达，另一名浪人间谍钟崎三郎也在船上。

石川在这个城市立下了奇功，今天就要离它而去，心情难以平静，他自信只要留在中国，便会有再创奇迹的机会。他把自己的想法和钟崎一说，钟崎也不甘心就此回国。两人站在甲板上，扶栏眺望天津城里的灯火，心中倍感失落。他们都知道，任自己"雄飞"的地方在中国，回国之后，他们不过仍是一个民间社团的浪人。于是两人相约，留在天津。

这时，船还没有起锚。石川和钟崎两人来到神尾光臣所在的船舱，把自己的打算对他一说，神尾光臣当即表示赞成，并说回国后要为他们向参谋本部请功，鼓励他们再为大和民族创造谍报奇迹。两人听神尾这么说，更加坚定了留下来的信心。

说话间，重庆号商船已经汽笛高鸣，缓缓起航。石川和钟崎急忙换上中国服装，跳下轮船，向岸边游去。

当时，码头上聚集着许多等候登船的日侨，秩序十分混乱，并且有清军往返巡逻。石川与钟崎登船之前，就知道清军因丰岛海战的失败而发现泄露了军情，开始对日本人的行动严加监视，岸上的气氛，令他感到紧张，况且他们刚从海水里爬上来，浑身透湿，在岸上十分显眼。两人正要离开码头，忽然一队清军向他们走来，两人于慌乱中不慎跑散，石川一时找不到钟崎，只好独自潜入天津城内。钟崎不见石川，没敢留在天津，逃到山海关一带，继续搞谍报活动。

石川想不到，他留在天津，不但未能再立什么新功，反而自投罗网，丢掉了性命。

他潜入城内后，先是在租界内的三井洋行藏身，后来他担心住在三井洋行容易被人发现，便于夜间转移到刘棻家。他想，刘棻为军械局官吏，清军不会到他家搜查。但他到刘棻家中住下后，听刘棻说，眼下天津道台衙门和清军，正在到处搜查日本间谍，又觉得刘棻家中也不安全，次日一早便离开刘棻家，准备到王大家投宿。

丰岛海战失败后，清政府命令各地对日本间谍加强防范，严密监视日本人的活动。天津是军事要地，又是日本人聚集的地区，驻防清军对日本间谍的防范更加严密。与日本人来往密切的汪开甲，早已引起了天津护卫营千总任如升的注意，丰岛海战之后，任如升便拘禁了汪开甲。经审问，汪开甲供出了石川在天津的一些活动，并说出石川与军械局刘棻的交往。

任如升立即将汪开甲供出的情况，上报天津海关道道台盛宣怀，盛宣怀遂命道台衙门的巡捕逮捕石川和刘棻。然而，当他们赶到刘棻家时，石川已经离去，结果只抓住了刘棻一人。

石川虽然逃过了任如升的抓捕，但此时的天津，已不是昔日让他大显间谍身手的天津，他离开刘棻家不久，便被道台衙门的巡捕发现，将其逮捕。

石川是中日开战之后，被清政府抓获的第一个日本间谍，也是清政府破获的第一起日本间谍案。

石川被捕后，还想狡赖，说自己不过是松昌洋行的普通职员，平时只是从事一些商务工作，后经多次审讯，又由汪开甲和刘棻指认，并证明他在天津的间谍活动，他才对自己的罪行供认不讳。

9 月 20 日，石川被押赴刑场，按公法用洋枪击毙；刘棻则被绑赴市曹，处以斩刑。

至于另一个与丰岛海战失败有关的人物——泄露了清军重大机密的张士珩，虽然在甲午战争结束后丢官去职，但却因是李鸿章的外甥而保住了脑袋，在南京冶山下，筑弢楼隐居，并自号弢楼、因觉生、冶山居士。后复出，主山东学务处、武备学堂，此后又主江南制造局 6 年。辛亥革命后，遁居青岛曲阜路，与清末大臣徐世昌为邻。后来一度出任北洋政府造币厂监督，不久便称病辞职，长期隐居，并赴崂山等地潜心问道，1917 年病逝于天津。

2. 山崎羔三郎与成欢、平壤之战

狡猾的 "药材商人"

于日本海军在丰岛海面对中国舰队发动突然袭击的同一天，日本陆军第九混成旅团主力，也在旅团长大岛义昌少将的率领下，由汉城的龙山驻地出发，南下进攻驻扎在牙山的清军。

但是，一份 "清军已经移师成欢" 的重要情报，使日军临时改变了作战计划，转而进攻清军的新阵地成欢，并且在朝鲜陆地首战告捷。

向日本陆军提供这一重要情报的人，便是玄洋社社员、著名浪人山崎羔三郎。

山崎羔三郎，1863 年生于日本福冈，1888 年被玄洋社头目平冈浩太郎派遣来中国。他开始跟中国人马相如学习南京官话，后进

左宝贵

入汉口乐善堂，受荒尾精指挥。

山崎是个功业心很强的人，进入乐善堂第二年，他便不甘寂寞，化名常志斋，字子羔，先后装扮成药材商和算命先生，只身前往中国贵州、云南两省调查，后经两广到达上海，在日本另一间谍机构日清贸易研究所任庶务之职。1983年，他奉荒尾精之命，在汉口熊家巷开了一家照相馆，以此为掩护，秘密从事谍报工作。他遇变不惊，处事机智，且十分熟悉中国的风俗民情，称得上是个"中国通"。

甲午战争爆发之前，山崎已经在中国当了六年的间谍，成绩显著，很受日本军方的重视。1894年6月初，日本政府决定派兵朝鲜，挑起中日战争后，命汉口的荒尾精派山崎前往朝鲜，搜集清军情报，协助日本作战。

山崎奉命来到山东威海，化装成中国商人，刺探清军的情报。一日他潜入港口，见有清军列队开向码头，准备登船。他一打听，那停泊在码头的舰艇，正要驶往朝鲜，他心中突然冒出一个大胆的念头：何不混上船去，前往朝鲜，说不定还能从清军口中得到有用的情报。于是他向几个把守港口的清军士兵凑上去，谎称他在朝鲜开有店铺，现在急需赶回谈一笔生意，说着掏出一把银子，塞给清军头目。那头目见他身穿中国服装，脑袋后留着长长的辫子，又说着一口流利的汉语，量他不是坏人，况且又拿了他大把的银子，便让他上了轮船。

前文说到，6月初，清政府应朝鲜国王李熙的要求，出兵朝鲜，李鸿章即派叶志超、聂士成率清军2000余人赴朝，驻扎在忠清道的牙山县。牙山位于汉城之南，东北有二山耸立，其状如牙，故名牙山。牙山城三面依山，一面临水，地势险要，不但是汉城的南面门户，军队驻扎于此，可以扼忠清、庆尚、全罗三道，堪称军事要地。

山崎混上中国军舰，来到汉城，立即积极活动起来。此时他又自称是日本神户的华侨，在中朝两国做药材生意。他在汉口乐善堂学过一些药材知识，以前也曾装扮过药材商人，对这一角色已经演熟。他想，清军在异国作战，免不了要准备一些供战时为伤员疗伤的药材，这样便容易接近清军，刺探到机密情报。

主意打定，山崎便在汉城购买了一些治疗战伤的药材，仍化名常志斋，前往牙山。他先在当地朝鲜居民中卖药，然后通过他们的介绍，结识了驻牙山的清军下级军官，把药卖到了清军驻牙山军营。

没几天，山崎羔三郎便和清军混熟，不但可以自由出入清军阵地，有时还和清军士兵一同进餐。结果，清军牙山阵地的地形和叶志超、聂志成的兵力部署，被他观察得一清二楚，并且可以随时从清军官兵口中得到有用的情报。他怕对所观察到的一切记述不清，便偷偷将其绘成地图，准备伺机交给日军。他的间谍活动，竟未引起清军的半点怀疑。

然而，精明诡诈的山崎后来却因一时疏忽，暴露了他的间谍身份。

一份重要情报

朝鲜的7月，天气格外炎热。山崎羔三郎住在朝鲜居民家中，

79

第三章　浪人间谍与甲午战争

生活条件很差，要洗澡只能到村外的河里去洗。这一天，天气十分闷热，山崎从清军驻地回来，身上的衣衫已经汗湿，他看房东不在，便拿出一直藏在身上的地图和指南针，一面确定方位，一面将刚得到的新情报在地图上做了标记。记完了情报，他只觉得燥热难耐，浑身汗流如雨，便将地图和指南针藏在床板下，随手抓起一条内裤，出门往村外走去。

山崎脱光衣服，在清凉的河水中洗完了澡，觉得浑身畅快。但他哪里知道，这河中一浴，竟惹下大祸。等他回到住处时，几个清军士兵已经等候在那里，他还以为这些人又是来买他的药材，便问："各位又想来点什么？"

不料清军也不答话，一拥而上，将他擒住。

"咦，你们要干吗？"山崎不禁一怔。

"干吗？你看看这是什么？"一个士兵把地图和指南针举到他的眼前。

山崎这才反应过来，他因一时疏忽，暴露了身份。但他仍故作镇静，和清军狡辩。

清军士兵也不和他多说，便押着他前往军营。

原来，在山崎外出洗澡的当口，朝鲜房东从外面回来，为了找东西，到他的房里翻看了他的床铺，发现了他的地图和指南针。一个药材商要这些东西干啥，莫非他是个间谍？房东当即对他起了疑心，将他的宝贝玩艺儿交给了一个清军头目。清军头目觉得此事非同小可，当即吩咐几个士兵赶到那家民房附近，来了个"守株待兔"。

此时已是黄昏，天气陡变，空中乌云密布，闪电烁烁，沉雷滚滚，暴雨倾盆而下。清军士兵只得押着山崎，钻进一户农家躲雨。

这场暴雨救了山崎，等到大雨停下，已经入夜。清军士兵押着他，踏着泥泞的山路，前往军营，走到一地形复杂处，山崎趁清军士兵不注意，乘机逃脱。

山崎在夜幕的掩护下，一路狂奔，觉得身后已无追兵，才停下来喘了一口气。他在巨岩下坐下来，心中一如茫茫黑夜。他多日冒着生命危险获得的情报，已落在清军手里，如果现在回汉城，岂不是无功而返，若是继续留在牙山，一旦被清军发现，肯定脑袋不保。他想来想去，结果建功立业的心理占了上风，他赶到汉城龙山日军第九混成旅团司令部，凭着记忆，向大岛旅团长报告了驻牙山清军的兵力部署和阵地地形等情况，又回到牙山附近潜伏下来，继续搜集情报，监视清军的动向。

进入 7 月中旬，朝鲜的局势已经发生变化。李鸿章原来幻想通过与日本谈判的途径，解决朝鲜问题，故一直命驻朝清军采取守势。但日本挑起两国间战争，蓄谋已久，终于抓住了一个发动战争的借口，哪里愿和清政府搞什么谈判？仍继续向朝鲜增兵。

7 月 16 日，总理衙门大臣与军机大臣共议对策，一意主战，光绪帝特谕李鸿章："现在倭韩情事，已将决裂，势不可挽，……李鸿章身膺重寄，熟谙兵事，断不可意存畏葸。著懔遵前旨，将布置进兵一切事宜，迅筹覆奏。若顾虑不前，徒事延宕，驯致贻误事机，定惟该大臣是问！"李鸿章这才向朝鲜增派援兵。

7 月 24 日，驻牙山清军将领叶志超、聂士成接到李鸿章电令："和议决裂，速备战守。"两人考虑牙山地势虽险，毕竟范围狭窄，且距汉城太近，驻汉城日军兵力大增，一旦进攻牙山，恐难以防守，遂决定移师成欢。

成欢位于忠清道平泽县东南、稷山县西北，有两条驿道从成欢交会通过，一条是汉城到天安、金州的南北干道，一条是稷山通往牙山的东西驿道，故又名"成欢驿"。成欢地处要冲，易守难攻，地理位置非常重要。

山崎在牙山附近潜伏了几天，忽见清军编队撤离阵地，便觉情况有变，遂暗中跟踪其后，发现清军移师成欢。

山崎认为这一情报十分重要，如果日军进攻牙山，岂不扑空，而清军刚刚转移阵地，如果能趁其立足未稳，对成欢发动突袭，就比较容易取得胜利。于是他立即赶往汉城附近的龙山，准备向驻龙山的日军混成旅团报告这一新情况，不料恰好在途中遇上正往牙山进发的日军，他立即向旅团长大岛义昌报告了清军已经撤离牙山，移师成欢的新情况。

大岛义昌得到这一情报，兴奋异常，当即决定改变原先的作战计划，转而率部向成欢疾进。

7月29日凌晨2时，日军在夜色的掩护下，首先占领成欢附近的佳龙里，继而猛攻成欢，经过一番激烈的战斗，于当日攻占成欢。

成欢之役，是中日两国继丰岛海战后的第二次战役，也是两国陆军的首次交锋。日军于海陆两次战役获胜，是与日本浪人提供了重要情报分不开的。

山崎因在成欢之战中搜集情报立下大功，受到日本军方的赏识，又将他派又往平壤，侦察地形，搜集清军情报。

他要单干

8月1日，中日两国同时宣战，此后，中日双方陆续向朝鲜增派兵力，拟在平壤进行决战。

清政府先向朝鲜增派29个营，共13000余人，分别从天津小站、旅顺口、奉天（今沈阳）、吉林四地出发，于8月4日至9日，冒着酷暑和时降的暴雨，以一日百里的急行军先后到达平壤。

四路清军集结于平壤时，日军只有第九混成旅团3600多人，其余部队还在赴朝途中。如果清军此时集中兵力，向在汉城附近的日军发动进攻，很有可能获胜。但李鸿章坚持采取守势，以致与光绪帝产生分歧。8月2日，光绪帝通过军机处谕令李鸿章电催各军"星夜前进，直抵汉城"。但李鸿章却以"先定守局，再图进取，稳扎稳打，庶可进退裕如"为由，压下谕令不发，故意拖延，结果贻误战机。

平壤又名"箕城"，是朝鲜平安道首府，也是朝鲜旧都，南临大同江，北靠崇山，为朝鲜北部水陆交通要道，有"朝鲜八道第一雄镇"之称。平壤城东、南、西三面有大同江绕过，城有六门，正东为"大同门"，东北为"长庆门"，均临大同江；南为朱雀门，西门为七星门，西南为静海门，北为玄武门。另外还有四道暗门。大同门外有一座浮桥横跨江上，玄武门跨牡丹台山而筑，是城中制高点，据此可俯瞰全城。平壤古有"一夫堪拒万夫攀"之称，可见其地势雄险，易守难攻。

清军四路人马集结平壤之后，立即做出防守部署，并修筑阵地工事：

卫汝贵所率之盛字军与马玉昆所率毅字军各一部，扼守正东大同门和江上浮桥，在桥头修筑堡垒五座。

盛字军与丰升阿所率奉天练军盛字营之一部，守卫南面朱雀门外一线，守军在城墙下埋有地雷，在大同江北岸修有长达 2000 米的胸墙，并修筑堡垒 15 座。

左宝贵所率奉军、练军盛字营与江自康仁字营守卫城北之玄武门、牡丹台，修筑堡垒多处。

叶志超部防守内城景昌门至七星门一线。

据守平壤的清军，共有山炮 28 门、野炮 4 门、速射炮 6 门，并有可供全军维持一个月的军粮。他们士气高昂，信心十足，准备在平壤与日军展开决战，以雪丰岛、成欢两役战败之耻。

日军大本营将开赴朝鲜的第三、第五师团编为第一军，由侵华狂热分子山县有朋指挥。山县有朋为进攻平壤调集兵力达 16000 余人，其作战计划是分进合击，兵分四路对平壤进行轴心包围：

日军第九混成旅团攻克成欢之后，奉命沿大道北上，进攻平壤。旅团长大岛义昌于成欢之役尝到了情报的甜头，更加重视侦察工作，部队尚未出发，便派出侦察小分队，先到平壤侦察清军的部署情况。山崎羔三郎也是这个小分队的一员。

山崎随侦察小分队出发，星夜兼程，赶到平壤附近。几个日军虽然都装扮成中国人，但他们的汉语说的很差，对中国的风俗人情更是了解甚少，一旦遇到盘查，就会露馅，于是只有在夜间进行侦察。但清军阵地防备森严，即使是夜间，也难以靠近。

山崎觉得如此下去，难以有什么收获，并且很可能贻误战机，而他再立大功的愿望也就成为泡影，于是便决定自己单独行动。这天夜里，他把自己携带的指南针、望远镜等侦察所需工具，全部交给队长，独自离开了小分队。他接受上次被清军逮捕的教训，不敢再携带这些证明他的间谍身份的玩艺儿。

9 月 15 日凌晨，各路日军对平壤发起总攻。早有准备的清军，奋勇应战，使日军一时无法突破平壤外围防线。

从南面向平壤进攻的日军第九混成旅团，被马玉昆所率毅字军击败，经过近 10 个小时的激战，日军不但毫无进展，而且损失惨重，共死伤官兵 430 余名，连旅团长大岛义昌也在激战中被清军的炮火炸伤。从西面进攻的日军也被卫汝贵盛字军所阻。

然而，从北面向平壤发起进攻的元山支队和朔宁支队，却在经过一番激战后，取得了突破性的进展，并于当天攻占玄武门、牡丹台一线清军阵地。元山支队能够取得的战果，与山崎及时提供的重要情报有很大的关系。

"侦察英雄" 再立大功

于日军向平壤发起进攻之前，山崎羔三郎潜入平壤城北面的牡丹台、玄武门一带。他因未带指南针，在离开侦察小分队后的一天夜里迷了路，往与平壤相背的方向走出很远，后来经过一位朝鲜人指路，才摸清方向，来到平壤城的北面。

在夜色的掩护下，他来到清军前沿阵地前，伏在一片灌木丛中，借着月光，隐隐可以看到清军阵地上堡垒的黑影。他一时心情振奋，再立大功之心，使他顾不得生命安危。他冒着被发现的危险，向清军阵地匍匐靠近，弄清了一座座堡垒的位置。由于距离太近，他甚至看到清军巡逻兵的身影。

但是，由于他没带指南针，怎样才能弄清清军阵地和堡垒的方位，成了一大问题。他忽然想起以前曾听人说过："虬头常指北而动"、"菜根北半部分纤维质密"，于是便试着用这一办法，来辨明方向。秋天虬子难觅，但菜地却是很容易找到的。

他根据这一常识，画出了清军阵地及堡垒的方位图，然后跑到日军指挥部，报告了他的侦察结果。日军根据他提供的情报，及时调整部署，集中优势兵力，进攻玄武门、牡丹台一线清军阵地，并将清军的堡垒作为炮兵轰击的主要目标。

15日晨5时许，日军向平壤北门一线清军阵地发起猛攻，清军在记名提督左宝贵的指挥下，奋勇抵抗，战斗十分惨烈。有史籍记载当时的战斗场面："四处如天崩地塌，满空似藩雁飞蝗，日月无光，山川改色，鸟望烟而遁迹，兽闻响而潜踪。惨雾蒙蒙，愁云密密，互相混战，草木皆红。"

清军虽英勇奋战，但由于日军炮火猛烈，并先后准确命中清军堡垒及阵地工事，官兵伤亡惨重。数小时后，牡丹台终被日军占领。

左宝贵正在玄武门指挥作战，见牡丹台失守，毫不退缩，誓与阵地共存亡。他穿上御赐黄马褂登城督战，鼓舞将士说："我辈厚禄重饷，安食数十年。今彼倭失约背盟，恃强侵犯，正宜名愤忠义，扫尽边氛，上纾九重东顾之忧，下救万民西奔之苦，社稷安危，兆在斯时。进则定受异常之赏，退则加以不测之罚。我身当前，尔等继至，富贵功名，彼此共之。"随后与将士并肩战斗，发炮向日军轰击。

总兵身先士卒，官兵士气高涨，拼死抗敌，给日军以重大杀伤。正激战间，敌方一弹飞来，将左宝贵身前大炮击毁，碎铁贯穿他的肋下。左宝贵裹好伤口，继续发炮。接着又被榴霰弹击中左额，他仍顽强坚持作战，共发36炮，后被流弹击中左胸，抬下城垣后死去。

左宝贵是甲午战争中第一位牺牲战场，为国捐躯的清军高级将领。

玄武门阵地终因清军寡不敌众而失守。

总统平壤诸军的提督叶志超，原来无坚守平壤之意，日军攻城的前夜，还召开诸军将领会议，准备弃城撤退，遭到左宝贵等将领的反对，左宝贵还派亲兵监视叶志超，严防他潜逃。此时，他见牡丹台、玄武门失守，左宝贵阵亡，惊恐万分，不与众将商议，便决定弃城逃走。他下令在大同江岸及南门一线坚持战斗的马玉昆、卫汝贵迅速撤军，并于午后4时在七星门、静海门、大同门等处竖起白旗。

当晚电闪雷鸣，天降大雨，叶志超带头逃出平壤，清军官兵士气瓦解，溃不成军，途中遭日军围追堵截，伤亡惨重。

16日，平壤被日军占领。

平壤之役，是甲午战争正式爆发后，中日两国陆军第一次大兵团作战。日军由于此役获胜，从而迫使清军退出朝鲜。

山崎提供的情报，为日军在制定进攻平壤的作战计划和实战，提供了可靠的依据，在日军司令部引起了轰动。

日军攻陷平壤后，日本大本营大举庆贺，犒赏有功人员。山崎因侦察大获成功而被召回国。在当时的大本营所在地广岛，参谋总长有栖川宫炽仁亲王接见了这位"侦察英雄"，向他询问了在牙山和平壤两地的侦察经过，随后任命他为第二军军副，派他随第二军登陆辽东半岛，在侵略中国大陆的战争中，继续从事间谍活动。

山崎因为日军搜集情报屡建奇功而受到大本营参谋总长的嘉

奖，被玄洋社首领头山满、平冈浩太郎等人引为殊荣，在山崎随第二军登船离港之日，他们曾亲到港口送行。

然而，这次中国之行，却是山崎的末路。

1894 年 10 月 24 日深夜，日本第二军由大山岩大将率领，到达辽东半岛金州以东海面。大山岩决定先派六名军事间谍秘密登陆，侦察从金州到辽阳一线的清军防守情况。山崎即是这六名间谍之一。

山崎等六人，当即乘水雷艇，在沉沉的夜幕掩护下顺利登陆。然后，他们分为三组，分头行动。

自丰岛海战失败后，清军已对日本间谍提高警惕，三天后，山崎在碧流河渡口被清军发现，将其逮捕，在金州城外被砍下罪恶的脑壳。其余四名间谍，也先后被中国军民抓获，均被斩首。只有一个名叫向野坚一的浪人逃回日军司令部，向大山岩提供了重要情报。详情容当后表。

3. 宗方小太郎与黄海决战

只身潜入"死地"

如果说平壤之役是甲午战争期间中日两军在陆地的关键性一战，那么，黄海海战，则是中日海军主力在海上的决战。

日本海军在丰岛一战取得胜利之后，气焰更加嚣张，公然叫嚣要"聚歼清军舰队于黄海"，在积极做大战准备的同时，时刻关注中国海军的动向，寻找新的战机。

于日本大举增兵朝鲜，准备进攻平壤之际，清政府为支援入朝作战的部队，决定向朝鲜增兵。由于制海权被日本控制，海道已经断绝，李鸿章决定雇用轮船招商局的 5 艘轮船，运送总兵刘盛休所部铭军十二营 6000 人，从大连湾海运至鸭绿江口大东沟登陆，然

邓世昌

后由陆路转赴朝鲜。为了保证运兵船的安全，李鸿章电令丁汝昌率北洋舰队主力护航。

9 月 12 日，北洋水师提督丁汝昌率舰队由威海出发，率先于海面巡弋。16 日，运兵船在舰队掩护下，由大连湾起锚，驶向大东沟。

中国海军这一行动，被日本大本营提前获悉。9 月 14 日，海军军令部部长桦山资纪，命伊东佑亨率联合舰队由仁川向大同江口出发，桦山资纪本人则乘西京丸随航，到黄海海面视察战况。

9 月 16 日，伊东佑亨决定以大同江口的渔隐洞为根据地，向海洋岛、小鹿岛、威海卫、大连湾、旅顺口、大沽口、山海关、牛庄（今营口）巡弋，寻找北洋舰队主力，进行决战。

9 月 17 日，中日海军在黄海大鹿岛附近海面遭遇，随即展开激战。

这次近代世界海战史上罕见的大海战，从 17 日 12 时 50 分打响，至 17 时 30 分结束。中日双方各有 12 艘军舰参战。

在黄海海战中，中国军舰被击沉 5 艘，击伤 7 艘，官兵伤亡 820 余人。日本军舰有 5 艘遭受重创，其余 7 艘均被击伤，官兵伤亡 290 余人，其结果，北洋舰队的损失远远大于日本海军。

黄海海战，不仅是中日海军的一次主力决战，也是甲午中日战争中一次决定性的战役。北洋舰队在这次海战失利后，一蹶不振，最后走向覆灭。

向日本大本营提供北洋舰队护航日期这一重要情报者，是日本浪人宗方小太郎。

宗方小太郎，1864年生于熊本县，幼年即攻读汉文典籍。1884年，宗方随其老师、日本政客佐佐友房来到上海，住在岸田吟香的乐善堂药店。佐佐友房到中国的目的，是想在上海设立一个训练侵华谍报人员的机构，与他同来的还有平冈浩太郎等六人。他们经过一番考察，变得更加狂妄，声称"清国政府已经极端腐败，将其颠覆，有吾辈七人足矣。"他们以"办学"为名，开设了"东洋学馆"，其实是日本在野政客与玄洋社合办的民间间谍机构。一年后，东洋学馆因经费困难而解散，宗方仍然留在中国，在乐善堂后做职员，在此与日本著名间谍荒尾精结识。

1887年4月，宗方身穿中国服装，留着发辫，说一口流利的中国话，冒充"中国学生"，只身到华北和东北旅行，后又南下，经河南到汉口，靠一条手杖、一双草鞋，步行八个月，"游历"中国北部九省，开了日本人在中国内地徒步长途旅行的先河。

1888年6月，宗方入汉口乐善堂，受荒尾精指挥，之后，他又自告奋勇去北京成立"支部"，自任支部长，以在崇文门外开设一所名叫"积善堂"的小药铺为掩护，负责调查清政府高层军政情况和直、鲁、晋、辽四省的情报。1890年起，宗方任上海日清贸易研究所学生监督。

1894年6月26日，正在汉口活动的宗方，接到日本驻上海谍报机关头目根津一的电报，要他速返上海，接受重要任务。宗方对中日两国间的矛盾略知大概，对日本抓住朝鲜东学党起义的机会，挑起战端的企图也已知悉，接到电报，便大略猜出根津一要他去上海的用意。他自1884年来中国，转眼已有十年，虽然谍报工作做出了一些成绩，但一直没有建立什么大的功勋，现在，他预感到大显身手的机遇来了。

果然不出宗方所料，他赶到上海的第一天，根津一便在设于英租界的日清贸易研究所里，向他转达了日本大本营海军军令部密令，要他去完成一个十分艰巨的任务。

根津一略略问过宗方在汉口的情况之后，便说："宗方君，日中之间的形势，估计你已知晓，现在两国间的战争已经不可避免，你我在中国奋斗多年，终于盼来了这一天。"

"根津君，大本营是否有何任务要我去完成？"宗方迫不及待地问。

"宗方君真是有先见之明，"根津一很喜欢宗方这种直率的性格，爽朗一笑，说，"日中战争一旦爆发，清国驻韩陆军不足虑，但北洋海军却是我们进军中国大陆的最大障碍，只有彻底摧毁这个障碍，我大日本帝国才能取得这场战争的胜利。北洋舰队的基地威海，清军戒备森严，很难进入．我国谍报人员称其为'死地'。"

"您的意思是……"

"我想只有宗方君才能担当深入'死地'，获取北洋舰队情报的重任。"

"多谢根津君的信任！"

"只要我们能掌握清军的准确情报，掌握北洋舰队的一切动向，就可以出奇制胜，就能够将其彻底摧垮。现在，大本营海军军令部交给你的任务是，到威海、芝罘（今山东烟台）一带，侦察北洋舰队军事实力和动向，并随时向上海方面报告，再由我们转告大本营。宗方君，大本营可是对你寄予厚望啊！"

"太好了，请根津君放心，我一定圆满完成任务。"

根津一向宗方转达了日本大本营的任务之后，两人又对一些具体问题做了周密的研究。

为了避免引起清政府的注意，日本间谍机构制定了一套周密的暗语系统，如"上等品"代表"驻旅顺口附近清军"，"中等品"代表"驻大连湾附近清军","谷类"暗指"清军步兵练勇","杂货"暗指"清军炮兵","酒类"暗指"清军弱兵","皮类"代表"兵船","货缺"代表"兵力减少","上下不定"代表"兵力增减未定","生色"代表"增兵"等等。

行事谨慎周密的宗方赴威海之前,又与根津一拟定了一套新暗语,如"买卖不如意"暗指"北洋舰队不出威海","草帽辫行市如何"暗指"北洋舰队出威海进行攻击","近日返沪"暗指"威海舰队之防御移至旅顺","草帽辫今买好,速回电"意为"旅顺舰队再移威海","要回国,速送五百元"意为"北洋舰队半数在威海","送银待回音"意为"威海无舰队",等等。

这套暗语完全用的是生意场上的语言,使清军很难想到它竟是传递军事情报的密码。而这套密码,后来对日本海军击败北洋舰队,起到了重要作用。

两人就宗方威海之行的具体问题密商完毕,根津一又带着宗方密晤另一军事间谍黑井悌次,嘱咐他道:"宗方君,你这次行动绝对机密,为安全计,你不能直接与我联系,黑井君代号'东文三',你到威海后,一切情报均先给他,然后由他转给我。"随后,根津一命宗方先到烟台,与日本驻烟台领事馆武官井上敏夫联系。

宗方接受了任务,不敢耽搁,第二天便从上海乘小火轮前往烟台。

井上敏夫早就盼望宗方的到来,宗方一到,便迫不及待地和他商讨如何才能潜入威海刺探北洋舰队的情报。

威海之所以被日本谍报机关称为"死地",是由于那里是北洋舰队的根据地,除军事之外,清政府禁止该地官民与外界一切通讯联络,故日本间谍一直无法混入威海。而威海到芝罘间的交通线,也被清军严密封锁,故被日本谍报机关称之为"死线"。井上敏夫向宗方重复了一遍获取北洋舰队情报的重要性之后,对如何进入"死地",并无良策。

宗方早在 1888 年任汉口乐善堂北京支部长时，就负责搜集直、鲁、晋、辽四省情报，不止一次到过山东沿海，对这一带的路线很熟。尽管现在威海、芝罘一带战云密布，气氛非同往昔，但他仗着多年谍报工作的经验，认为自己有把握深入死地。他说："井上先生不必多虑，我想总会有办法的。"

井上敏夫见宗方一副胸有成竹之态，急切地问："宗方君有何妙计？"

宗方说："清军对外人盘查甚严，但我想他们对本国人，特别是那些逃荒要饭的农民，一定不会注意。"

井上敏夫一笑，说："宗方君，如果派中国人能行，我早就令高顺去了，何必还要阁下千里迢迢赶到这里呢。"

"井上先生误解了，我是说，如果我要是扮成一个中国农民……"

井上这才明白，哈哈一笑，说："好，我祝你成功！"

7 月 8 日，宗方身穿破旧的农民服装，从烟台启程，一路没有遇到任何盘查，于 7 月 10 日到达威海。

搜集情报立"奇功"

威海卫位于山东半岛北岸东端，与辽东半岛的旅顺遥遥相对，同为北洋海军的两大基地。威海卫城市不大，面临黄海，三面环山，因是北洋舰队的主要基地而开始繁华起来。

威海卫军港南北两岸，如两臂伸入海中，呈半圆形环抱港湾，北洋海军的舰只就停泊在港湾内。刘公岛横列于前，南有日岛，西有黄岛，另有里岛、青岛、外岛等岛屿分布海上，形势险要，形成海上的天然屏障。

威海卫炮台于 1887 年建成，海湾及刘公岛、黄岛、日岛均设有炮台。其中刘公岛和日岛守军火力配备比较先进，"地阱炮台凿山通穴，夹层隧道，安设二十四生特后膛炮，机器升降，灵速非常，能狙击敌船而炮身蛰藏不受攻击"，北洋水师提督衙门就设在刘公岛上。1891年，大连湾与威海卫两地海域设置了水雷区，防卫更加严密。从此，北洋舰队便以威海卫为驻屯之地。

宗方到威海的当天晚上，便到位于西城的环翠楼，观察海湾形势。

是夜，星月皎洁，清风徐来，水波不兴，海湾一派平和景象。环翠楼是濒临海湾的制高点，宗方眺望月色笼罩下的海湾，但见灯火处处，十多艘军舰静静地泊于海上，轮廓依稀可辨，几座灯塔在朦胧的夜色中闪烁着光亮。宗方一时心情很是激动，都说这里是"死地"，现在，自己不是已经亲临于此了吗？他掏出纸笔，就着明亮的月色，记下了军舰的种类、数目，又在纸上标出灯塔的位置。

当他离开环翠楼时，夜色已深，他的心情又恢复了平静，他知道，自己这只是进入死地的第一步，要想探得北洋舰队的重要情报，还有更艰险的道路要走。

宗方一天也不敢松懈，翌日，他又前往刘公岛侦察。

刘公岛比威海卫的戒备还要严密，清军对靠近此地的中国百姓也要严加盘查，故有"死地中的死地"之称。要想探得此处的舰队情况，必须进入刘公岛，但怎样才能进入刘公岛，宗方一时却茫然无措。

他正在码头附近转悠，发现几个搬运工正向一艘小火轮上搬运蔬菜，他灵机一动，立即凑上前去，跟着搬起菜来。两个清军远远地站在那里聊天，没注意到搬运工里多了宗方一人。驻刘公岛清军所需的蔬菜水果肉蛋粮米，由这艘小火轮每天运送一次，正巧被宗方赶上了装货之时。

宗方混上船后，趁船上的清军不注意，一头钻进一个放工具杂物的小舱房内，随船进入了刘公岛。

小火轮起航后，宗方的心情既惧又喜，现在，他就如瓮中之鳖，清军一旦发现，他必死无疑。但他终于可以潜入刘公岛，对北洋舰队又一重地看个仔细，这可是日本间谍在华活动以来第一人。他透过舱房壁上的小玻璃窗，不时看到水雷群和一道道木排铁链构成的封锁线，海岸和岛上有多处炮台，他甚至可以看得清那粗大乌黑的炮口。进入视野的一切，令他兴奋不已。

小火轮停靠在岛上的码头后，岛上的清军士兵忙着把货物卸下船来运走，押船的士兵也跟着上岛吃饭，此时船上变得十分安静，宗方壮着胆子，从小舱房里探出头来查看，见船上已经无人，便趁机把岛上的地形炮位和海上所泊的军舰种类、数量看个清楚，一一记在心里。

下午，宗方躲在小舱房里，随小火轮返回岸上。他通过这次侦察，弄清刘公岛前的海湾，南北长40里，碇泊军舰13艘，以及岛上炮台的大致方位，收获不小。

在威海期间，宗方与被日方收买的中国人高顺（又名高儿）取得了联系，从高顺口中得到一些有价值的情报，并命他继续探听与北洋舰队有关的一切消息。到了13日，他觉得再在威海活动下去，恐怕会引起清军的注意，惹下麻烦，便混在难民的队伍中返回烟台，在领事馆住下，然后派人到威海继续监视北洋舰队的动向。

宗方搜集情报，不放过任何时机，16日，他回到烟台的当天，得知北洋舰队的济远、威远二舰从上海驶抵烟台，立即前往察看，两舰停泊于码头，一帮清军正招募民夫，向舰上搬运军火等物，宗方又故伎重演，装扮成民夫，顺利地混上了济远舰。他借此机会，观察了舰上的火力配备和装载的兵器。他搬运武器，从两个清军士兵身边走过时，听他们交谈中有"韩国"等字眼，便放慢脚步，想听个仔细，居然探听到济远和威远两舰将要赴朝鲜的消息。

这一消息，使他预感到北洋舰队必有大的行动。果然，第二天，他便探听到李鸿章新募淮军十营和宋庆毅字军四营开赴朝鲜的消息。19日，派往威海的人回来向他报告：镇远、济远、广乙等 16 艘舰船，已做好作战准备，即将与满载军火的致远、康济轮，以及旅顺的五营马队相继开赴朝鲜。

宗方于短短几天内，便获得一连串的重要情报，心情十分振奋，而这些情报表明，中日两国已大战在即。

宗方无法再在烟台待下去，他认为有必要进一步搞清烟台的交通和威海的地理情况。22 日，他再度潜入威海，将从烟台到威海沿途的里程、地名、道路、地形等情况做了详细记录。他甚至为日军拟定了一条从烟台进攻威海的行军路线图，以供日本大本营在中国陆地作战时参考。

宗方在往返于烟台与威海期间，虽然几次遇到清军的盘查，但由于他留着长长的辫子，身穿中国人的服装，说一口流利的汉话，且面庞晒得黧黑，衣衫肮脏破旧，活脱一个逃难的中国农民，加上他临危不乱，狡诈善辩，故均得以蒙混过关。

中日两国于 8 月 1 日正式宣战之后，日本驻天津、烟台领事馆人员与日侨相继撤回日本，宗方从日本军方领取了一笔侦察费用，继续潜伏在烟台，监视北洋舰队的动向。

宗方在烟台一所由领事馆早先租下的房屋内坐镇指挥，一面令高顺和另一名被日方收买的中国人穆十，四处搜集北洋舰队的情报，自己则积极活动，严密监视北洋海军的动向，他的日记，为我们留下了这段时间的活动记录，也是他的罪证：

　　5 日，午后 7 时军舰"镇远"号入港，盖为购买粮食自威海来者也，即派人探听威海之动静。自威海至成山角之电线已告架设完成，山东布政使带兵六营驻防于该地。本港附近地方新招募兵勇二百余人，赴旅顺，归提督宋庆节制。
　　6 日，作致上海"东文三"报告书二通，报告北洋之动静，托中岛氏送出。
　　7 日，派高儿至威海，窥伺动静。

8日，派穆十至旅顺，使之探听情况。下午二时，以前派往旅顺之迟某，经二十一天归来。

10日，"武昌"轮入口，下午三时开往上海。致函东文三氏，报告威海、旅顺之形势。此函寄至四马路（今福州路）三山公馆由白岩转交。下午三时高某自威海归来，言目下碇泊于该港之兵船有"镇远"、"定远"……十七艘，此外尚有鱼雷艇四艘，暮时，烟台市中宣传我舰队窥伺威海，开炮数发而去。人心颇为汹汹。

11日，送出致上海东文三关于威海之报告，托田锅氏（即田锅安之助）转交。……据威海归来之送信者报告，本日碇泊于威海之舰悉行出口，仅留"镇南"、"镇北"、"镇中"、"镇边"四艘。

13日，传说孙金彪派兵二营驻扎于烟台、威海间要地，袁世凯率兵一万五千自天津出发，由陆路赴朝鲜。

14日，（北洋海军）因未遇敌舰，于13日返威海。本日"镇远"、"定远"、"经远"、"来远"、"致远"、"靖远"、"广甲"、"广丙"八艘出威海，巡航旅顺、大沽等地方。

19日，目下威海仅有"超勇"及鱼雷艇三艘，其余船只大都赴大沽、山海关一带，装载陆军去往沙河子。目下丁汝昌亦在天津。

21日，下午派遣高某至天津，使之窥探石川（伍一）之现状，兼探听津、沽之动静。

……

他在烟台与威海活动期间，及时地将获得的情报详尽地向上海方面的东文三报告，再由根津一转发给日本军方，使日本大本营得以随时掌握中国军队，尤其是北洋水师的动向，从而使日本海军自战争一开始就在战略上居于主动地位。

进入 8 月之后，他发出的密电多达十几份，几乎每天都要发报。他不但负责搜集清军情报，而且积极为日本军方献计献策，他在黄海海战之前，发给日本海军军令部的第 11 号报告中这样写道：

> "以目下之形势而言，中国断无使自身之要地空虚而向朝鲜进攻之勇气。由此观之，虽有所谓以威海舰队之半数开向朝鲜说，其实可能派至旅顺地方。今日之急务以我之舰队突入渤海海口以试北洋舰队之勇怯。彼若有勇气，则出威海、旅顺作战，彼若不出则知其怯。我若进而攻威海、旅顺，则甚为不利，应将诱出洋面，一决雌雄。否则持重于朝鲜近海，以待彼之到来，其中虽必有所深谋远虑，然而鄙人所不能理解者也。依鄙人见，我日本人多数对中国过于重视，徒然在兵器、军舰、财力、兵数之统计比较上断定胜负，而不知在精神上早已制其全胜矣。今日之事惟有突击一法。'突击'二字虽颇似无谋之言，然而不可不知无谋即有望也。"

宗方这些出谋划策的报告，甚受日本军方的重视，甲午战争结束后，日本海军中将八角三郎曾说，军令部颇为重视宗方的报告，许多对华重大方针以及战略战术的制定，几乎全以宗方的报告为参考依据。当时，海军军令部规定：凡宗方提交的报告，只有海军大臣、次官、军令部长、次长等高层人物才可以阅读，可见其报告如何重要。

9 月的北方，天气渐渐转凉，山东半岛已是秋意渐浓。但中日两国的战争局势，却使宗方的心情如同火一般燃烧，他根据自己的判断，日中两国海军必将有一场关键性的大战，他坚信日本必将取得这一战的胜利，而他自己则与这场大战的胜利紧密连在一起。他觉得自己必须再到威海，监视北洋舰队的动向。

他再次潜入威海，发现这里的战争气氛比以前更加紧张，不断有陆军的大队人马到这里集结，停泊在海边的军舰上，清军一片忙碌。他根据这些情况断定，北洋舰队可能要有大的行动。

他一面命令高顺、穆十两个汉奸抓紧打探消息，一面亲自出马，积极活动，以希获得重要情报。这一次，他不断乔装打扮，今天扮成商人，明天扮成士绅，频频出入威海的商业、娱乐、餐饮等清军经常光顾的场所，或是主动接近清军官兵，或是在一个酒馆里坐下来，要一壶酒，一边喝，一边耐心等待清军的出现。

功夫不负有心人，他果然从那些吃喝寻乐的清军口中探得重要情报：由于平壤战事紧急，清政府已决定向朝鲜再派援兵，因海道断绝，李鸿章电令丁汝昌率北洋舰队主力护航。停泊在威海附近的镇远号等14艘军舰，已开始做出征准备。

宗方就像一个深山探宝的人发现了宝库一样狂喜。两个多月来，他冒着生命危险活动于烟台、威海一带，现在，建立奇功的时刻终于到来！他比前几天更加紧张地活动，他要探明北洋舰队出发的具体时间。

这一次，他完全豁出去了，他恨不得有分身法，同时出入多个场所，他甚至扮成捡破烂的老头，企图靠近军港码头，听到关于北洋舰队出发的只言片语。几经曲折，他终于从一个年轻的下级军官口中，探得北洋舰队护送运兵船开赴朝鲜的出发日期。

他立即将这一重要情报电告上海谍报机关，根津一马上将其转发给日本大本营。并通过上海的军事间谍报告给日本大本营。

日本海军联合舰队遂按大本营作战密令，倾巢出动，寻求与中国海军决战，于9月17日在黄海海面将北洋舰队击溃。

化险为夷，名噪日本

宗方小太郎频频向驻上海日本谍报机关发去密电，终于引起清政府警衙的注意，他发出的第12、第14号报告，均被清政府上海官厅截获。上海官厅立即以南洋大臣刘坤一的名义，知照烟台官方，命其逮捕宗方。驻上海日本谍报机关得到这一消息，急忙电告宗方，命他立即返回上海躲避。

宗方接电后，不敢久留，匆匆收拾行装，于次日晨冒险赶到港口，搭乘中国招商局连升号客轮南下。

图为1894年11月22日，日军侵占旅顺，屠杀当地百姓

宗方上船后，仍然提心吊胆，生怕遇到盘查。他在心中默祷："天若谅我区区微衷，必不擒我；倘若被捕，是天弃我也。"直到客轮缓缓驶离烟台港，他才为自己终于脱离险境而暗自庆幸。

但是，他刚走进头等舱，忽然发现舱内有湖南籍主仆三人，竟是自己的熟人，一旦照面，必被他们认出，不禁悚然心惊。他不待那三人看见自己，急忙溜到下等舱坐下。不料他的邻厢乘客竟是长江水师把总蔡廷标，也是熟人。蔡廷标在长江客轮上一向胡乱捕人，宗方早有所闻，一旦被他发现，恐怕只有死路一条。

宗方心想，此时走已走不脱，不如凭自己的口才，上前与其周旋，他深知中国人最讲"情面"，可以熟人的情面拘之。他定了定神，然后主动去敲蔡廷标的厢门。

蔡廷标开门一看，见是宗方，一时惊愕得说不出话来。

宗方深深一揖，说："想不到竟在此地与蔡大人幸会。大人别来无恙！"

蔡廷标仍默然不语。

"我听说两国已经开战，真是意想不到。"宗方接着说。

"真有此事吗？我尚未听说。"蔡廷标冷冷道。

"宗方乃一介书生，一向不问国事，今特乘此船，趋沪上避难。"

"外面已出告示，衙门正悬赏数百金购君首级，难道你还不知道？你的处境十分危险啊！"

宗方听蔡廷标并无立即告发自己的意思，便恳求说："与大人分别以来，时常念及大人音容笑貌，大人是否可看在旧交分上，不告发我是日本人？"

蔡廷标犹豫片刻，点头答道："好吧。"

宗方这才心中稍安。

连升号抵达上海吴淞口后，中国官吏带人来到船上，念着宗方名字的日文读法，对乘客逐一盘查。因船长坚持说无日本乘客，蔡廷标也未告发，宗方这才得以逃脱。

宗方到上海后，在日本间谍"中继所"田锅安之助的住处潜藏了一段时间后，于 10 月 4 日回到日本。

当时，日本明治天皇睦仁正在广岛大本营巡察，宗方回到日本，便因侦悉北洋舰队出航日期，立有大功，而被召到广岛大本营。因他非军非官，天皇便破格令他以"布衣"身份，穿着中国式服装觐见天皇。睦仁仔细听完了他的汇报，对他在中国的活动甚表嘉许。此后，日本大本营又命宗方谒见内务大臣土方久元、侍从长德大寺侯爵等军政界要人，回答他们有关中国形势等问题的咨询，凯旋回国的宗方，俨然成了中国问题的"专家"。

宗方因在甲午战争中从事情报活动立下"奇功"而名噪日本，被称为 19 世纪亚细亚研究中国问题的"最重要人物之一"。

日本陆军大将本庄繁评价宗方说："日清战争之时，他密行威海卫军港，详细侦察敌情，对国家做出了极大的贡献"。

海军中将八角三郎说："宗方一生中显赫的业绩，莫过于在日清战争时潜入威海海军基地侦察立了奇功。"

日本作家岛田四郎在《宗方小太郎》一书中写道:"在军歌中唱到的'不见烟也没有云'的黄海之战中,宗方为日本舰队打败中国舰队立下伟大的功勋。"

黄海海战之后,宗方又为日军进攻旅顺、威海与入侵台湾出谋划策。

日军进攻辽东半岛时,宗方与另外几名间谍根据所搜集到的情报商议后,向军方建议:"先取大连湾附近之大窑口,再进而攻略大和尚山、石门村,占领金州,以绝旅顺后路。"这个建议,基本上被日军采纳。

1894 年末,清政府见战争败局已定,向日本政府提出议和要求,日本政府为了趁机向中国索取更多的利益,开始酝酿各项议和条件。宗方也不甘人后,1895 年 1 月 23 日,他向海军军令部呈上了一份 4000 余字的《对华迩言》,他在这份报告中建议:"必须排除一切障碍,攻陷敌人之都城北京,若有余力,再进扼长江之咽喉,占据江淮重地,以断南北之交通;使敌国陷于至困至劳,一无办法之地,使敌国政府及其人民知晓真正之失败,而后达到我之目的。"除此之外,他还在报告中拟出了包括要求割地、赔款、最惠国待遇和开放商埠等内容的数项条款。

后来,宗方又随日本第一任"台湾总督"桦山资纪入住台湾,在总督府专门起草文件,为日本在台湾建立殖民地而不遗余力。

宗方不仅是著名间谍,而且是日侨在中国办报的第一人。1896年,他在汉口创办了《汉报》,在他的提倡和影响下,日本侨民和浪人陆续在北京、上海、天津、福州、沈阳等地办起了报纸,对宣传日本的侵略扩张理论起到了不小的作用。

日本政府鉴于宗方在中国长期从事间谍活动,特别是在甲午战争中功绩显赫,在他死后赐以正五位、勋三等荣誉。

在甲午战争期间,从事间谍活动的日本浪人除在丰岛、黄海海战和成欢、平壤之役中为日本陆海军提供了重要情报之外，在金州、旅顺等战役中，也起到了大小不等的作用，将在以后的章节里逐一介绍。

4. 李鸿章马关议和遇刺

伊藤博文狮子大张口

1895 年 4 月 17 日，清政府代表李鸿章、李经方与日本政府代表伊藤博文、陆奥宗光，在日本马关的春帆楼签订了《中日讲和条约十一款》。

李鸿章

甲午中日战争至此宣告结束。

《中日讲和条约》即《马关条约》，是中国近代史上空前屈辱的不平等条约。

3 月 20 日，中日两国的议和谈判开始。日方代表蛮横嚣张，首相伊藤博文、外相陆奥宗光等人，摆出一副胜利者的架式，对中方代表"中国头等全权大臣"李鸿章进行威胁恫吓，提出种种无理要求，称日本要派兵占领天津、大沽、山海关等地及天津至山海关的铁路，方可停战。

李鸿章要求改议，伊藤博文拒不应允。

但是，一起突发事件——李鸿章被刺，致使日本政府被迫改变了态度，放弃无理要求，同意停战，并于 3 月 30 日与中国签订了停战协定六款。

这起刺杀李鸿章的事件，系日本浪人所为。但浪人的所谓"爱国行动"，似乎帮了日本政府的倒忙。

3 月 4 日，李鸿章为与日本政府议和一事觐见光绪皇帝，单独请训。光绪皇帝发下全权敕书，派李鸿章前往日本谈判，敕书全文如下：

> 大清国大皇帝敕谕：现因欲与大日本国重敦睦谊，特授文华殿大学士直隶总督北洋大臣一等肃毅伯李鸿章，为头等全权大臣，与日本国所派全权大臣会同商议，便宜行事，订立和约条款，予以署名画押之全权。该大臣公忠体国，夙著勋劳，定能详慎将事，缔结邦交，不负朕之委任。所定条款，朕亲加查阅，果为妥善，便行批准，特敕。

李鸿章奉旨率李经方、张孝谦，以及美国顾问科士达等一行，于 3 月 14 日由天津大沽分乘两艘德国商船礼裕、生义号，起程赴日本，于 19 日到达马关。

李鸿章一行抵达马关港时，岸上挤满了挥舞着太阳旗和日本军旗的示威人群，玄洋社、神刀馆等秘密社团的浪人们狂呼着"打到北京去，占领全清国"、"杀死李鸿章，反对媾和"等口号。这种场面，令在国内见惯了顺民的李鸿章等人惊诧不已。

3 月 20 日，中日两国的首轮谈判在马关的春帆楼进行。

马关是日本本州最南端的一座风光美丽的海滨城市，也是伊藤博文的故乡。春帆楼位于马关城外一座小山的半腰，原是日本医生藤野玄洋于 1863 年开办的诊所，附近有一处温泉，可供就诊者疗养。藤野死后，其女美智子不通医术，未能继承父业，而是利用地源优势，将诊所改成了河豚料理店，生意颇为火爆。

伊藤博文对此地情有独钟，当年他在马关时，经常光顾此店，品尝河豚的美味。一日，他来料理店用餐过后，微醺之际站在楼上远眺关门海峡，见万顷碧波之上，渔帆点点，不禁诗意涌动，又想到自己别号"春亩"，当下为此店取名为"春帆楼"。

春帆楼正门的右侧，有一座日本古典风格的两层小楼，便是中日两国政府代表谈判的场所。会场陈设简单，一张长方形的大桌，上面罩着淡黄色桌布，桌子周围摆着 10 多把靠背椅，日方考虑李鸿章年逾七旬，气衰痰多，特地在他座位旁摆了一个精美的陶瓷痰盂。

下午 2 时半，李鸿章与伊藤博文等人来到谈判会场。谈判之前，伊藤博文事先宣布了四条规定：一是除谈判人员外，无论何人有何事，一概不得进入会场；二是各报的报道必须经过新闻检查后方可付印；三是除官厅警卫人员外，任何人不得携带武器；四是各旅馆的旅客出入，均必须接受官厅检查。此外，伊藤博文还特别宣布：清国议和专使的密码电报均可拍发，公私函牍概不检查。表面看来，是对李鸿章的一种优待，其实清政府的密码比较简单，日本人完全可以破译，李鸿章与清廷的往来电文，他们可以一览无余。

在首轮谈判中，伊藤博文向李鸿章提出的停战条件是：

日本军队必须占领大沽、天津、山海关一线所有城池和堡垒，驻扎在上述地区的清军要将一切军需用品交与日本军队；

天津至山海关的铁路要由日本军官管理；

停战期间，日本军队的一切驻扎费用开支要由清政府负担；

此外，伊藤博文还向李鸿章隐瞒了日军正向台湾开进的事实，企图在日军占领台湾后，再提出割地要求。

对于伊藤博文的蛮横态度，李鸿章倒是可以忍耐，而对于他所提出的无理要求，李鸿章却不能接受——山海关、天津一线如果被日军占领，将直接危及北京的安全！

中日双方代表唇枪舌剑，僵持不下，一连四天，谈判一无进展。

恰于此时，一起突发事件改变了谈判的进程。

"此血可以报国矣"

3月4日下午，第三轮谈判结束，李鸿章神情疲惫地走出春帆楼，坐上蓝色的日本"驾笼"小轿，由两个日本轿夫抬着，返回驿馆接引寺。其他代表团成员乘坐人力车在后跟随。小轿一路徐徐而行，从春帆楼经阿弥陀寺至外滨町的道路两旁，日本警察沿途设岗，严密警戒。

李鸿章由于数日谈判无果，不免忧心忡忡，在返回驿馆途中，仍在考虑如何向光绪皇帝呈奏谈判情况。

当小轿转过外滨町时，距代表团下榻的接引寺不远处，一个年轻男子突然从街旁人丛中闪出，疾步窜至近前，在距轿子两米左右处，隔着轿子的玻璃窗，举起手枪，向李鸿章射击。

李鸿章应声倒在轿内。

凶手见李鸿章被击中，当即冲出人群逃走。

骤然而发的枪声，使街上的行人大吃一惊，秩序顿时大乱。在附近担任警戒的日本警察当即追捕凶手。

随员们急忙赶到李鸿章轿前，探视他的受伤情况，见他的眼镜左片被子弹击碎，左眼下方颧骨上有一伤口，血流不止，众皆惊恐，急命轿夫迅速将他抬回驿馆。

轿子抬至驿馆，李鸿章已因流血过多而昏厥过去。众人急忙将他抬进卧室，两名随行医官当即赶来，为李鸿章止血裹伤。不多时，日本医生也闻讯赶到，与中国医官共商抢救之策。

众随员有的茫然无措地肃立于李鸿章卧榻前，有的向医生探问李鸿章有无性命之忧，有的为抢救李鸿章里外张罗，忙个不停。

一时间，驿馆内的气氛十分紧张。

过了很久，李鸿章才渐渐苏醒过来，他有气无力地说："当时，我仿佛见一人持手枪冲舆（轿子）而来，距舆前数尺，举手开枪，我闻枪声，即觉左颧剧痛，当即血溅袍服。自料必死，幸心神镇定，后便晕眩难支，不省人事……"说罢，嘱咐随员将换下的血衣保存下来，不要浣洗。面对袍服上的斑斑血迹，他不禁长叹："此血可以报国矣。"

众人见李鸿章醒来，且能略述被刺情景，并不忘嘱咐保存血衣，估计有救治的希望，这才稍稍松了口气。

下午谈判结束后，李鸿章之子、参赞李经方留下与日本外相陆奥宗光商谈下一轮谈判如何进行。两人正谈话间，忽有人慌张来报："李鸿章阁下遇刺受伤！"李经方大惊失色，陆奥宗光也为之愕然，当即对李经方说："足下请速归馆，看护老父，我马上将此事告知伊藤首相。"

李经方走后，陆奥宗光立即驱车去见伊藤博文。随后，两人一同来到接引寺，看望李鸿章的伤情，并向他表示歉憾。

驿馆门前，车来人往，有如穿梭。

李鸿章的伤口距左眼下一寸，眼睛没有受伤。中国随从医官和日本医生，以及德国等驻日公使馆的医生，一起对李鸿章的伤情做了仔细检查，然后进行会诊，认为子弹已嵌入颊骨，如果将其取出，必然剧痛难忍，说不定会有生命危险，决定子弹暂不取出，仅将伤口缝合，使其静养一段时间，估计可以痊愈。

李经方当日即按李鸿章口述，将谈判进展情况和父亲被刺一事电告总理衙门：

今申刻会议，已将停战搁起，向索议和条款，元于明午面交。归途忽有倭人持手枪对狙，击中左颊骨，血流不止。子未取出，顿时晕厥。伊藤、陆奥均来慰问，姑令洋医调治，此事恐不能终矣。再伊面称：现要攻取台湾，并闻，请代奏。

光绪皇帝看到电报，大为震惊，于 25 日电传谕旨：

> ……事机不顺，竟至于此！李鸿章以逾七之年，远使异域，受此重伤，医药能否应手？苏醒之后，精神脉气如何？枪子能否取出？轸念之怀，刻不能释。著李经方即日复电……狙击一事，是否出自党人，抑别有指使？设法探明以闻，钦此。

刺客的幕后指使者

李鸿章已年过七旬，且作为中国全权头等大使来日本进行议和谈判，结果竟遭该国人暗杀，消息一经传出，世界舆论顿时为之哗然，纷纷谴责日本，并对中国表示同情。

日本政府一时陷入被动尴尬的局面。陆奥宗光在他的自述中写道：

> "我观察内外人心所向，认为如不乘此时机采取善后措施，即有发生不测之危机。内外形势，已至不容继续交战。若李鸿章以负伤作借口，中途归国，对日本国民的行为痛加非难；巧诱欧美各国，要求他们再度居中周旋，至少不难博得欧洲二、三强国的同情。而在此时，如一度引出欧洲列强的干涉，我国对中国的要求亦将陷于不得不大为让步的地步。……而况位高望重之李鸿章，以古稀高龄初次出使异国而遭此凶变，显然容易引起世界的同情。故若某一强国想乘机进行干涉，因可以李氏之负伤为最好借口……"

日本政府迫于世界舆论的压力，并担心欧洲强国乘机插手干涉中日战事，终于决定放弃某些要求，于3月30日与中国签订了停战协定。

刺杀李鸿章的凶手当天即被日本警察捕获。此人名叫小山丰太郎（又名小山六之助），1869年生，平民，无职业，是日本浪人社团神刀馆的会员。

小山丰太郎在受审时供称：他认为日清两国间之所以兵戈相见，酿成战争，皆李鸿章所为，不除去李鸿章，则日本不能获胜，且无法维持东亚和平。他曾打算到中国刺杀李鸿章，但因困难重重而未能成行。今年3月，他听说李鸿章要作为中国全权大使，来马关与日本政府议和，认为这正是刺杀李鸿章的大好时机，便于3月11日购得短枪一支，子弹多发，于12日午后由东京动身，经陆路于24日到达马关。当天午后4时左右，他身藏短枪，在李鸿章回驿馆的必经之路外滨町附近徘徊等候，4时40分左右，他见李鸿章乘轿从此处经过，便从人丛中冲出，举枪向李鸿章射击。他原准备枪击李鸿章的胸部，以将其一枪毙命，但由于心情紧张，又是隔着轿子的玻璃窗射击，因而误中李鸿章左下眼窝。他在受审时听说李鸿章未死而深感遗憾。

然而另有史料披露，小山丰太郎是被玄洋社头目之一平冈浩太郎收买，奉命刺杀李鸿章的。

甲午战争爆发之后，日军在海陆战场节节胜利，日本军政界的一些战争狂人和野心家，希望战争一直打下去，对政府与中国议和之举极力反对。日本大本营首席参谋官、"征清都督府"总参谋长川上操六便是反对停战的代表人物，海军军令部部长桦山资纪与日本政府的大藏相松方、海相西乡等人，都是反对停战一派。

中日两国的议和谈判开始后，川上操六曾秘密会见平冈浩太郎，向他表明了自己和桦山资纪等人反对停战的态度，他要借助这个黑社会巨头的力量来破坏谈判，使中日两国议和失败。玄洋社一直为日本侵华充当别动队的作用，当然也希望战争继续下去，以实现他们的宏伟计划，平冈浩太郎当即心领神会，认为要想使两国的议和谈判破产，必须干掉李鸿章。川上操六随即称这一着是高明之举。于是平冈浩太郎便派人物色了神刀馆的会员小山丰太郎，让他充当杀手，伺机刺杀李鸿章。

上一章已经述及，在日本，浪人暗杀政府要人，总是打着"爱国"的旗号，刺客会被民众看作英雄。而日本执法机关也几乎未判过凶手的死罪，大都只是服几年刑便被释放。但是，刺杀李鸿章的小山丰太郎似乎不太幸运。

由于天皇曾明降谕旨："其凶犯，应饬更按照国律内最严之刑办理"，并号召官民"钦遵旨意，保我国家荣耀声名，庶不致再有此等狂悖不法情事，而损我国之光誉"，而日本政府也迫于世界舆论，最后将小山丰太郎以"谋杀未遂"罪，判处无期徒刑。

第四章

策划"满蒙独立"的阴谋家

　　辛亥革命前后，日本浪人在中国的活动十分活跃。他们一方面受到日本政府和财阀的支持；一方面与中国的革命派、改良派、清政府、袁世凯，乃至宗社党[①] 保持着错综复杂的关系。

　　由于这些浪人来中国活动的目的不同，所采取的方法、手段各异，因而形成了若干派别和集团。

　　左翼浪人是真心同情并热忱支持中国革命的，如宫崎滔天、山田良政、萱野长知、梅庄屋吉等人，然而他们只是浪人中的少数。

　　右翼浪人也热情援助中国革命，他们接待和保护过留学或流亡到日本去的中国革命党人，如孙中山、黄兴、宋教仁等，并且为中国革命党人筹措经费，提供武器，有的甚至参加了革命军的武装斗争。但他们则是为了利用中国革命，以期达到扩张日本在华势力的目的。如头山满、内田良平、北一辉等。

　　另有一种浪人，即不同于左翼浪人，也有异于右翼浪人，他们以扶持清朝封建统治集团以及清室遗老进行复辟为手段，来达到分割中国的目的。他们被称之为"极右翼浪人"。

────────────

① 宗社党：1912 年 1 月，清朝皇族良弼、溥纯、铁良、善耆等结成集团，名为"宗社党"，其宗旨是反对皇帝退位，反对与革命政府议和。

川岛浪速，便是极右翼浪人的代表人物之一。

这位著名浪人在中国活动先后共 30 余年。他在漫长的冒险生涯中，由一名日本间谍成为清政府学堂的警务总监，并与权势煊赫的肃亲王成为结义兄弟，而他一手策划并导演的两次"满蒙独立运动"，为后来日本关东军建立"满洲国"傀儡政权、吞并"满蒙"，提供了很好的蓝本，起到了开道先驱的作用。

1. 阴谋出笼

混进清政府的高官

1911 年 10 月 10 日，湖北革命党人在武昌发动起义，一举占领武汉三镇。

辛亥革命自此爆发。

武昌起义成功，使清廷大为震恐，急忙调兵遣将，赶赴武昌，镇压革命。

与此同时，驻北京的各国外交使团连续举行会议，共同商讨如何维护他们在华的侵略利益。武汉江面，一时间军舰云集，星条旗、米字旗、三色旗……在秋风中猎猎飘扬——西方列强虎视眈眈，随时准备对中国革命进行武装干涉。

日本浪人得到武昌起义的消息后，立即活跃起来，浪人之王头山满于 10 月 17 日在东京的日比谷公园召开浪人大会，就对待中国革命的态度问题发表极富煽动性的演说，并对玄洋社、黑龙会等右翼团体今后的行动方针做出决议："不拘于去就，促使我国严守中立，以为大局之砥柱，不误机宜，争取内外支持。"

黑龙会首领内田良平更是忙得不亦乐乎，一面派骨干会员北一辉、清藤幸七郎等人到中国与革命党人取得联系，一面到处奔走游说，频频拜访内阁元老重臣和军界要人。随后又组建"有邻会"，制定援助革命党人的宗旨和具体步骤。

头山满和内田良平一致主张援助中国革命，推翻清王朝，建立共和政治，然后"解决满蒙问题"。他们认为，日本利用中国革命，彻底把满蒙占为己有的机会来了！

但是，一位大陆浪人中举足轻重的人物，此时却没有加入主张援助中国革命的浪人行列。武昌起义的消息虽然也激起了他心中兴奋的波澜，但他却避开了头山满、内田良平等人制造的喧哗与躁动，打点行装，带着仆从，悄悄离开日本，再次赴中国大陆去打他的天下。

这位与头山满之流背道而驰的人物，便是清政府京师警务学堂总监、四品官、日本著名浪人川岛浪速。

这年夏天，川岛浪速因身体欠佳，回日本疗养。在疗养期间，他曾应邀在东京华族会馆介绍中国的形势。他在大陆活动时，已觉察到中国正处于爆发新动乱的边缘。他回日本后，便提醒日本政府必须估计到时局的演变，预先决定应变的政策。正如他所预料，不久便传来了武昌起义的消息。

川岛浪速得知中国爆发革命的消息后，彻夜难眠，分割中国的计划于此际在他的脑海中形成。

这个计划与头山满等人的计划迥异，但却是为了共同的目标，可谓"殊途同归"。

川岛浪速，别号风外山人，1865年生于日本信州（今长野县）松本藩一个武士之家，10岁时随父母迁往东京，入御茶水男子师范学校就读。川岛少年时代顽劣鲁莽，常遭母亲的责骂，受了很多刺激，他因而立下志愿："自己无论如何要干一番人类中最伟大的事情"，以扬眉吐气。而人类中最伟大的事情，首先要属"夺取天下"最难，于是川岛便暗暗发誓："我也要夺取一个天下！"从此，他开始刻苦锻炼身体，磨炼意志，为实现自己的雄心壮志做准备。

　　1880 年，副岛种臣等人创建"兴亚会"①，鼓吹兴亚主义。主张中国、朝鲜、日本等国起来反抗白人的压迫，而欲兴亚，必先防止中国被列强所灭。川岛受其思想影响，决心到中国大展"宏图"，实现自己的抱负。他拒绝了任文部省大书记官的亲戚要他学习英语或法语，然后报考大学的劝告，考入东京外语学校"支那科"，学习汉语课程。

　　当时的日本社会，人们都以让子女学习英、法语文为荣，认为中国语文不值一学，川岛的选择受到亲友的讪笑和劝阻，但他一概置之不顾。在校学习期间，他广泛涉猎中国历史、地理、天文、兵书等，犹爱读《史记》中的《项羽本纪》、《高祖本纪》、《荆轲传》等篇目，时常高声诵读这三篇传记，十分崇拜项羽、刘邦和荆轲。

　　川岛家破产后，川岛因学习成绩优秀，获官费奖学金待遇，得以继续学业，他在校学习期间，曾作过两首咏志诗，一首是：

> 雄心空屈书窗里，
> 枉拔宝刀试击撞。
> 何时鞭起铁蹄马，
> 踏破坚冰鸭绿江。

　　另一首是：

> 东海英雄姓是源，
> 铁鞭曾指大昆仑。
> 谁知万里平沙草，
> 已被神州雨露恩。

---

① 副岛种臣（1828-1905）：明治时期日本政治家，曾任外相，"征韩论"的倡导者之一，玄洋社成员。

这两首诗，文句虽然粗劣，但从字里行间可以看出川岛跃然欲发的野心。

1885 年，20 岁的川岛经在陆军参谋本部任职的同乡福岛安正大尉介绍，到中国从事谍报活动。甲午战争爆发后，川岛在日军第三旅团当翻译，此后又随乃木希典率领的第二师团入侵台湾①。由于日军受到台湾民间六个宗教团体约 10 万之众的坚决抵抗，进攻受阻，川岛奉日军司令部之命，前往说降，获得成功，受到乃木希典的赏识。

1900 年，中国义和团运动爆发，川岛在德国军队准备炮轰紫禁城之际，只身前往劝说守城的清军向八国联军投降，使紫禁城得以保全。此后，经日军提议，由八国联军任命川岛浪速为紫禁城监督，为他日后得以结识庆亲王、肃亲王等一大批清廷权贵提供了良机。

1901 年 4 月，日军在北京北新桥旧神机开设京师警务学堂，以川岛为总监督，训练新式警察。6 月，联军向清政府移交北京部分民政治理权，庆亲王奕劻认为川岛"品学兼优，公正诚意，为保护我官民有功之人"，向日军提出借聘川岛继续管理警政事务。日本方面当然求之不得。清政府于是赐川岛四品顶戴，成立北京警务厅，任命川岛为总监督，全权办理北京警政事务，成为第一位在清政府中任高官的外国人。后来由于德、法、俄等国的嫉妒和北京提督衙门的反对，清政府不得已聘川岛为京师警务学堂总监，全权办理包括毕业生分配定级、任职后考绩升迁等一切事务，并效法日本设立新的警察制度。从此，川岛成为在中国最有政治势力的日本浪人。

① 乃木希典（1849-1912），日本陆军大将，日俄战争中任第三军司令，卓有战功，后任台湾总督。明治天皇死后，乃木与其妻殉死于家中。

形势骤变，计划泡汤

川岛浪速为了使自己的宏伟计划不至于成为虚无飘渺的海市蜃楼，在去中国时，特地转道汉城，拜访了朝鲜总督寺内正毅大将。

当川岛说出自己分割中国的计划时，寺内当即表示赞同，并表示将在适当的时机给予川岛有力的支持。

寺内大将的许诺，使川岛更加雄心勃勃，觉得有坚强的后盾可依，分割中国的宏伟计划，一定能够实现。

川岛回到北京后，没有立即到东交民巷的肃亲王府拜访他的结义兄长善耆。他稍事休息，便驱车前往日本驻华公使馆，去会见伊集院彦吉，他要与这位日本驻华公使共商大计，因为伊集院如果赞成他的计划，便可将其直呈内阁，取得日本政府的支持。

清朝灭亡前数年间，日本侵华谋略谍报机关获取清政府最机密情报的渠道有两条，一条是驻华公使伊集院彦吉通过军机大臣兼直隶总督袁世凯及其幕僚探知；另一条便是川岛通过肃亲王善耆从参谋总长涛贝勒、军机大臣毓朗、陆军部大臣铁良等人口中探知。川岛凭借与肃亲王结盟的关系，得到清廷核心机密情报最为迅速。

1908 年底，慈禧太后和光绪皇帝死后，醇亲王载沣摄政，将袁世凯贬回河南老家"养疴"，伊集院彦吉的情报来源顿失，一时间变得失魂落魄，在对华谋略谍报活动上，更加依靠川岛勾结肃亲王这条线。川岛一时成为日本侵华谋略谍报活动的头号人物，而伊集院与川岛之间的关系，也由此变得更加密切。

正在办公的伊集院彦吉，听门卫报告川岛来访，心中一喜，有川岛在北京，他又可以继续获悉清政府高层的情报了。他立即放下手头的公务，热情地接待风尘仆仆的川岛。

等伊集院详细地介绍完中国当前的情况之后，川岛说："中国目前的动乱，正是解决满蒙问题的大好时机，我大日本帝国如果不能很好把握利用，恐将被其他强国捷足先登。"

"这一点，在下也很清楚，但为了进一步看清中国局势的发展，内阁尚未做出对华的决策。"伊集院说。

"在下身居中国多年，对中国朝野的情况已经了如指掌，今遇事变，如临战阵，我等只有根据目前情势及时做出应变之策，如坐等内阁指示，恐怕会贻误战机。"

"请问阁下有何良策？"

"在下于国内听到武昌起义的消息，夜不能寐，反复思之，以为中国只有实行南北两分之策，最有利于我日本帝国。"

"何谓两分之策？"

川岛起身走到墙边，指着墙上的大幅中国地图比划说："所谓南北两分之策，就是以黄河为界，将黄河以北方划为'北清帝国'的疆域；而黄河以南，则暂且听任革命党所为。"

伊集院听罢一笑，说："这可能只是阁下的一厢情愿，清朝开国至今已两百余年，宣统皇帝难道肯按照阁下的建议，将祖宗打下来的江山轻易丢掉一半？"

"南北两分之策，当然不是仅凭一纸建议让清廷采纳，而是要让其迫于形势，不得已而接受之。清政府已腐败不堪，民间积怨甚深，而今一方举事，必成八方呼应之势，革命党人的势力将会迅速壮大，然而清军将领之间争权夺利，多有龃龉，士兵训练废弛，纪律败坏，多无斗志，清廷已无法靠这样的军队来抵御起义军的进攻。如此一来，清国必然要向我国求援，而我国正好可以借机派遣大批军官加入清军，以控制清国的军事力量。如果革命军兴师北伐，我国便可以协助清军将其击退。"

"嗯，如此说来，南北两分，倒不失为良策，但不知将来派遣我国军官加入清军一事是否可行？"

"阁下对此事不必多虑，我来华时途经朝鲜，曾经拜访过寺内正毅大将，他对'南北两分'之策十分赞同，已允诺挑选军人，等时机一旦成熟，即派来中国。"

"好，清军一旦被我们控制，清国朝廷必将为我们所左右，到那时……"

"到那时，满蒙也就成了我大日本帝国的口中之物。"

两人一唱一和，说到得意处，不禁齐声大笑。

10月28日，伊集院彦吉向日本外相内田康哉发出密电，建议政府"趁此绝好时机，亟应在华中、华南建立两个独立国家，而使清廷偏安华北，继续维持其统治，此为对帝国有利之上策。"

川岛拜访过伊集院公使后，便秘密出入王公大臣的府第，奔走游说，以图通过元老重臣的上奏，使清廷采纳他的建议。

然而，出乎川岛意料之外的是，当他数日之后兴冲冲地来到日本驻华公使馆，向伊集院谈他游说的收获时，伊集院对他的"中国南北两分策"已不感兴趣。伊集院的言而无信，使他感到愤怒，而日本政府新的对华政策，更使他感到吃惊。

2. 刺杀袁世凯

"杀袁"与"保袁"

伊集院彦吉于短短数日之内，便改变了对"中国南北两分策"的态度，是因为他接到了日本政府的训令。

11月3日，日本外相内田康哉发给伊集院一份密电，严令他"此时应务必与袁世凯一系保持密切的联系，这是政府的方针。上电所言，不利于帝国之利益，切勿妄动。"

伊集院接到这一份密电后，起先有些意外，但他对中国与世界目前的局势略略做了一番分析之后，便对外相发来的训令心领神会。

武昌起义爆发后，京师震动，清廷急命陆军大臣荫昌率北洋新军赶赴武昌，镇压革命。但是，北洋新军是原直隶总督袁世凯一手培植起来的，大部分将领都是他的心腹爪牙，这帮人原来就不把荫昌放在眼里，再加上袁世凯暗中捣鬼，这帮人胆子更大，对新统帅的调遣干脆来了不买账。荫昌指挥不灵，清廷也束手无策。

后来，驻北京各国外交使团为商讨如何维护他们的在华利益，

图为袁世凯任临时大总统后与北洋将领合影

联席召开会议，结果一致接受美国驻华公使的建议，促使清政府立即起用两年前被罢黜的袁世凯来指挥北洋新军，镇压革命党人。

在各国驻华使团"非袁世凯不可收拾中国时局"的叫嚷声中，清廷于 10 月 14 日任命袁世凯为湖广总督，要他统率北洋新军，南下镇压革命。

然而，野心勃勃的袁世凯正想趁机向清廷索取更大的权力，怎能以"湖广总督"的官职为满足？他一面借口"足疾未痊"，稳住劲待在河南彰德老家，不肯出山，一面暗中指使亲信冯国璋、段祺瑞等北洋新军将领暂取观望态度，不要贸然进军。

10 月 27 日，清军进攻武汉受挫，湖南、陕西、江西等省又相继起义，清廷不得不任命袁世凯为钦差大臣，节制湖北水陆各军。

但是，袁世凯仍不满意。他提出召开国会，组织责任内阁，授予他军事全权，并保证供应充足的军饷。这些条件得到满足，他才

肯出山。

由于袁世凯"要价"太高，摄政王载沣和众大臣一时犹豫不决，不肯轻易接受他的全部要求。

这时，起义的省份日益增多，革命形势不断高涨，资政院中的立宪派齐声呐喊，提出上奏案，主张立即召开国会，取消皇族内阁，赦免国事犯。在袁世凯的指使下，驻滦州直隶新军第二十镇统制张绍曾，联合第三镇协统卢永祥等，电奏"政纲"十二条，要求速开国会，改定宪法，特赦国事犯，组织责任内阁。

资政院的呐喊，张绍曾的"兵谏"，和袁世凯的要求遥相呼应，使清廷感到压力很大，以摄政王载沣为首的王公大臣万分惶恐，被迫屈服，终于下了"罪己诏"，颁布宪法"十九信条"，释放政治犯，免去奕劻总理大臣之职，解散皇族内阁，任命袁世凯为内阁总理大臣，组织责任内阁。

袁世凯见目的达到，"足疾"立即"痊愈"，披挂出山，南下孝感督师，指挥前线战事。清政府的军政大权，从此落入袁世凯手中。

从世界形势来看，西方列强都企图利用中国的动荡局势，乘机扩大其在华的侵略利益。俄国一直觊觎中国北部边疆的领土。武昌起义爆发后十天，沙皇政府就指示驻华公使："把中国分为几个独立国家，在我们看来，与我们广泛的利益是一致的。"美、英、法等国也在窥伺时机，企图在中国攫取更多的利益。而日本想独占中国东北和内蒙东部地区，显然力不从心，而且很可能会引起其他强国的干涉。

在这种情况下，如果贸然实行"中国南北两分之策"，对日本并不一定有利，而改为在清政府之外寻找有力的代理人，通过代理人来维护日本已到手的利益，进而夺取满蒙的方针，则明显较为稳妥。

根据这一方针，日本谋略谍报机关和外务省，当然会选中已经大权在握的袁世凯。

作为公使，伊集院彦吉必须执行政府的训令。于是他断然摒弃了川岛浪速的"南北两分策"，转而支持内阁总理大臣袁世凯。

川岛浪速在他的自传《川岛浪速翁》中描述过他的性格："余之天性，如同脆薄玻璃，稍受刺激，就会引起破裂，实乃一极易冲动之神经质男人。"伊集院的迅速变卦和毫无商量余地的口气，使他大为愤怒。他跑到公使馆，以极尖刻的语言向伊集院发了一通火，伊集院也毫不相让。这场针锋相对的争吵，使两人的关系从此决裂，在对华谋略方面，也从此分道扬镳。至于搜集情报的间谍勾当，也各干各的。

川岛并未因日本政府改变了对华方针而就此罢休。他仍坚持宣传自己的"中国南北两分策"，并靠自己在华的势力和在军界的盟友，放手开展反袁活动。经过他的鼓动游说，北京驻屯军司令官阿部、北京守备队队长菊池武夫和高山通大佐等人站在了他这一边。

川岛一派坚决反对日本政府支持袁世凯，其理由是：袁世凯是长于权谋诡策、狡猾无比的奸雄，内田康哉、伊集院等人竟然看重袁世凯，并把袁捧为"中国唯一的大人杰，亲日之神"，他们是中了袁世凯的谋略之计，而日本政府也无疑上了袁世凯的当。结果，以伊集院为首的日本驻北京军事谍报人员、外务情报官员，与以川岛为首的大陆浪人、部分驻华军官，分裂成"袁党"和"非袁党"，两派之间的斗争十分尖锐激烈。

伊集院彦吉由于代表日本政府一方，在两派斗争中占有优势，他为了掌握川岛的活动情况，先是派人对川岛进行秘密监视，后来竟开始监听川岛家的电话。这些举动，更加惹怒了川岛，他与支持他的日本军官密谋，要想使日本政府放弃支持袁世凯的方针，只有一个办法，那就是除掉袁世凯！

天公不助人愿

早在 1908 年 11 月，摄政王载沣以"着即开缺回籍养疴"的谕旨将袁世凯逐出朝廷时，川岛浪速就曾向清廷一位重臣进言："应杀袁以绝后患。"但他的劝告未被采纳。现在，他要亲自策划刺杀袁世凯的行动了。

但是，袁世凯接受"内阁总理大臣"的任命之后，便走马上任，赶赴湖北前线指挥北洋军队猛攻汉口，杀袁一事，一时无法下手。

川岛思之再三，生出一计，他写了一封密信，派人送给保定第六镇统制吴禄贞，要他在袁世凯北上进京组阁时，在石家庄切断京汉铁路，干掉袁世凯。

吴禄贞，别名梦泽雄，字绶卿，湖北云梦人，自幼好学，九岁就能下笔成文，且好读兵书，研究兵法。甲午战争结束那年，吴禄贞考中秀才，这场战争的失败，使他感到，只有拿起武器，效命疆场，才能救国救民，于是他弃文从武，考入湖北武备堂，翌年被选送日本陆军士官学校骑兵科学习，成为清政府留日学习军事的第一期士官生。他在日本陆军士官学校学习期间，便加入了孙中山领导的兴中会。是一位暗中主张革命，坚决反袁的清军将领。

吴禄贞在日本留学期间，和川岛浪速有过交往。而吴禄贞回国后的所作所为，川岛也颇了解。因此他在与伊集院彦吉一派的斗争日趋激烈之际，便想起了吴禄贞其人。

武昌起义的消息传来，吴禄贞兴奋异常，为与南方革命军会师，他自告奋勇，上书清廷，请求率部去南方"平乱"，但陆军大臣荫昌早已查知吴禄贞与革命党关系密切，对他很不放心，他对军谘大臣载涛说："此人武烈过人，如果让他带兵到前敌，就是放虎归山，一旦反戈起义，局势将不可收拾。"坚决不同意吴禄贞的请求。

第二十镇统制张绍曾上书朝廷，进行"兵谏"之后，清廷生怕后院起火，甚感不安，陆军大臣荫昌知吴禄贞在北洋军中素孚人望，便令他前往"宣慰"。吴禄贞一到滦州，马上召集官兵，向他们阐明当前形势，鼓动他们一同起义，众将士备受鼓舞，表示听从他的指挥。吴禄贞遂与张绍曾、卢永祥等拟定了进攻北京的计划，决定趁陆军大臣荫昌率大军南下，京畿空虚之际，以张绍曾第二十镇为第一军，蓝天蔚第二混成协为第二军，卢永祥所部为第三军，从滦州西进，吴禄贞率第六镇从保定北上，两路人马互为犄角，于丰台会师，合力进攻北京，两百余年之满清王朝则可倾覆于一旦。

但是，此事被清廷提前知悉，摄政王载沣立即密令将滦州车站所有的车皮悉数调往北京，以防吴、张用来运兵北上；同时急调吴禄贞的第二十协吴鸿昌部，开赴山西镇压民军，以拆散吴、张的联合行动，让吴部与民军厮杀，消耗其实力。

在军队开赴前线之前，吴禄贞做了两手打算，一是第二十镇与第六镇同趋北京，推翻朝廷，与南方革命军联合，建立民国；二是两部会师北京后，打出维护清廷旗号，挟天子以令诸侯，先解决袁世凯，再分化瓦解北洋军，相机行事。

11 月 4 日，吴禄贞在娘子关与山西都督阎锡山密晤，议定成立"燕晋联军"，由吴禄贞任大都督兼总司令，阎锡山为副都督兼副总司令，指挥第六镇及第二十镇张绍曾部、第二混成协蓝天蔚部，与山西军举行起义，会师北京，然后粉碎袁世凯北上组阁的计划。

不料，起义尚未举行，吴禄贞竟被袁世凯派人收买其部下暗杀。

原来，袁世凯对吴禄贞早有提防，他出山后，一直密切注视着吴的动向。他侦知吴禄贞的一系列行为，其矛头所向，不仅指向清廷，也指向他袁世凯。吴禄贞的计划一旦实现，中国便会成为革命党人的天下，而他北上就任内阁总理大臣，夺取清廷政权的计划就将化为泡影。他岂能让马上到手的北方政权就此断送？岂能让别人在背后狠狠戳上一刀，将他置于死地？剪除吴禄贞这个心腹大患，已成了刻不容缓的急务，成了他北上组阁前的头等大事。于是他决定采取暗杀手段，除去劲敌。

袁世凯派往石家庄刺杀吴禄贞的周符鳞，原是第六镇十二协统领。吴禄贞上任后，见部队军纪废弛，兵无斗志，决心进行整顿以重振士气，周符鳞整天躺在烟榻上吸鸦片，对部下不管不问，吴禄贞下令："十二协协统周符鳞烟瘾甚深，行同盗贼，应立即撤职。"周符鳞被撤职后，虽被陆军大臣荫昌调到其他部队任职，但他对吴禄贞仍怀恨在心。袁世凯正是利用他对吴禄贞的仇恨，才命他前去刺吴。周符鳞接受袁世凯的密令后，于 11 月 10 日从汉口前线赶赴石家庄，用两万元收买了骑兵第三营管带马蕙田，要他尽快下手。

11 月 6 日夜，吴禄贞在石家庄召开中级以上军官会议，当场宣布：采取革命手段，推翻清朝统治，明晨即开往北京。并向官兵分发了白布臂箍，令大家分别缠在左上臂，作为举事标志。会议结束后，吴禄贞回到作为临时指挥部的石家庄火车站。他想到三路大军即将会师北京，心中十分激动，毫无睡意，便在指挥部内批阅文件，处理未尽事宜。

这时，被周符鳞收买的杀手马蕙田，带着几名士兵突然闯了进来。吴禄贞抬起头，问："马管带此时找我何事？"

"我们来向大帅贺喜。"马蕙田满脸堆笑，对吴禄贞说，随后弯下腰，深深作了一揖。

马蕙田弯下身时，迅速掏出手枪，趁吴禄贞不备，向他抬手就是一枪，但由于紧张而未能命中。

吴禄贞一惊，急忙从椅上跃起，从窗口跳出室外。

不料，马蕙田早已在窗外安排了伏兵，吴禄贞跳出窗外，还没跑上两步，伏兵便向他开枪，吴禄贞身中数弹，当即倒地身亡。

马蕙田拎着枪从办公室跑出来，见吴禄贞已死，狞笑一声，抽出刀来，割下了他首级，准备以此向周符鳞请赏。

川岛得知吴禄贞被杀的消息后，满腔热望，顿时化作泡影，独自待在寓所里，喝了半天闷酒。但他于郁闷中转念一想，又为吴禄贞未能举事而暗自庆幸——清王朝要是真的被吴禄贞率部队推翻，他的"中国南北两分策"岂不是彻底告吹？想到此，他的心情顿时转佳。

但是，无论如何，要实现他的"宏伟构想"，袁世凯其人必须除去！于是他又与支持他的驻华日本军官高山公通大佐、多贺宗之少佐等人密谋，待袁世凯北上时，派人沿京汉线南下，爆炸袁世凯乘坐的专车。

高山和多贺十分赞同川岛的计划，立即物色人选，待机而动。

不料，此计划被伊集院一派侦悉，伊集院立即派一名武官出面阻止了高山大佐的行动。

川岛与高山等人虽不愿轻易罢手，但他们又认为，事情已张扬出去，如果硬干，恐很难成功。川岛只得放弃这一杀袁计划，另谋新策。

不久，袁世凯把前线军事交给心腹干将冯国璋、段祺瑞指挥，带领浩浩荡荡的卫队，耀武扬威地登车北上，于 11 月 13 日抵达北京，很快便组成了他的责任内阁，行施总理大权。

川岛深感如不趁袁世凯根基未稳之际将其剪除，日后更难下手，于是便与多贺少佐密议，暗中煽动对袁世凯不满的禁军军官，袭击袁宅，将其杀死。然后上演挟天子以令诸侯的故事，与肃亲王一同入宫，挟宣统皇帝以号令中外。

多贺少佐居北京多年，与禁军中的某些军官素有来往，认为此举成功的把握很大。

多贺经过一番秘密串联，活动了数十名禁军官兵，决定于某日深夜，先杀死守护禁军弹药库的士兵，夺取枪械，然后突袭位于城北的铁狮子胡同的袁宅。

举事之夜，多贺化装成清军士兵，混在禁军中，担任指挥。他们在夜幕掩护下，悄悄逼近禁军弹药库。但令他们奇怪的是，弹药库周围一片沉寂，不见守卫人员的踪影。多贺率众靠近一看，见那里竟是铁将军把门，根本无人守卫。他命禁军士兵砸开大门，才发现库内已四壁空空，枪械弹药已被人提前转移！

多贺好生奇怪，急令禁军官兵赶往袁宅，但见墙高院深，院门设有岗哨，墙下有士兵来往巡逻，戒备甚严，而他们大多赤手空拳，一旦被巡逻兵发现，别说攻入院内，恐怕在院外就要被对方击毙。何况弹药库里的枪械被人提前转移，显然行动已经泄密。多贺只得解散举事官兵，赶往川岛的寓所，向他报告情况有变，刺杀袁世凯的计划无法实施。

川岛刺杀袁世凯的计划一再落空，失望而又恼怒，拍案大骂天公不助人愿。但他并不甘心就此让他的"中国南北两分策"付诸东流。

不久，川岛为实现他的"南北两分策"，又有了新的谋略。

3. 图复辟，营救肃亲王

鼓动主战派，反对袁世凯

且说袁世凯初入北京时，把反对共和的口号喊得震天响，再三表示他忠于朝廷，并自称是宣统帝溥仪和隆裕太后的保护人。但是当他得到孙中山要将大总统之位让给他的承诺之后，马上撕下了假面具，正式粉墨登场，在新任外务部大臣胡惟德、民政部大臣赵秉钧、邮传部大臣梁士诒与心腹干将段祺瑞的配合下，演出一幕紧似一幕的逼宫戏。

袁世凯先是以"库空如洗，军饷无着"为名，指使北洋军全体将领，由直隶提都姜桂题领衔电奏清廷"现值军情紧急，请求皇帝命令王公大臣捐献私财，毁家纾难，共济时艰"，逼王公大臣为打仗出钱，接着又逼隆裕太后拿出内帑黄金八万两劳军。他回到北京后，又与内阁大臣联衔上奏清廷，威胁隆裕太后，清廷如不实行共和，不但民军不依，列强也要干涉。

1912 年 1 月 16 日，袁世凯上朝时，在紫禁城养心殿东暖阁觐见隆裕太后，当谈到时局和清王朝的未来时，善于做戏的袁世凯，竟假惺惺地挤出几滴眼泪，说："论目前形势，北方一隅，虽然小保治安，而海军尽叛，一旦所议不和，舰队进攻，天险皆无，何能以六镇军队防御京津？到那时，恐我大清皇室就会像法兰西国王子孙，一人未遗。"

隆裕太后听说皇族就要像法兰西革命时期的路易十六一样，不但自己上了断头台，而且子孙全被杀光，吓得心惊胆战，涕泪交流，急忙问他："事到如今，哀家应取何对策？"

袁世凯也跟着抹了一把泪，擤了一把鼻涕，趁机进逼："惟俯顺舆情，方可救皇室于危难。皇太后若能俯顺舆情，许改国体，那革命军也有天良，自会心存感激，优待皇室，就是百世之后，也会说皇太后皇上为国为民，不私天下。"

隆裕太后此时仍以为袁世凯对清室忠心耿耿，呜咽了片刻，答道："我母子二人，安危系于卿手，卿若能竭尽全力，保我母子得全，皇族无灾，我也顾不得列祖列宗了。"

袁世凯见太后已口头作出允诺，这才告退。

说来也巧，袁世凯此日退朝，已是中午，他出了东华门，在卫队的保护下乘马车回府，当他经王府井大街，来到丁字街时，突然从一个茶叶店里飞出一枚炸弹，不偏不倚，落到袁世凯乘坐的马车下，轰然爆炸，袁世凯的卫队长袁金镖等10多人被炸死，幸好马车行驶得快，被炸弹从后面炸翻。

袁世凯受此惊骇，肥胖的身躯突然变得灵活起来，他从翻倒的马车中爬出来，稍一定神，一边喝令："快拿刺客！"一边翻身跃上一匹被弹片迸伤的马，拐进一条胡同，一溜烟逃回铁狮子胡同府邸。那匹马因流血过多而死，而他却安然无恙。为了安慰乱作一团的太太们，在他惊魂稍定后，就和她们幽了一默："今天有人跟我开了个玩笑。"

袁世凯经此一劫，又指使人散布谣言说："革命党人已遍布于北京城"，他遭炸弹袭击便是明证，以此来威吓隆裕太后，逼其早日宣布皇帝退位。

袁世凯迫不及待地要篡夺清朝政权，遭到清廷中主战派的反对。良弼、铁良、溥伟、善耆等王公大臣对袁世凯恨入骨髓，意欲将其除之而后快。

川岛浪速对于宫廷中的内情了如指掌。他想，虽然不能除掉袁世凯，但如能在宫廷中形成一种与其抗衡的势力，对其进行制约，使其不能为所欲为，也不失为善策。于是，他便利用和肃亲王善耆非同寻常的关系，凭着三寸不烂之舌，四处游说，鼓动主战派的王公大臣成立"宗社党"。宗社者，宗族社稷之意也。宗社党的宗旨便是捍卫清王朝，反对与南方革命党议和。

川岛的鼓动深得肃亲王等人的赞同，经过一番联络，以良弼为首，有溥伟、载泽、铁良、善耆等数十位王公大臣参加的宗社党，于 1912 年 1 月 19 日发布激烈宣言，宣告成立。

随后，宗社党中的蒙古王公纷纷离京，各回本旗，组织"义务勤王敢死队"，陕甘总督升允准备带兵勤王，一些大臣亦协同宗社党首领良弼，运动第一镇禁卫军，合力反对共和，同时散发传单，煽动朝野一齐反袁，并且扬言，将在京城举行暴动。

在良弼等人的积极活动下，宗社党的势力一时占了上风。

袁世凯感到自己处境危险，电令曹锟的第三镇军队入京护卫，甚至打算在外国人的护送下去天津暂避风头。经人劝说，他才决定仍然留在北京。

后来，宗社党首领良弼甚至主张批准袁世凯内阁辞职，另组皇族战时内阁，派铁良统率军队到南方讨伐革命党。1 月 23 日，宗社党给袁世凯一封措辞极为严厉的信，信中说："欲将我朝天下断送汉人，我辈决不容忍，愿与阁下同归渐灭。"袁世凯看了，如芒刺在背，甚感不安。

川岛时刻关注着宗社党与袁世凯的斗争，见此形势，认为倒袁有望，心中暗自欣喜。不料，天有不测风云，川岛正在为宗社党的声势迅速壮大而感到得意之时，突然有人向他报告：良弼遇刺，身负重伤，正在一家日本医院接受抢救，眼下生死难料。

川岛闻讯大惊，当夜便驱车前往医院探望良弼的伤情，询问遇刺情况。

保皇无望，另谋新策

原来，刺杀良弼，系革命党人彭家珍所为。

彭家珍，字席儒，1888 年生，四川金堂县人，1906 年毕业于四川武备学堂，随即被清政府派往日本士官学校学习，同年在东京加入同盟会，开始秘密从事反清活动。彭家珍回国后，先后在成都、昆明、奉天任清军下级军官，继续秘密进行反清活动。

由于他善于隐蔽自己，得到学兵营管带崇恭的信任，1911 年 9 月，在清廷陆军部考绩中，他被列为一等第一名，授予四品军衔，任天津兵站司令部副官长、代理标统之职。武昌起义爆发后，清廷从欧洲购得大批武器，经西伯利亚运往湖北前线，他趁奉命押运军火之机，与革命党人联系，将一列载有 5000 支步枪、50000 发子弹的列车在行经滦州时截留，后又以购买军械为名，从天津兵站取出上万元巨款，交给革命党。

彭家珍支援革命党的行动被清廷察觉后，寻机逃脱，化名朋嘉桢、朋锡三，在京津秘密活动，并担任京津同盟会军务部长。1912 年 1 月 1 日，中华民国临时政府在南京成立，孙中山就任临时大总统。此时宣统皇帝仍未退位，政局动荡，变幻莫测，为尽快推翻清王朝，彭家珍与京津同盟会骨干作出剪除袁世凯、良弼、载沣三个实现共和大业的障碍，并成立暗杀部，由彭家珍任部长。

彭家珍自告奋勇，前往北京暗杀良弼。

彭家珍知崇恭和良弼素有往来，他在奉天时已熟悉崇恭的举止言谈，这时崇恭已升为标统，有这个官阶，进京后行动也较方便，他便决定冒充崇恭，进入良弼府邸，寻机行刺。他事先探明了良弼在京的住所和活动规律，制作了崇恭的名片、军服、佩带，又预习崇恭的举止动作，为进京行刺做好准备。

　　1月26日，为农历辛亥年腊月初八，清廷有在此日向皇室成员馈赠腊八喇嘛恩粥的习俗，良弼欲借此机会，与王公大臣密议镇压南方革命党事宜。彭家珍探得这一消息，便计划在这一天采取行动。他写下绝命书，放在随身携带的皮包中，化了装，取出两枚炸弹，分藏于外套衣袋中，将手枪插于腰间，然后告别了同盟会的朋友，乘火车前往北京。

　　他先在前门附近的金台旅馆住下，次日一早，他雇了一辆马车，先赶到设在前门的军咨府，寻良弼未见，又赶到良弼的旧宅询问。一门房告诉他："良大人通常都是住在西四红罗厂新宅。"于是他又驱车赶到红罗厂良弼府邸，递上名片，求见良弼。良府的仆人见名片上写着"崇恭"二字，下注"奉天标统"官阶，又见他身穿一身将官服装，不敢怠慢，告诉他："良大人入宫议事未归，请崇大人到客厅稍候。"

　　彭家珍久等不见良弼归来，心中焦急，眼看天色已晚，便对仆人说："我有急事，不便久等。"出门乘车，往进宫的路上寻访良弼。他乘车行不多远，见有一队车马迎面而来，车前的灯笼上书有"军咨使"字样，知是良弼的马车，但见两边有卫队随行，无从下手，即命车夫折回，随后追赶。

　　彭家珍乘坐的马车赶到良府，良弼已经下车，他急忙跳下车来，掏出名片，高喊："良大人，下官崇恭有要事求见。"

　　良弼一面接过名片，一面借着灯光，扫了一眼彭家珍，见他不像崇恭，觉得其中有诈，边说："这么晚了，有什么要事，明天再谈。"边转身进门回避。

　　说时迟，那时快，彭家珍已炸弹出手，落在良弼的脚旁，只听一声巨响，良弼当即倒地，昏死过去。另有数名护卫和一名马夫殒命。

由于彭家珍投掷炸弹时距离太近，不及躲闪，一颗弹片从上马石弹回，击中他的脑部，他未来得及投出第二颗炸弹，也未来得及看看良弼是死是活，便当场死去。

彭家珍死时年仅 23 岁，其后有人从他的皮包中发现了他的绝命书，其中有"共和成，虽死亦荣，共和不成，虽生亦辱。与其生受辱，不如死得荣"等语，可见他早已将生死置之度外。

爆炸声响过之后，良府前顿时乱作一团，良弼的家人闻声赶来，见他左腿被炸得血肉模糊，仅剩皮肉相连，急忙将他抬上马车，送往一家日本医院急救。

良弼只是被炸断一条腿，身体其他部分并未受伤，经日本医生动过手术后，生命已脱离危险。川岛到医院看望过后，稍感放心。他回府后，令人每天到医院探望良弼的伤情，希望他早日恢复健康，继续领导宗社党与袁世凯作殊死的斗争。

但是他的希望很快便告破灭。

1 月 29 日，良弼精神转佳，神志清醒，但伤口疼痛难忍。民政大臣赵秉钧趁机向良弼推荐一名中医，说此人医术如何高超，并且用家传秘方制成一种止痛药酒，特别有效。良弼的伤口正剧痛难耐，也不细想这位逼宫戏的重要角色有何意图，便让他找来这位中医为他止痛。结果他喝下中医进上的一杯止痛药酒后，一小时左右便呜呼哀哉，气绝而亡。

原来，袁世凯一直视良弼为眼中钉、肉中刺，他听说良弼被刺，喜出望外，但又因良弼未被炸死而深感遗憾。他十分关注良弼的伤情，当手下人向他报告良弼已经脱险，可望康复时，他想出一条毒计，指使赵秉钧收买一名中医，以进止痛药酒的办法，将良弼毒杀。

良弼一死，宗社党失去领袖，一时陷入群龙无首的状态。

　　袁世凯见政敌已垮，更加肆无忌惮，一面加紧夺权活动，一面派人监视曾经与他为敌的主战派王公大臣的行动。但等夺权成功之后，再一一进行处置。川岛的结义兄弟肃亲王善耆，也在被监视之列。

　　从良弼遇刺那天起，一些满族显贵见清王朝已呈大厦将倾之状，便纷纷携带眷属逃离北京，分别避居天津、大连、青岛等地。有因职务缠身而无法离开北京者，也都请袁世凯派兵保护，一个个成了他手中的政治俘虏。主战派王公大臣从而被孤立出来，成了袁世凯的砧上之俎。

　　川岛作为一个阴谋家，当然不会抱着一条死胡同走到底，所谓"狡兔三窟"，他在袁世凯逼宫日甚，清王朝行将灭亡之际，已经有了新的计划，那就是策动"满蒙独立"。并且已秘密进行各项准备活动。既然良弼已死，保皇无望，他便要开始实施新的计划了。

　　川岛的"满蒙独立"计划，简而言之，就是一旦清廷无法延续，便与日本陆军参谋本部联系，扶植肃亲王善耆在满洲进行复辟。

　　这样一来，满蒙便在日本政府的掌握之中。

　　现在，援助满清的继承人、复辟的有力号召者肃亲王逃出虎口，已经迫在眉睫。

助复辟种子逃离北京

　　肃亲王善耆，生于 1866 年，是清王朝八大皇族之一，清太宗皇太极的直系子孙，皇族的近支宗室。善耆的祖先第一代肃亲王豪格，是睿亲王多尔衮的同母弟。清兵入关时，豪格随多尔衮转战各地。在进攻四川时，豪格在西充峡谷中射杀张献忠，被封为肃亲王，王位世袭罔替。肃亲王一系代代在清廷摄政，或协助摄政，人称铁帽子亲王，是清代声势显赫的大贵族之一。肃亲王这一王位，传到善耆，已经是第十代。

　　善耆的青少年时代，是在国际国内战乱纷起的岁月中渡过的。

他出生那一年，德意两国联盟反对奥匈帝国，美国南北战争刚刚结束。他刚刚懂事，德法战争爆发，德国打败了法国。太平天国失败不久，捻军犹在拼死抵抗清军的镇压，各地不时爆发小股农民起义。英法联军火烧圆明园的余烬犹存，俄国又割占了黑龙江以北乌苏里江以东 100 万平方公里的土地。此后，中国在甲午战争中遭到惨败，欧美列强又趁机加紧了对中国的侵略活动，俄国侵占旅顺、大连，要在整个东北三省搞"黄俄罗斯化"；德国夺取青岛后，接着又要霸占山东全省；英国占据威海卫；法国霸占了广州湾；云南成了法国的势力范围；福建落入日本控制之内；长江流域变成了英国和其他国家军舰可以横行的水域。

在这种危在且夕、国将不国的严峻形势下，光绪皇帝曾欲改良维新，重图振作，挽救大厦将倾的危局，但是在慈禧太后的镇压下，很快便告失败。这一切潮流都猛烈地冲击着善耆，对他性格和信念的形成，有着巨大的影响。日本明治维新后成为东方强国，令善耆非常羡慕，因此他积极主张依靠日本以维持清王朝的统治。

川岛浪速如何能够结识肃亲王，并与其有着十分亲密的关系？这要追溯到 1900 年义和团运动时期。

是年 8 月，八国联军逼近北京，慈禧太后和光绪皇帝一行逃往西安，肃亲王也护驾前往。紫禁城中留下六名贵妃和百余名宫女，由两千余名禁军守卫。八国联军攻入北京后，紫禁城内的禁军拼死守城，拒不投降，德军统帅瓦德西愤怒之下，命炮兵开至紫禁城外，准备以炮火轰击宫内，以迫使清军投降。

值此危急时刻，一个日本人挺身而出，自告奋勇，要前往紫禁城，说服守城的清军投降，以使这座雄伟壮观的宫殿免遭炮火毁坏，此人便是川岛。

当日，30 多岁的川岛在进攻北京的日军第五师团担任翻译，他这一大胆的请求，得到日军先遣队司令福岛安正少将的同意。川岛遂冒着生命危险，只身来到紫禁城神武门前，隔着门缝，以流利的中国话，向守军陈明拼死困守将会带来什么样的后果。结果守军将领被他说服，打开东华门让联军进入。守军和贵妃、宫女则按照川岛的指挥，退出城外。

川岛这一行动，当时在八国联军中引起轰动，随后，经日军提议，由八国联军任命川岛为紫禁城总监。川岛上任后，对宫内的文物、建筑等认真进行了清点和保护，使紫禁城免遭损坏。川岛这样做的目的，并非为清朝政府着想，其真正用意，是为了达到长远占领中国之野心。

川岛此举使紫禁城得以保全，清廷的王公贵族对他十分感激。川岛对自己这一行动也很得意。后来他在自传中写道："宫内众人皆敬川岛如慈父。"

东交民巷的肃亲王府，曾受到义和团的攻击。当时，日本驻华公使馆武官、炮兵中佐柴五郎曾率兵守卫肃亲王府。于激战中，王府的外围墙被义和团攻破，宫殿被放火焚烧，日军为了固守王府，打开了府内的库房，从柜中取出亲王及王妃的衣服，装进泥土，堵在东阿思门下，以抵挡义和团的进攻。用来装土的衣服，每件都是价值百金的锦绣，将东阿思门堆砌得五彩缤纷，绚丽夺目，被日军戏称为"锦绣台"。

这次战斗，使肃亲王府遭到严重的毁坏，大部分建筑在战火中变成废墟。

八国联军占领北京后，划分了各自的占领区。日军占领区为东四至西四的两个牌楼以北。为维持占领区治安，日军在顺天府成立了军事警务衙门。衙门的头目均先由日军军官担任，后来又经前任推荐，由川岛以日军司令部翻译官的身份，兼任衙门军政长官，负责维护占领区治安与征收军需物品。

川岛在中国活动多年，深明清廷权贵的势力，懂得如何抓住眼前时机，以利日后在大陆"雄飞"。他在任期内极力保护满蒙贵族的府邸，并且让这些府邸的看门人等知道是川岛在保护他们。他这样做，后来博得了满蒙贵族很大的欢心，也为他日后的长期潜伏打下了良好基础。

不久，随慈禧逃往西安的肃亲王受命回北京视察情况，听说川岛浪速在联军入侵北京后的所作所为，亲自到东四三条日军宿舍走访了川岛，对他的胆识气魄和"仁义"之举大加赞扬。

川岛觉得这是一个结交清廷大权贵的机会，第二天，他便回访了肃亲王。交谈中，川岛安慰他说："此次事变，受损失最大的莫过于殿下，我对此表示深切的同情。"

然而，肃亲王却心平气和地说："国家遭此劫难，纯系自作自受。这次打击，也可算是为我朝上下敲起绝好之警钟，促使吾人觉醒。对国家来说，毋宁说是不幸中之幸事。对我本人来说，也因此变乱而结识了许多日本良友。因此，想到将来日本定可成为我国协力一致来维持东亚大局之国家，今日我之得与日本朋友结为深交，远胜于本人一座私宅之损失。"

"殿下真是胸襟广阔，时时心系国家，将私人之得失完全置之度外，令在下十分敬佩！"川岛赶紧拍上一马。

于这次互访之后，川岛与肃亲王善耆之间的交往，开始密切起来。

八国联军撤退时，川岛受清政府之聘，担任北京警务厅总监督。由于遭到德、意、法三国公使和北京提督衙门的反对，清政府不得不取消这一决定，改聘川岛为京师警卫学堂监督，并赋予其一切权力。但不久，北京善后协巡局、提督衙门与御史忠廉等联合上奏，反对建立新的警察制度，川岛秘密说服劳务大臣胡（燏）芬和总兵那桐，得到他们的支持。胡（燏）芬奏请朝廷，任命肃亲王善耆为督修街道工程管理处巡捕事务大臣，下设工巡局，以镇国将军毓朗为警察统监，仍聘川岛为京师警务学堂总监。

这样一来，善耆和川岛便成了上下级关系。在善耆的支持下，川岛效法日本设立新的警察制度，终于挤垮了有一万余人的旧北京提督衙门，而两人的关系也因此更进了一步。

北京的警察事务，分为步军统领衙门和顺天府捕盗营两个系统。经过机构改革，顺天府捕盗营被裁除，只保存步兵统领衙门。但是其官兵不仅反对建立新的警察制度，并且扶植党羽，接受贿赂，坐地分赃，已腐败透顶，起不到有效地维护治安的作用。

善耆担任巡捕事务大臣后，很想借重川岛的帮助，改革警政。对于这一旧势力，川岛主张采取怀柔政策，即经过教育，把多数人逐渐吸收到新的警察机构里来，对其中确有能力的人，同样予以提拔重用。只淘汰少数极腐败分子。尽量避免一举将其裁撤，造成大的震动。但肃亲王则主张立刻全部将其裁撤。

川岛担心闹出乱子，特地造访肃亲王，想劝他改变这一主张。他奉劝肃亲王说："殿下可知航海之术吗？"

"请问有何赐教？"肃亲王不知他这么问有何用意。

"航海时如果驾船直线前进，就可能碰上暗礁，故航海者有时需要避开暗礁，迂回前进。改革旧制，也当如此。"

不料肃亲王却说："吾意已决，不将那些旧人全部裁撤，警政改革就无法推行。"

川岛见劝说无用，只好任其所为。

随后，肃亲王直接向慈禧提出了自己的主张。

步军统领衙门得到这个消息后，以两万名官兵的名义向肃亲王的政敌庆亲王和那桐申诉。

川岛见形势对肃亲王不利，便积极为之从中斡旋。但肃亲王仍被免职。免职邸报一出，川岛立刻前往肃亲王府，安慰善耆说："此日虽因急进而失败，然他日必将取得理想之大成功。"

肃亲王听了川岛的话，颇感宽慰，说："诚如斯，吾人之理想指日可待矣。"

经历了这次挫折后，肃亲王将川岛引为异国知己。

1907 年底，肃亲王于一个大雪纷飞的早晨，独自一人骑马来到川岛的寓所，两人一见面，肃亲王便说："今日天降瑞雪，我乘兴而来，我们从从容容地谈个半天吧。"

两人围炉畅谈东亚经纶，倾吐生平抱负，十分投机。肃亲王说："中国如不与日本紧密提携，则自国安全和东亚和平均无保证。"

川岛趁机迎合说："中国如能与日本紧密提携，必能安定东亚大局。"

两人谈至兴奋处，肃亲王忽然提议："你我理想抱负既然如此一致，在国与国提携之前，应先有人与人的提携，应效'愿自隗始'。你我是否可以结为手足之义？"

川岛听肃亲王这么说，不禁喜出望外，能和这个大权贵成为结拜兄弟，自己等于在清廷中有了一座靠山，而他的经营中国的宏图，日后也就能够得以大展。但他却故意推托说："殿下是大清朝皇族，我仅一介东邦布衣，结为手足，恐不适宜。"

肃亲王执意要与川岛结为兄弟，他慷慨陈词说："这是俗论。皇族也好，亲王也好，均不过是人爵而已。人间最可贵的是天爵。以天爵而言，我不如卿。前人有'忘年之交'，你我难道不可结为'忘爵之交'吗？"

川岛见肃亲王态度坚决，心中窃喜，当即表示愿意与他结拜为兄弟。

两人一叙年龄，善耆与川岛虽是同年生，但月份稍迟，精明的川岛为了不让肃亲王称自己为长，将自己的生辰少报四个月，奉肃亲王为兄，两人遂交庚换帖，结成金兰之好。

自此，两人过从更密。

川岛营救肃亲王逃出北京的行动，是在与日本驻北京守备队长菊池武夫、日本驻华公使馆高山公通大佐以及日本浪人田锅安之助、木泽畅等人密谋后进行的。这些人都是与伊集院公使对立的反袁派。

在营救行动开始之前，川岛以密电向日本陆军参谋本部报告：

"肃亲王将化名金晏怡，决定于 2 月 2 日由北京出发，前往旅顺。"

营救方案得到同意后，他又电告参谋本部："肃亲王在完成举事之前，约需 5 万元。"

参谋本部立即复电，告知所需经费的领取途径，并密令有关方面为肃亲王的出逃做好策应。

2 月 2 日傍晚，北京城寒风呼啸，风沙漫卷，街道两旁，光秃的树枝在风中摇曳呜咽。肃亲王轻装简从，乘坐一辆装饰豪华的双套马车，离开王府。他给目睹者的印象，仿佛是到城内某处去赴晚宴。

这辆马车行至一条僻静的街道，停了下来。肃亲王下了马车，走进一家民宅。高山大佐和日本浪人田锅、木泽等人早已恭候于此。

肃亲王再露面时，已是身着中式长袍，头戴一顶瓜皮小帽，俨然商人打扮。他身后跟着身穿中国便装的高山等人。他们登上一辆简陋的马车，直奔火车站而去。

日本驻北京守备队长菊池武夫，已在火车站安排接应，车站内外，三步一岗，五步一哨，警戒森严。

肃亲王乘马车来到火车站，立即在高山等人的簇拥下，上了一列客车的三等车厢。十多名化装成绅士、商人、苦力模样的日本士兵和浪人紧随其后，拥入车厢，围坐在肃亲王身旁。

片刻过后，火车一声长鸣，缓缓驶出北京站。清王朝八大皇族之一、清太祖努尔哈赤的直系子孙、第十代肃亲王善耆，平安逃离北京。

肃亲王在离开他居住多年的王府时，曾做诗一首：

幽燕非故国，

长啸还辽东。

回首看烽火，

中原落照红。

这首诗可谓肃亲王的内心写照：他不甘心统治中国200余年的清王朝就此灭亡，他要在满蒙匡复大清基业。

2月2日夜，川岛电告日本陆军参谋本部："肃亲王已于午后7时20分平安离京。"

从北京到秦皇岛一线各站，均有日本武装人员担任警戒，肃亲王乘坐的客车一路平安。但是，火车到达山海关，因铁路桥被炸而不能前进。高山大佐当即与日本方面联系，使肃亲王得以从秦皇岛乘日本轮船勃海丸号抵达旅顺。

肃亲王在旅顺寄寓的王府，位于临海的丘陵起伏的白玉山西侧。在一片密林中，有一幢二层红砖楼房，楼前是幽静的庭院。这幢楼房原是俄国人的别墅，日俄战争之后，归日本人所有。

袁世凯得知肃亲王逃离北京，勃然大怒，当即派兵包围了肃亲王府，准备将其眷属扣为人质。

肃亲王福晋于急难中，差一家丁于深夜溜出王府，向川岛求救，川岛叫妻子随前来求救的家丁连夜进入王府，陪护肃亲王福晋及其子女，袁世凯见日本人出面，一时不敢下手抓人。

随后袁世凯又派兵到川岛府邸周围巡逻，虚张声势，威胁川岛。川岛毫不畏惧，向袁世凯提出强烈抗议，并声称要吁请日本驻北京守备队派兵干涉。

袁世凯进京后，通过日本驻北京公使馆情报人员小川胜猪，与伊集院公使取得联系，以求日本政府做自己的靠山，他早已侦悉川岛与日本陆军参谋本部有联系，他见川岛态度强硬，害怕事态扩大，只得命巡逻的士兵撤回。

2月12日，肃亲王一家60余人，在川岛的帮助下，乘火车至秦皇岛，然后乘坐日本军舰千代田号，到达旅顺，与肃亲王团聚。川岛也随后赶往旅顺，准备伺机举事。

同一天，清廷以皇帝的名义，奉隆裕太后懿旨，下诏宣布退位。

至此，中国长达两千多年的皇权专制制度宣告结束。

4."满蒙独立"之梦

川岛浪速早在煽动主战派王公大臣成立宗社党与袁世凯抗衡的同时，已开始着手策划"满蒙独立运动"。他的计划是：先把清朝的肃亲王拥戴到满洲，另一方面鼓动蒙古的喀喇沁王爷举兵起事，由他们互相配合，建立一个"满蒙王国"。

川岛利用他与肃亲王的亲密关系和在清廷中的地位，在满蒙王公中进行穿梭般的密访。因为搞"满蒙独立运动"，必须有一定的社会基础，他计划在蒙古王公中首先争取得到喀喇沁王贡桑诺尔布的拥护。

喀喇沁王是肃亲王的妹婿，与川岛早有来往。辛亥革命爆发后不久，喀喇沁王就对川岛说过："从前，蒙古不是中国的一部分。仅仅是奉清朝的正朔而来，与中国整个国家没有什么关系。况且现在清朝将亡，蒙古当然要脱离中国而独立。但因蒙古没有实力，独立必须依靠日本的援助才能得以实现。"川岛听在耳中，喜在心头，当即表示："请王爷放心，日本方面，我会积极为之斡旋。"喀喇沁王听了他的答复，也就把得到日本支持的希望，寄托在川岛的身上。

川岛通过喀喇沁王进行了一番活动后，在京的蒙古王公结成了同盟。参加同盟的宾图王、敖汗王、敖汗贝子巴林王、达尔罕熙王熙贝勒（喀喇沁中旗）、乔罗克王等。他们决计推肃亲王善耆为首脑，共举"勤王之军"。

川岛将上述情况电告日本陆军参谋本部参谋次长福岛安正少将，随后召集驻北京的日军军官，在他秘密训练日本特工人员的朴园召开秘密会议，策划举兵之计。

朴园原是清朝内务府大臣师曾的别墅，这座别墅庭院深广，外有高墙所围，在院内进行种种秘密活动，外人无法知晓。川岛看中此地具有良好的保密条件，便以重金将其买下。

被川岛选中的浪人，都要送到朴园进行训练。这些人一进朴园，首先要化装，有辫子的梳辫子，没辫子的买假发。川岛浪速还派专人上天桥旧货市场买旧衣服，置备鞍马，学习射击爆破技术等。买来的马匹，先送到京师警务学堂消防队马厩内饲养，川岛是警务学堂总监，外人也不会怀疑。日本公使馆、川岛私宅与朴园有事联络时，采取严格的保密措施，中途要几次换乘马车，务求不引起外人的怀疑。

参加秘密会议的人除高山公通、多贺宗之、松井清助、木村直人等驻华军事谍报人员和军官外，还有混进东北土匪圈里的日本大陆浪人薄益三（绰号"薄无鬼"）和中国土匪左宪章。他们经过密商后，签订了如下协议：

一、由松井清助大尉伴送喀喇沁王秘密离开北京赴内蒙，与有势力的蒙古人相约，招募若干兵员，赴满洲接受武器，并将这批武器护送至喀喇沁、巴林两府；

二、由木村直人大尉伴送巴林王秘密离开北京，赴巴林招募兵员进行训练；

三、由多贺宗之少佐负责筹集武器，在满洲交给松井，一旦回到北京，立刻赶赴喀喇沁王府，武器一到，立即配合"蒙古义军"举事。

1912年1月29日，川岛与喀喇沁王签订了关于蒙古独立的密约，全文如下：

一、保卫蒙古的利益，图存大清皇位，将内蒙联合为一强固之团体；

二、团体必须设立统一内蒙古之机构，以掌握一切文武要政；

三、川岛浪速希望喀喇沁王为该机构之首脑，竭尽全力以期成功；

四、为达此目的，先由喀喇沁王族内整顿优势兵力，逐渐与各王公合作，组织团体；

五、为创办此事所需之武器、军费及必要的日本人员的相应契约，均由川岛浪速负责筹划；

六、喀喇沁王以川岛浪速为总顾问，参与策划一切文武事宜；

七、所用要员俱受川岛监督，服从喀喇沁王的节制，将此定为重要纪律；

八、内蒙古团体成立后，倘受他国之侵犯而难以自卫，必须向日本帝国请求援助；

九、内蒙古团体必须和日本帝国保持特别之友谊，以维护大局，保护日本人的实业计划，以期两利；

十、内蒙古团体对俄外交事务，必须同日本政府秘密协商处理，未经商定，不得随意签订条约。

根据这个协议，川岛又与内蒙古东部地区各王公约定，喀喇沁王以卓索图盟五个旗辖境内全部矿山做抵押，向日本借款 20 万日元，并由日本拨给该王弹药 3 万发；巴林王以辖区内全部矿山采掘权做抵押，向日本借款 1 万日元。昭乌达盟巴林、敖汗等 11 旗，也分别与川岛订立了特殊密约。

此后，川岛与高山公通致电日本陆军参谋本部，要求寄款 5 万日元，以备营救肃亲王离京和进行其他活动之用。

1 月 30 日夜，喀喇沁王派了两辆马车，从高山公通处取了 3

万发子弹，然后在松井清助的陪同下，悄悄离开北京。

内蒙古王公的借款契约，很快得到日本政府外务大臣内田康哉的赞同。他在给伊集院公使的密电中说："帝国政府鉴于内蒙古东部与南满洲之间具有密切联系，若能在该地区建立某种利权关系，在必要时可能对我国有利。"

十天后，内田康哉又电告伊集院："经审议，认为在必要时以大仓洋行名义签订合同，贷与 25 万元左右，尚属可行。"

后来，内田康哉担心形势可能发生变化，通知将贷款数额缩减为 15 日万。最后实贷 11 万日元，由大仓洋行天津支店长以大仓喜八郎名义签约。

川岛在举事前的各项准备策划就绪之后，转赴东北，安排向内蒙秘密运送武器弹药事宜，以供宾图王和喀喇沁王"东西呼应，率先举兵。"

川岛要在东北三省搞独立，当然要事先与兵权在握的东北枭雄张作霖取得联系，争取得到他的支持。

当时，东三省总督虽然是赵尔巽，但由于张作霖握有重兵，实际权势已凌驾于赵尔巽之上。日本军事间谍町野武马曾特意向张作霖打招呼说，日本将支持善耆搞"满蒙独立"，张作霖表示赞同。后来，张作霖曾正式向日本驻奉天总领事落合谦太郎说："肃亲王将要前来奉天，如果袁世凯能撤换奉天将军赵尔巽的话，本人将拥戴肃亲王归依日本国。但到时必须向世间表明，此举并非由于日本国的强迫。"

川岛所策划的"满蒙独立运动"，在日本军界的支持者是陆军参谋本部次长福岛安正少将和参谋本部第二部部长宇都宫太郎。

福岛安正是川岛的同乡。1885 年，川岛首次到中国进行活动，便是经福岛介绍的。当时福岛只是大尉，而现在，他在军界已身居要职，福岛和宇都周围团结着许多少壮派军官，两人曾叮嘱这些军官说："如果你们去中国，一定要帮助川岛浪速。"福岛安正还给川岛浪速一套日本军用的欧文密码本，供他与参谋本部联络之用。

川岛政界的支持者是众议院议员佐佐木安五郎。佐佐木是川岛的妹夫，在侵华观点上，两人完全一致。由于他后来在内蒙古搞间谍活动出色，且与喀喇沁王私交甚深，被一些人称为"蒙古王爷"。

现在，川岛的"满蒙独立"计划又得到外相内田康哉的赞同，并由财阀大仓喜八郎提供巨额活动经费，而诸项具体计划，在实施过程中也颇为顺利，真可谓纵横捭阖，左右逢源。

到了2月上旬，川岛一手导演的"满蒙独立运动"已万事俱备，只欠武器了。

暂宿于旅顺肃亲王府的川岛，也为"满蒙独立"的梦想眼看就要实现而感到振奋。

但是，中国的局势动荡混乱，日本政府的对华政策也变幻不定。由于局势的骤变，川岛的"满蒙独立"阴谋，与日本政府对华外交总方针相抵牾，两者之间的矛盾不久便显露出来。

5. 偷运武器，浪人喋血

日本政府转向，张作霖变卦

辛亥革命爆发后，日本政府一直在玩弄两面手法，一面支持清政府，一面默许部分大陆浪人支持革命党。清政府为镇压革命军，庆亲王内阁、兵部尚书荫昌派专人"恳托"日本军事间谍头目青木宣纯少将向日本洽购炮弹30万发，枪弹6400余万发，步枪16000支。日本政府迅速指令日商"予以充分援助"。与此同时，鉴于革命力量发展迅速，日本浪人中也有人策划以冒险行动往中国秘密运输武器，供革命党使用。对于这种情况，日本政府也"采取默然态度，不加干涉"。

后来，日本政府见清王朝已气息奄奄，命在垂危；政府军的指挥大权已由东山再起的袁世凯掌握，又转而支持袁世凯。

清朝最后一任皇帝溥仪宣布退位的次日，即 2 月 13 日，孙中山向南京政府临时参议院辞职，并送交了举荐袁世凯为中华民国临时大总统的咨文。2 月 14 日，参议院召开总统选举会，17 省的代表一致选举袁世凯为中华民国临时政府大总统。

日本政府根据中国的形势，确定了支持袁世凯的对华方针，内阁总理大臣西园寺公望对"解决满蒙问题"的政策是：尽可能维护现状，等待时机，以便在对日本最有利并且有成功把握的情况下，一举全部侵占"满蒙"。这样一来，川岛浪速阴谋策划的"满蒙独立运动"，显然与日本的对华方针相违背。

原先表示支持川岛的朝鲜总督寺内正毅大将，表示不再支持"满蒙独立运动"，他的理由是川岛一伙搞得太显眼了，他说，大陆浪人薄无鬼常常穿着一件中国式的大红袍，挂着一个带有红鞘显然过长的大刀，坐着双套马车在大连街头招摇过市，竟纠合了匪徒2000 余人，这种情况使他愤怒。他发出通报说："如果不停止这项计划，我将率领朝鲜军队歼灭蒙古军。"

2 月 15 日，伊集院公使也致电外相内田康哉说："蒙古王公俱系昏庸无能之辈，无见解，又无节操，更无实力"，反对再向喀喇沁王等贷款。次日内田即回电表示同意伊集院的观点。

日本驻奉天总领事落合谦太郎对川岛一伙的活动尤其不赞成。2 月 21 日，他在发给内田康哉的密电中说："川岛一伙目前正在为宗社党而进行策动，彼等不但完全置本馆于不顾，且有回避我警察探查之形迹。高山大佐虽然向本职略通消息，对于其他人，本职则无法查明其行动。此等人与本人毫无联系，倘彼等之密谋与本职历来所执行之方针相反，即将惹起意外事态，鉴于奉天事务主要属于本职之职责范围，故在必要时本职可能采取临时措施以取缔……"

内田康哉立即给落合复电："来电所述问题，已促请有关方面加以注意。关于我国人参与宗社党活动的问题，我国政府当然不予承认。政府已经决定对彼等之行动加以适当管束。总理大臣已于本月 20 日将此宗旨电训关东都督，我总领事可本此精神与都督进行磋商，采取相应的措施，务期以说谕或其他稳便办法对彼等适当加以取缔。"

英国驻华公使窦纳乐也致函内田康哉，表明了英方的态度，英国也反对日本人在"满蒙"的分裂活动。英国的目的是不愿让日本独霸中国的东北，所以向日本施加压力。

还有一个重要的变化是，张作霖推翻了原先的许诺，转而表示支持袁世凯。

老奸巨猾的袁世凯担心东北枭雄张作霖与他为敌，当川岛和清朝遗老前往东北进行复辟活动时，派遣他的心腹段芝贵前往奉天，对张作霖进行"怀柔"。袁世凯由段芝贵转赠张作霖精制军刀一柄及价值万余元的贵重礼物。张作霖回赠袁世凯的礼物中有一颗价格不菲的人参和 8850 元的纯银餐具。赵尔巽和张作霖以极为隆重的规格接待了段芝贵，表示赞成共和制度。

在此期间，肃亲王也派他的胞弟善予作为自己的代理人去见张作霖，磋商"满蒙独立"问题。张作霖对他假意应付，热情招待，但到了会谈时，张作霖却对善予说："你们来得正好，袁总理的代理人现在也在我这里，他们愿出 300 万元请求我的支持，肃亲王如果肯出 800 万，我就协助你们举事。"

善予对张作霖的要求不敢答复。他的随从见张作霖翻云覆雨，竟乘人之危，进行敲诈，按捺不住心中的怒火，大喝一声"欺人太甚"，便扑上去要打张作霖，当即被张的警卫击毙。

这次会谈以失败告终，肃亲王直到晚年仍耿耿于怀，他曾对人说："当时如果不派代理人，由我亲自去见张作霖，会谈一定会成功。"

实力派张作霖赞成共和制，拥护袁世凯，促使日本政府不得不采取果断措施，制止川岛的行动。

不到黄河心不死

2月下旬，日本政府批示参谋本部次长福岛安正，电令川岛浪速立即返回日本。

川岛接到福岛的电报，以为参谋本部对他的计划有进一步的指示，或是提供更多的援助，兴冲冲地返回日本，但是当他直到参谋本部，见到福岛后，福岛却告诉他："内阁会议决定，立即停止满蒙独立运动。"

川岛听了，当即愤怒地表示抗议。但福岛无可奈何地说："川岛君，作为我个人来说，与你的意见是一致的，但是，这个决定是内阁会议做出的，并且命令我将这个决定转告给你。请你务必执行。对于内阁的决定，我必须遵守。你若有不同意见，请向外务大臣当面陈述。"

川岛见福岛言辞恳切，并且是在执行内阁的决定，一时无话可说。

此后，川岛怀着一线希望去见内田康哉，试图让内阁收回成命。但内田却对他说："听说你已返回日本，我正要派人去请你来，现在，中国处于新旧交替之际，革命党要建立一个新兴的国家，得到了西方一些强国的支持，日本也是支持国。因此，目前满蒙地区如果受到冲击，日本将在外交上受到猜疑，甚至引起其他强国的干涉。所以，请你一定中止你的计划。"

川岛再三陈述理由，力争要将"满蒙独立运动"继续下去。但内田康哉态度坚决，不容争辩。后来，他又提出肃亲王的归宿问题，内田告诉他，内阁已初步决定将其送回北京。

川岛担心继续坚持下去，会连累肃亲王，只得抑制住内心的不满情绪，表示服从内阁的决定。

在川岛浪速的争取下，日本内阁做了如下让步：

一、允许肃亲王善耆一家在旅顺避难；

二、允许川岛布置在东北三省和内蒙古东部地区的大陆浪人，继续与蒙古王公"联络感情"。

川岛当然不甘心就此罢休，轻易放弃自己费尽心机、策划已久的阴谋。他虽然表示服从内阁的决定，但并不向其部下传达停止活动的命令，因此，多贺宗之等人去东北运送武器的计划照旧进行。

多贺宗之少佐在东北秘密活动了两个多月，通过日本驻东北官宪购置了大批枪支弹药。至5月初，这批武器已全部集中在长春西南方的公主岭。

5月27日，多贺宗之少佐将武器弹药装上47辆大车，又在一些车厢内装入家具和机器，伪称这批货物是农业机械，雇用了100多名中国车夫，由松井清助大尉率领薄无鬼和左宪章等300余人骑马护送，秘密向喀喇沁王府进发。

6月6日，这只武器运输队来到开鲁以北的台下堡地方，正行进间，前方忽然出现大批中国军队，松井清助即命队伍停止前进，准备迎战。

这支中国军队为东北军将领吴俊升部。原来，日本人运送武器的行动被东北总督赵尔巽手下探知，赵尔巽即命驻郑家屯统领吴俊升部前往拦截。吴俊升接到命令后，迅速率骑兵一千余人出发，进行阻击。

中国军队发现日本人的运输队后，即对其进行月牙形包围，并命令运输队停止前进。

松井、薄无鬼等人不愿让耗巨资买来的武器落入中国军队手中，当即打出蒙文"大蒙古勤王军"旗号进行抵抗。

一场激烈的枪战随即展开。松井清助指挥队伍占据有利地形，向吴俊升部猛烈开火，吴俊升一面指挥部队从正面压制松井一方的火力，一面指挥骑兵从两翼发起冲锋。

东北军的骑兵骁勇剽悍，马队片刻呼啸而至，松井指挥武器护送队跃马迎战，一时间战马奔突，刀枪轰鸣，污血四溅。武器护送队虽然大都是些悍野的土匪，敢于玩命，但毕竟是些乌合之众，何况是面对人数上是自己三倍的正规军，武器护送队经不起吴部的冲杀，不多时便七零八落，溃不成军。那些浪人虽然勇猛，但毕竟势单力弱，难以与人多势众的东北军抗衡。

在混战中，松井身负重伤，薄无鬼被俘，13名浪人血洒草原，魂飞异国，蒙汉土匪也有39人被打死。其余人伤的伤，逃的逃，剩下的人纷纷向吴部投降。

吴俊升下令将缴获的47车武器就地焚毁，草原上一时火光冲天，剧烈的爆炸声经久不息。

松井清助、薄无鬼，以及活着的日本间谍和浪人，被吴俊升部俘虏后，押解到达喇罕王府。此时天色已晚，吴俊升与达喇罕王决定，将他们当作土匪就地秘密处决。

但是，此事被王府的征税员包玉良得知。包玉良于日俄战争期间，曾在日本军事间谍守田利远手下搞过情报，是个日本特务。他连夜骑马赶往郑家屯，向潜伏在那里的日本浪人川上久辅报信。川上立即将松井等人被俘之事电告多贺宗之。

多贺接到电报，不敢耽搁，当即电告日本驻长春领事馆，要领事馆出面营救。

长春领事馆火速派人前往达喇罕王府交涉，谎称松井等人是领事馆人员，应该享受外交豁免权，并派日本警察前往，对达喇罕王施加压力，松井清助、薄无鬼等人才免于一死。

此后，参与策划"满蒙独立运动"的军官和军事谍报人员都接到了日本政府的命令，先后回国。

第一次"满蒙独立运动"，以彻底失败而告终。

第五章

重温夺取东北之梦

1. 坐在中国地图上自杀的浪人

1913 年 9 月初的一天，日本东京日比谷公园内人头攒动，纸旗乱舞，口号震天，一场声讨中国的"国民大会"在这里召开。

图为日本关东军司令部

　　参加这次声讨会的人大部分是浪人，此外是现、退役军人和市民。黑龙会首领内田良平、葛生能久，以及因"满蒙独立运动"失败而留在日本的川岛浪速等人，纷纷登台亮相，发表措辞强烈，极富煽动性的演说，提出要膺惩"南京事件"的肇事者，并呼吁政府立即出兵，占领满蒙之要地，以此作为谈判解决的条件。以策划"满蒙独立"阴谋而博得"满蒙浪人之王"称号的川岛浪速，更是强调政府要"从而根本上解决满蒙问题"。

图为南满铁路株式会社

　　与会者在内田、川岛等人的煽动下，群情激愤，怒火冲天，大会结束后，一齐拥向外务省，吁请政府出兵，膺惩中国。日本警视厅不得不派出大批警察维持秩序，以防止发生骚乱。

　　策划召开这次大会的组织是"对华联合会"。这个组织的发起人是内田良平、佃信夫、葛生能久等著名浪人。其宗旨是"解决满蒙问题"，开始叫做"对华研究会"，后来与川岛浪速手下的人合流，结成对华联合会，统一步调，为"解决满蒙问题"大肆宣传，制造舆论。

是年7月，国民党组织讨袁军，发动"二次革命"，袁世凯派兵向江西、南京重点进攻。9月1日，袁军张勋部攻占南京，张勋下令"三天之内不封刀"，纵兵烧杀抢掠，谁知他的辫子兵一时杀红了眼，竟将三个日侨当作中国百姓砍死；混乱中，又有士兵烧毁了日本国旗。消息传到东京，舆论哗然。中国兵不但杀了日本人，而且竟敢侮辱大日本帝国的国旗，这还了得！内田良平、川岛浪速等人认为，这是利用国民愤怒情绪，请求政府出兵中国的绝好机会，于是便策划召开了这次颇具声势的"国民大会"。

浪人们如此一闹，果然起了作用，军部和关东都督府的首脑们也倾向动用武力，趁机出兵占领满蒙各要地，彻底解决"满蒙问题"。

日本政府面对强烈的社会舆论，当然不能漠然视之。外务省让主管对华外交事务的政策局局长阿部守太郎出面，向新闻记者发表谈话，阿部说："有些人认为，国旗被侮辱是个重大事件，其实国旗不过是一种器具，为此而表示愤慨是愚蠢的。"他这番话的意思，当然是在劝说浪人们不要小题大做，把事情闹大。

不料，阿部守太郎的发言竟招来杀身之祸。

9月5日晚7时30分左右，阿部守太郎在家中吃过晚饭，外出参加会议，他刚走出家门，两名健壮的男子便突然从黑暗中窜出来，一人从背后用手臂勒住他脖颈，另一人用短刀猛刺他的腹部和右腿。随后，两名杀手扔下他，迅速消失在夜幕之下。

当家人闻声赶来时，倒在血泊中的阿部已奄奄一息，送到医院不久，便一命呜呼。

日本报界很快报道了这起暗杀事件，整个东京为之震动。

暗杀阿部守太郎的两名凶手，是对华联合会会员、浪人冈田满和宫本千代吉。冈田18岁，宫本20岁。

　　唆使他们行刺阿部的是大陆浪人岩田爱之助。辛亥革命爆发后，岩田曾参加革命军守卫汉阳的战斗，并于此役中负伤。翌年，他因参与爆炸天津镇台事件而被捕，随后被清政府驱逐出境。

　　岩田爱之助唆使两名浪人刺杀阿部守太郎的理由是：外务省官员对中国缺乏采取强硬态度的决心，而阿部则是执行对华软弱路线的代表人物。

　　阿部守太郎对军部和大陆浪人在中国暗中私自活动，的确颇为反感，并且直言不讳地向政府提出过自己的看法。他认为军部、关东都督和浪人社团的意见偏激而又狭隘，没有战略眼光，要强占中国的企图大错特错，一是中国政府绝对不能认可；二是如果出兵强占，不仅会招致中国官民的反对，而且势必加强英、美、俄诸国的戒备之心，甚至给其出面干涉以借口；日本自身也将付出巨大的牺牲，并陷入进退维谷的窘境……

　　阿部守太郎在政府中的议论，均被对华联合会的浪人首领得知，加之这次在"膺惩中国"的"国论"高涨之际，他竟站出来说什么"为国旗被侮辱而表示愤慨是愚蠢的"，这显然是与浪人唱对台戏。于是岩田爱之助便指使冈田、宫本两名青年浪人对阿部下了毒手。

　　对华联合会派人干掉了阿部，觉得造成的轰动还不够大，紧接着，浪人之王头山满和黑龙会首领内田良平，又要刺杀阿部的凶手之一冈田满剖腹自杀，以他的鲜血"唤醒国民"，促使政府接受他们的提议。

　　他们把冈田满秘密召到神松本茶馆的一间密室里，慷慨激昂地向他讲了一番关于"爱国"的大道理，并指出两条路供他选择：是被警察逮捕处死，还是像一个英雄一样为帝国光荣地死去。如果选择后一种死法，他们将号召全日本的浪人永远缅怀他的壮举。

　　自幼便受到武士道精神灌输的冈田答应"为帝国的昌盛"而"光荣"赴死。

冈田满自杀的方式，也是经过内田良平一手策划的，他要让冈田用奇特的方式自杀，以制造爆炸性的新闻。

9月9日，18岁的冈田满理发沐浴，换上一套崭新的玄色和服，来到他的朋友角田知良律师的二楼，他对自己的后事向角田略作交代之后，在房间里铺开一张特大的中国地图，然后抽出随身携带的日本刀，端坐在地图上，向腹部横切一刀，直至自己的热血洒在地图上的"满蒙"部分，才猝然倒下。

冈田满，这个坐在中国地图上自杀的青年浪人，和遇害者阿部守太郎一起载入了日本史籍。

头山满和内田良平迫使冈田满自杀一事，直到第二次世界大战后才见诸报刊，披露此事真相的人是神田松本茶馆的女掌柜，她回忆此事的谈话经人整理后，在《日本周报》上发表。

阿部守太郎被浪人暗杀后，日本政府将驻英国公使小池张造召回国，继任他的职务。小池张造后来成了"强硬外交"的旗手。企图灭亡中国的"对华二十一条"，便是由这个旗手起草的。

政府对华方针的转变，使浪人们拍手叫好，不久，阴谋家川岛浪速认为时机已到，又开始野心勃勃地搞起第二次"满蒙独立运动"。与上一次不同的是，川岛这一次得到了日本政府的支持。

2. 密谋举兵，川岛浪速任总帅

喜从天降

在东京赤羽，有一座门第气派，庭院深广的府邸，大门两侧是花岗岩的廊柱，院内栽有两百多株樱花树，从院门到正房，是一条秀长的石板路。每年4月，院内樱花灿烂怒放，如胭如霞，美不胜收。

这里便是川岛浪速的府邸。

　　川岛发动第一次"满蒙独立运动"失败后，便与妻子川岛福和养女川岛芳子居住在这里。

　　川岛并未因失败而一蹶不振，他归国后，继续同田锅安之助、高山公通等人秘密活动，伺机卷土重来。他在赤羽府邸居住期间，秘密社团的首领、追随他的青年军官和浪人们不断前来拜访，与他密商侵华之策。

　　川岛在情绪好的时候，就兴致勃勃地向来访者大讲他年轻时在大陆的冒险经历，讲中国4000年的兴衰史。他戴着一副金丝眼镜，眸光聪慧澄澈，加上浓浓的眉毛，漆黑的胡髭，俨然一副满腹经纶的学者形象。他总是用和服裹着瘦削挺拔的身躯，端然而坐。这种姿态在青年们眼中，显得庄严而又神圣，令他们不由得肃然起敬。他的府邸因此被人称作"东方志士们的聚会之地"。

　　1914年7月，川岛写下了洋洋万余言的《对华管见》，从六个方面强调了占领中国东北与蒙古东部地区的重要性。他声称，此文是他30余年来，对中国进行专门研究得来的实践和认识。

　　在他的宣传鼓动下，日本军部首脑和大陆浪人，在"满蒙"问题上观点基本归于一致，开始策划第二次武装占领"满蒙"。

　　1915年6月的一天，川岛的朋友大原武庆，带着两名身着蒙古服装的人来到川岛府邸，这两人一叫塔萨，一叫巴塔，是内蒙古东部地区著名匪首巴布扎布派来的特使。

　　川岛听两人说明来日本的目的后，不禁喜出望外。

　　原来，巴布扎布盘踞于内蒙古左西乌珠穆沁旗达布苏诺尔一带，凭借当地有利条件招兵买马，纠集了3000余名骑兵。于中国人民掀起声势浩大的讨袁运动之际，巴布扎布想在日本的援助下举兵起事，助清朝遗老建立满蒙独立王国。塔萨和巴塔两特使先同潜伏在海拉尔的日本军事间谍宫里好麿取得联系，希望宫里为他们搭桥索线，与日本政府挂上钩。宫里自然求之不得，很快便携两人同赴日本，向日本政府引荐，要求给以资金和弹药援助。但是日本政府一来害怕暗中援助巴布扎布举事，会引起列强的干涉；二来不了解巴布扎布是否真有 3000 人马，不肯没见兔子就放鹰。

宫里好糜无奈，只得叫两人打点行装，回国复命。两人千里迢迢，漂洋过海来到日本，怎肯轻易返回？焦愁间忽然想起当年名震"满蒙"的川岛浪速，于是便托熟人大原武庆介绍，试图从川岛处得到支持。

川岛阴谋策划第二次"满蒙独立运动"，虽然得到军部的赞同，但没有内阁的命令，军部无权悍然发兵。川岛正在为找不到一支可以利用的武装而发愁，现在竟有人找上门来，要他支持他们起兵举事，真是喜从天降。当晚便摆下酒宴，盛情款待巴布扎布的特使。

巴布扎布是蒙古族人，1878 年生于辽宁省彰武县一个土豪家庭，青年时代当过蒙古"马贼"的头目，呼啸于辽西蒙汉杂居地区，干过不少打家劫舍的勾当。

1905 年日俄战争爆发，巴布扎布投入日军的"特别任务班"，在桥口勇马中佐手下担任一支骑兵武装的副将，在与俄军作战中表现出色，打过一些胜仗，甚得日本军事人员的欢心。

日俄战争结束后，巴布扎布经日军推荐，回彰武县担任警察局长，也算是成了"正果"。但他并不甘心屈居一个县警察局长的微职，辛亥革命爆发后，他率 36 骑北上，参加外蒙古独立活动，被活佛哲布尊丹巴看中，委任为东南方面军司令官，率兵入侵林西、经棚、多伦诺尔一带。

1912 年，中国政府承认外蒙古自治，巴布扎布收兵北上，就任外蒙古东部都督。因为他曾参加日军对俄作战，不受俄国信任，与俄国驻外蒙古人员不合，不久便愤然率部南下，到西乌达布功诺尔（盐池）至哈尔哈河一带占山称王。

川岛对巴布扎布其人有所了解，但举兵勤王，事关"满蒙独立运动"的成败，非同儿戏。他为慎重起见，次日召集热心为"满蒙独立"而奔走的"志士仁人"，在家中召开秘密会议，共商援助巴布扎布举兵大计。

大家一致认为这是一个绝好的时机。巴布扎布在日俄战争中立有功勋，并担任过外蒙古的方面军司令，是个将才；而时至今日，他支持"满蒙独立"的热情仍然如此高涨，实在难能可贵。如果他真的拥有铁骑三千，再得到日本的武器装备，堪称是一支劲旅，如能很好地加以利用，将会大大有助于"满蒙独立运动"的成功。

会议当下决定，让塔萨返回内蒙古复命，并转告肃亲王，巴布扎布已与川岛取得联系，准备举兵勤王，拥戴肃亲王独立。巴塔则留在日本，以待日后协同川岛的人前往内蒙古做实地考察。

川岛从此成了大忙人，他无暇再与门客清谈，或撰写鼓动文章，他的全部精力都投入到了援助巴布扎布起兵举事的准备工作。这时，肃亲王过继给他的时年九岁的养女川岛芳子——东方公主显玙也无暇关照，只得将她的生活与学习全部委托给家庭教师本多松江女士。

他一面在东京平河町金星旅馆设立办事联络机构，筹集资金，购买武器；一面向中国东北及内蒙古地区派出人员分头进行侦察。11月初，他派青柳胜敏、木泽畅等数名浪人，由巴布扎布的特使巴塔带领，前往内蒙古巴部根据地进行考察。

万事俱备，只等命令

达布苏诺尔到哈尔哈河一带，地处大兴安岭西麓，是一片与山区相连的肥沃草原。青柳胜敏一行经海拉尔来到巴布扎布营地，见那里的山区林木繁茂，水丰草美，又有盐湖资源可供开发，换取生活所需物资，的确是一个安营扎寨的好地方。虽然已经入冬，但他们御寒有衣，柴米不缺，而且确实聚有3000人马。

巴布扎布头戴一顶貂皮帽，身穿一领貂皮大衣，身形高大，性格豪爽，有一种咄咄逼人的悍野之气。他向青柳胜敏介绍了部下的情况之后，说："我们现在不愁吃，不愁喝，就是愁着没家伙，你们要是能给我们一批枪支弹药，就是什么鸟'东北王'张作霖来了，我们也能把他打个屁滚尿流。"

青柳胜敏说："请将军放心，武器没有问题，川岛先生现在正在为你们筹措此事。当务之急是你要把人马操练好。"

巴布扎布听了，自负地说："这方面也请青柳先生放心，我手下人，个个骁勇善战，以一当十，只要有了家伙，他们就会变成下山的猛虎。"

青柳胜敏随巴布扎布视察营房时，看到一批爆破器材和炸药，便问他是从哪里弄来的，他哈哈大笑说："这些家伙是德国佬送来的。去年，一队德国人把这些家伙运到这里，要我协助他们炸毁西伯利亚铁路。我心里想，我们去西伯利亚炸铁路干啥？不如把这些家伙弄到手，以后还能派个用场，所以我就下令把那些德国佬给宰了。"

青柳胜敏经过实地考察，又和巴布扎布打了几天交道，认为他是一个值得支持的人物，便于 12 月底返回日本，向川岛复命。

1916 年 1 月 1 日，袁世凯悍然称帝，举国共讨，日本政府见袁世凯四面楚歌，大权难保，认为已失去利用价值，同时在参谋本部和海军军令部联合要求政府采取对华强硬政策的压力下，断然改变了支持袁世凯的方针。

3 月 7 日，首相大隈重信在他的官邸召开内阁会议，就帝国对于中国目前时局所持的态度问题，做出了"阁议决定"，该决定除了确定"必须摒弃袁氏，使袁氏从中国权力圈中退出"的方针之外，其中第六条决定："对帝国民间有志之士，以排除袁氏为目的，同情或以财物资助中国人反袁活动者，政府虽然不便于公开鼓励，但将予以默许。"

对于"阁议决定"的执行，日本政府当然仍旧是依靠军事谋略谍报机关和大陆浪人。

这真是天助人愿！川岛认为卷土重来的时机到了。

一连数日，川岛马不停蹄，奔走于参谋本部和外务省之间，当参谋本部次长田中义一、该部第二部部长福田雅次郎、海军军令部军务局长秋山真之、海军预备役中将上泉德弥、外务省政策局局长小池张造等人明确表示，支持他以武力发动第二次"满蒙独立运动"之后，他便携夫人川岛福及养女川岛芳子，一起乘船赶赴旅顺。参谋本部派遣的支持举事的土井市之进大佐，以及青柳胜敏等日本军事间谍和大陆浪人，也同时前往中国。

肃亲王和川岛两个换帖兄弟阔别四年，一朝相见，分外亲热。肃亲王见他的亲骨肉显玡已经长高，身穿和服，说一口流利的日语，心中甚喜，连连夸赞川岛教育有方。

当晚，肃亲王便设宴为川岛一家接风洗尘。酒席间，谈及当年逃亡情景，肃亲王不禁悲从中来。川岛宽慰他说："亲王不必伤感，我等起兵之日，便是亲王东山再起之时。这次举事既得到帝国鼎力支持，又与帝国对华方针合拍，必将获得成功。"

肃亲王闻言，随之转悲为喜。

川岛浪速稍事休息，便在肃亲王府召开秘密会议。他和肃亲王善耆、土井市之进、入江种炬、青柳胜敏等人经过周密策划，拟定了一个野心勃勃的举事方案：

一、以川岛浪速为总帅，土井市之进大佐为军事总指挥，本部设在大连；

二、由入江种炬奉宪奎为首领①，率领在大连组织的土匪控制辽阳以东的千山地区，举起讨袁大旗，从东南方向威胁奉天；

三、由青柳胜敏等巴布扎布的部队越过兴安岭，进入吉辽

---

① 宪奎：肃亲王第七子，又名金璧东。

平原，从西北方向直捣奉天；

　　四、由大陆浪人石本权四郎、经久井平吉等人，在日本驻长春守备队队长小林大尉和大连市市长田本贯太郎协助下，配合进攻奉天的军事行动，一举占领长春，然后分兵占领吉林、黑龙江两省；

　　五、举事各部占领东北三省后，再挥军入关，直薄北京。占领北京后，再以京津地区、东北三省和内外蒙古为根据地，拥戴宣统皇帝，宣布成立一个国家，并使这个国家受日本保护。

　　举事方案拟定之后，川岛心情无比振奋，因为他少年时代就立下的"打一个天下"的宏愿，眼看就要实现了。肃亲王忧郁的心境也为之一变，因为举事成功之后，大清王朝宗室社稷将得以光复，而宣统重新称帝，一统北国，他善耆无疑是第一功臣。

　　举事需要巨额经费，肃亲王慨然以其不动产作为抵押，由川岛向日本财阀借贷。

　　肃亲王府在清朝八大王府中列居首位，其祖上传下来的不动产，也在王族中首屈一指。王府不仅在满洲拥有大片农田，而且在热河、张家口一带以及北京近郊拥有大片森林、牧场、金矿和煤矿，其领地合在一起相当于日本国土的两倍。川岛以肃亲王的部分资产做抵押，向日本财阀大仓喜八郎借款100万日元，肃亲王又变卖家珍文物首饰，在东京筹款数十万日元。

　　但是，举事的关键问题是，能否把武器顺利地运送到巴布扎布手中。

　　大陆浪人石本权四郎等人在小林大尉的秘密配合下，在长春、哈尔滨、齐齐哈尔等地筹集了大批军火。为了逃避当时仍控制"北满"地区的俄国警宪的检查，他们组成8个"弹药秘密输送班"，在当地日本商业会社的协助下，把枪支弹药装进外面钉有夹板的大酱桶或咸菜桶里，甚至把手枪子弹包装成火柴木箱，然后将这些经过伪装的军火，当作三井物产公司的货物装上火车，由日本间谍亲自押运，经哈尔滨、海拉尔，运交巴布扎布部下。

3月末，入江种炬、青柳胜敏、木泽畅等军事间谍头目潜入哈尔哈河畔及东北其他地区，操练武装，待命举事。肃亲王的第七子宪奎，在辽东半岛一带共招募土匪武装四五千人。

此时，东北的天气日渐转暖，覆盖原野的皑皑白雪开始融化，利于骑兵驰骋的季节眼看就要到来，第二次"满蒙独立运动"至此已万事俱备，各路人马只待驻在旅顺的总帅川岛一声令下，便可呼啸出动，攻城略地了。

但是，正于川岛举兵在即之时，日本一帮梦想夺取中国东北的野心家中，忽然有人出来与川岛唱对台戏，主张支持张作霖，要让这个"东北王"出来搞"满蒙独立运动"。

这样一来，张作霖便成了川岛的人马武力夹攻奉天的最大障碍。而怎样对付这个"东北王"，则成为川岛颇费心机的大事。

3. 除障碍，暗杀张作霖

两派之争

正当川岛浪速和肃亲王善耆在大连密谋举事之际，日本外务省政策局领事森田宽藏，奉外相石井菊次郎之命来到中国。

森田宽藏此行的公开任务是："为执行日中两国间的各项条约而就中国的警察法令及税收情况等进行调查，并与各领事馆协商。"但他的秘密任务则是向日本驻东北各领事传达内阁的"阁议决定"，统一各领事的思想，同时告知各领事：川岛等民间志士，已经在军部的支持下，以讨袁为名，准备发动第二次"满蒙独立运动"。日本内阁在得悉川岛的活动之后，已做出决定："政府对此（反袁运动）已默认，而且为了谋求严格的统一行动，愿为后台，暗中引线操纵。"

石井外相派森田来中国传达此事的目的，是想让驻东北各领事明白政府的意图。因为这些领事在对华政策上的意见存有分歧，如不通报一声，说不定谁到时会干出掣肘的蠢事来。

谁知森田宽藏不通报还好，一通报，竟闹出了岔子。

森田宽藏风尘仆仆地来到奉天后，立即召集驻东北三省的领事们开会，在北京的伊集院彦吉公使和朝鲜总督寺内正毅大将，也远道赶来参加会议。

森田传达完"阁议决定"后，又做了一番强调，他说："正如各位所知，目前东三省及内蒙等地，民心已开始离散，有的地方充满了反袁气氛，有的地方已开始行动，对于这种反袁运动，我国民间志士如有寄予同情或用金钱、物资予以援助者，政府应持默认态度，为了统一方针，政府可在幕后为他们提供机宜。因此，凡日本国民为上述目的而对中国的反袁运动提供金钱、物资援助或以其他方法援助者，政府一律予以默认。"

他讲这番话时，公使、领事们还能听得下去，但当他简要介绍川岛在参谋本部派遣人员支持下，正在东北地区进行活动，准备发动"满蒙独立运动"时，会场便失去了先前的安静。

伊集院彦吉四年前和川岛因"拥袁"和"反袁"进行过激烈的争斗，对川岛一直心怀芥蒂，政府对华方针的转变，他无法违背，但川岛竟要夺取"满蒙独立"的头功，令他难以容忍。他说："川岛训练警察也许可以，但他是否能够指挥军事，我还未曾听说，这样的人居然当起什么举兵的总帅，恐怕到头来又是一场闹剧。"

寺内总督原来就对一些浪人无管无束，恣意妄为，十分反感，听说政府竟然对这一伙人的行动采取默认态度，而且"愿为后台，暗中引线操纵"，也表示反对，他说："我承认民间志士中不乏正直有为者，但有不少人则是饮酒吹牛之徒，而且川岛依靠的武装，俱为乌合之众，十有八九不是中国正规军队的对手，政府支持这些人搞'满蒙独立'，我看除了具有敢于冒险的精神之外，实无值得赞同之处。"

驻东北三省领事中也有不少人激烈反对。

驻奉天代理总领事矢田三太郎申述自己的意见说："内阁这种做法，简直太肤浅，不策略到极点。与其这么干，还不如支持张作霖。现在张作霖想当奉天将军，正和袁世凯派来的奉天将军段芝贵展开争斗，我们如果趁此机会暗中帮助张作霖，让他出来搞'满蒙独立'，岂不是比支持川岛和肃亲王一伙更实际，更有成功的把握吗？"

张作霖时任陆军第二十七师师长，握有重兵，且驻扎于奉天，从所具备的条件看，的确是搞"满蒙独立"的最佳人选。

矢田的提议得到伊集院、寺内等人的赞成。

森田宽藏来华，只是为了传达内阁的指示，想不到又冒出一个新的"满蒙独立运动"方案来。他无权擅置可否，就说："既然大家一致赞成支持张作霖，我回国后一定将这一提议如实向石井外相报告，并尽力争取得到内阁的支持。"

森田宽藏回国后，将在中国传达"阁议决定"的情况，向石井外相做了汇报，结果矢田三太郎的建议不仅得到了石井外相的支持，原先支持川岛的参谋本部次长田中义一，也来了个180度大转弯，同意支持张作霖。

4月10日，田中义一致电关东都督府参谋长，要他进一步向张作霖表明日本政府的真意，促其独立。如果张作霖愿意这样做，日本可以在武器资金方面尽力提供援助。并称这是"稳便之捷径"。同时，东北亲日官僚袁金铠，也奉日本谋略谍报机关之命，极力怂恿张作霖搞"满蒙独立"。

这样一来，日本军政界又形成了一个"奉天派"。

但是，关东都督中村大将却反对支持张作霖，他认为"满蒙举事"已成事实，因而坚定不移地支持川岛浪速和肃亲王。由于关东都督和川岛"举事本部"都在旅顺，故又称之为"旅顺派"。

从此，旅顺派和奉天派为发动"满蒙独立运动"而展开了一场不择手段的"阴谋竞赛"。

两颗炸弹

且说乱世枭雄张作霖率军驻防奉天省城，拥兵自重，一心要当"东北王"，正想方设法要把袁世凯的亲信、奉天将军段芝贵挤走，以取而代之，巴不得能够得到日本人的支持。因此，日本人一提出由他出面搞"满蒙独立"，他便欣然接受。

老张是个急性子，刚与日本人挂上钩，便提出了"以奉天人治奉天"的口号，暗中发动了一场驱逐"帝制祸首"段芝贵的"运动"。

段芝贵是靠袁世凯撑腰才当上奉天将军的，在奉天只是孤家寡人一个，毫无实力。日本人暗中支持张作霖的情报他已得知，加上张作霖这一威胁，便预感到奉天已不是他的久留之地。老张心狠手辣，什么手段都能使得出来，如不早做打算，说不定日后会有性命之虞，于是他不待张作霖采取行动，便逃回了北京。

段芝贵一走，张作霖便如愿以偿，当上了奉天将军兼奉天巡抚，并且得到了日本一大批武器和资金援助，成了名副其实的"东北王"。

张作霖办事"雷厉风行"，志得意满之际，便与亲信幕僚袁金铠密议撰写"独立宣言"之事，准备时机一到，便将其发表于世，宣告"满蒙"独立。

奉天派的活动，均被旅顺派的密探侦知。川岛为此十分恼恨而又担忧。巴布扎布的3000铁骑和宪奎的5000募兵俱已做好举事准备，这批武装力量虽不如张作霖的东北军强大，但他对举事成功充满信心。但是，现在却平地冒出一个奉天派来，而且于短期内便搞得轰轰烈烈，大有欲夺天功之势。如果奉天派走在他的前边，获得成功，他多年来的心血就将白费，一切阴谋计划都将化为泡影。

川岛不甘心因为奉天派的出现而功败垂成，他与参谋本部派来的东北视察举事准备情况的小矶国昭少佐密议如何采取对策。小矶少佐是参谋本部第二部部长福田雅太郎派来的人，福田仍然是旅顺派的坚决支持者，小矶当然也站在川岛浪速一边。

两人分析了目前的形势之后，川岛说："现在，我们已经是箭在弦上，不得不发，而田中将军竟中途变卦，支持起张作霖来，真令人意想不到。"

"奉天派目前的确颇有声势，但你们也不是孤立的，中村大将不是仍然支持你们的行动吗？有关东军做你们的后盾，还怕什么？"小矶鼓励川岛说。

"依小矶君之见，我们下一步该如何行动？"

"这个嘛，我据可靠情报判断，奉天派近期内不会采取行动，为稳妥起见，我看我还是回国一趟，听取福田少将的指示后再行动。"

川岛不想失去参谋本部中将领的支持，便叫小矶国昭尽快起程。

小矶国昭回到日本后，即到参谋本部去见福田少将。但福田因田中参谋次长已转而支持张作霖，不好再公开指示旅顺派如何行动，只是让人转告小矶说："不必瞻前顾后，回去后，放手干就是。"

小矶国昭心领神会，很快返回旅顺，与川岛策划下一步行动。

川岛浪速与小矶国昭、土井市之进等人密议，要想举事成功，必须首先挫败奉天派，使其计划无法实现。而要想挫败奉天派，只有釜底抽薪，除掉张作霖。这一招最为简便，张作霖一死，东北三省再无实力人物，而驻扎奉天的东北军也将失去指挥。这样一来，武力夹攻奉天，取胜的把握也就更大。

这一方案确定之后，他们便策划了两个暗杀张作霖的具体办法，一是设下"鸿门宴"，由日本军官出面宴请张作霖，于席间当面诘问张作霖对袁世凯称帝的态度，借辞生衅，即席将张作霖杀死；二是趁张作霖离开帅府外出之机，于中途埋伏杀手，将其炸死。为确保暗杀成功，可在途中埋伏两处杀手，连续进行爆炸。

暗杀张作霖的计划制定不久，机会便来了。

日本关东都督中村觉大将将要赴奉天视察的消息，被旅顺派提前得知，川岛立即与小矶国昭、土井市之进等人秘密策划，决定乘此机会干掉张作霖。暗杀行动由土井大佐负责筹划指挥。

土井当下物色了日军预备役少尉三村丰、伊达顺之助等人充当杀手，组成"满蒙决死团"，前往奉天，潜伏于满洲铁路局附属地内，伺机动手。

5 月 27 日，日本关东都督中村觉大将，从大连乘火车前往奉天视察。奉天省城军政长官纷纷赶到"南满"火车站迎接。张作霖也身着戎装，与部下汤玉麟等人，乘坐 5 辆华丽的俄式马车，前往车站向中村表示敬意。车站上，一时要人云集，鼓乐喧天，十分热闹。

张作霖与中村觉作短暂晤谈后，便打道回府。张大帅的车队装饰豪华，马匹膘肥体壮，又有护卫的马队在前面开道，好不威风，从大街上驰过时，引得不少市民挤在道旁观看。

当车队行至小西天附近时，早已埋伏在那里的日本杀手三村丰，身着中国服装，怀抱烈性炸弹，从斜刺里冲出，直奔头一辆马车。

三村丰在接受暗杀张作霖的任务之前，已抱必死决心，为确保暗杀成功，他怀抱炸弹，直撞马车，以求与张作霖同归于尽。随着轰然一声巨响，马车的碎片和人的残肢四处迸飞，于前开道的卫兵也有数名被炸落马下。

不料，张作霖自知在东北树敌不少，生怕遭人暗算，每逢出行，均十分谨慎。为防不测，他从车站返回时已改乘最后一辆马车。

张作霖坐在车中，正回忆着与日本关东都督晤面的情景，忽听前方一声巨响，知道遇上了刺客。他急中生智，迅速脱去大帅服，从车上跳下，跃上一个卫兵的坐骑，将那卫兵推下，扬鞭策马，疾驰而去。

但是，他虽然脱下大帅服，却忘了摘下头上那顶簪缨高纵的帽子，当他途经奉天图书馆时，埋伏在图书馆门厅内的另一名刺客根据那顶帽子判断他就是行刺的目标，当即从门内甩出一颗炸弹。由于张作霖正策马疾驰，炸弹在他身后爆炸，他的身份的标志——头上的大帅帽被炸弹爆炸的气浪冲飞，但他本人却毫发未损。

张作霖死里逃生，策马赶回帅府，尚未来得及更衣，土井大佐已以奉天日本铁路守备队的名义派人来到帅府，假借"慰问"，以检验暗杀是否成功。当来人见张作霖竟安然无恙，神色自若地出来接待他们时，不禁暗暗称奇。

事后，张作霖命人检查刺客的尸体，发现其脚型有如日本人，这使他对日本人产生了很大的疑虑。他听了验尸官的报告后，暗暗骂道："妈拉个巴子，小日本明里说支持我，暗地里却要暗算我，他们这是搞得什么鬼？"

他哪里知道日本人当中，除支持他的一派之外，还有把他当作障碍，一心要将其铲除的一派！

旅顺派的暗杀行动虽然没有取得成功，但却使张作霖对日本人心怀疑虑。为稳住"东北王"，让他继续搞"满蒙独立运动"，奉天派的矢田三太郎等人跑到张作霖府上，将暗杀行动说成是宗社党余孽所为，对他百般劝慰，要他相信日本人的"诚意"。张作霖仍想得到日本政府的支持，便来了个以假对假，佯做信以为真状，对此事不再追究。

4. 形势骤变，三千铁骑成孤军

正当旅顺派和奉天派使尽手段，为自己一方的阴谋能够得逞而闹得不可开交之际，中国的政局突然发生了变化——1916年6月6

日，当了 83 天皇帝的窃国大盗袁世凯，在举国一片讨伐声中寿终正寝。

袁世凯一死，全国讨袁浪潮立告平息。而打着"讨袁"、"反袁"旗号搞"满蒙独立运动"的两派也失去了借口。日本政府也因中国政治形势发生剧变而改变了对华方针，内阁决定支持黎元洪就任大总统，由他统一中国南北，并促使其投靠日本，建立一个完全依赖日本的政体。这样一来，旅顺派和奉天派对日本政府来说，都成了无用之物。

但是，形势的骤变，并未使川岛浪速放弃举事计划，为使多年来的梦想不致就此破灭，他决定赶在日本政府未下令中止"满蒙独立运动"之前，做拼死一搏。他探明关东都督中村觉大将和一些日本军官，准备不受日本政府外交路线的控制，图谋在"满蒙"地区逐步实施它独自的计划之后，与土井市之进命令巴布扎布率部南下，向奉天挺进。

巴布扎布接到命令后，于 6 月 27 日在他的根据地举行了祭旗仪式。

是日，雨后初晴，天低云暗，草原苍翠如洗。巴布扎布匪部练兵场上，3000 铁骑列队肃立，50 余名日本军官和浪人分立于各队之首。骑兵阵前，一面大旗迎风飘扬，旗上绣有"勤王师扶国军"六个大字。巴布扎布于旗下发表出师宣言后，司仪令人抬上三牲，焚香祭旗。青柳胜敏、木泽畅等人于祭旗仪式过后，先后发表鼓动演说，称此次兴兵南下，进攻奉天，有大日本帝国的支持，必将大获全胜。

三天后，巴布扎布全军出动，分成三个支队，次第向兴安岭进发。

巴布扎布自离开外蒙古，盘踞于哈尔哈河畔以来，一直野心勃勃，伺机待变，因此，川岛一声令下，他便不顾局势的变化，把原来的"反袁复清"口号改为"反张复清"，依仗有日本人的支持，孤注一掷，率部倾巢出动。

由于肃亲王提前派七王子宪奎赴巴布扎布根据地，参加南下作战，巴布扎布便将自己的长子浓布扎布和次子甘珠尔扎布送往旅顺肃亲王府，以对肃亲王表示忠诚。

巴布扎布的人马踏着雨后泥泞的道路，越过兴安岭的险阻，于7月22日抵达吉林省的突泉县境内。

张作霖侦知巴布扎布率兵南下，竟将矛头直指他老张，并扬言要血洗奉天省城，勃然大怒，急派洮辽镇守使吴俊升部在突泉一带进行阻击。

这天上午，巴布扎布所部第一支队正在行进中，突然遭到吴俊升部的袭击。在骤然而起的枪声中，十多名巴部骑兵被密集的枪弹击中，死于马下。

巴部毫无准备，在遭到猝然打击下，仓促应战，一时难以立足。负责指挥的浪人不得不下令部队向后撤退。

吴俊升见巴匪退走，正欲挥军追杀，不料后方枪声骤起，阵脚大乱，原来巴部第二支队适时赶到，为解第一支队之危，迅速绕袭吴部侧后方。

巴部第一支队长见援兵赶到，立即指挥部下掉头向吴部掩杀过来。

吴俊升见自己腹背受敌，不敢久战，急忙率部向斜刺里退走。

巴部第一、二支队合兵一处，乘势追击，企图将吴俊升部彻底击溃。

岂料吴俊升部撤出险境之后，与增援部队会合，迅速调整阵容，以野炮向巴部轰击。

巴部全是骑兵，没有重武器，在吴部野炮的轰击下，束手无策，被迫丢下数具人马的尸体，向后方退却。

这时，巴布扎布也率主力赶到，部队稍作休整之后，巴布扎布与青柳胜敏指挥全军，向吴俊升部发起总攻。

巴布扎布一声令下，3000 余名骑兵高举战刀，排开一条弧形攻击线，纵马向吴部阵地冲去。

吴俊升见巴部骑兵铺天盖地而来，并不惊慌，他先命部队以野炮向敌阵射击，炮弹爆炸处，巴部骑兵人飞马倒，待到敌骑逼近，吴俊升又命士兵以排枪猛射。巴布扎布见部队伤亡颇大，不得不下令停止进攻。

吴俊升部是东北军中的一支劲旅，士兵训练有素，武器装备精良，且有大炮助战，巴布扎布组织几次冲锋，均被吴部击退。

入夜以后，青柳胜敏又命第一支队对吴部进行夜袭。但吴俊升早有提防，偷袭部队靠近吴部阵地时，只听得一声枪响，吴部的士兵一齐开火，青柳所率的第一支队顿时有数人伤亡。青柳见吴部已有准备，不敢久战，与吴部对射了一阵，便下令撤回。

经过数番激战，巴部已伤亡 500 余人，数名日本军官和浪人阵亡。巴布扎布与青柳胜敏商量，认为突泉并不是主攻的目标，在此僵持下去，不仅消耗兵力弹药，而且更重要的是错过进攻奉天的战机，于是便决定放弃突泉，转道南下，直奔奉天。

这天夜里，巴布扎布命部下丢弃部分帐篷、车辆等辎重，于瓢泼大雨中悄悄撤离阵地。

吴俊升因于激战中负伤，当他发现巴部的动向后，也未追击。

巴布扎布率部绕过突泉之后，经郑家屯渡过东辽河，于 8 月 14 日抵达位于"南满"铁路线上的郭家店，当夜发动攻击，一举占领旧市区。随后，巴布扎布按照川岛的计划，命部队暂驻郭家店，待各地举事人马蜂起响应时，再南下攻取奉天。

但是，巴布扎布哪里知道，日本政府在十天前就已做出了停止"满蒙独立运动"的决定。8 月 1 日，参谋本部次长田中义一致电关东都督府参谋长西川虎次郎，做出如下训令：

（至急极密，亲启）根据目前形势的发展，在满蒙地区发动新的骚乱，不仅没有必要，而且将为我国对华善后政策带来很多不利。因此，决定迅速解散"满洲举事团"。想阁下对此已十分了然，望能体察此意，在未奉到上级机关其他命令前，勿妄信流言，致生种种疑虑。如有人以铁路附属地作为举事的策源地，当然，决不应该允许。

日本政府新的对华方针是：就全中国而言支持黎元洪；就东北地区而言，支持张作霖。因为张作霖在东北的地位已经巩固，并拥有强大的武装力量。原来支持川岛的日本军政界人物，也纷纷转而拥护政府新的对华政策，参谋本部第二部部长福田少将和关东都督中村大将，也不敢公然违背政府的命令。

一意孤行的川岛，在政治上已陷入十分孤立的状态。

策应巴布扎布的各路人马无一成事。土井大佐在大连、安东一带招募训练的5000名"满洲特殊部队"，因受到关东都督府和日本领事的控制，一直龟缩于原地，不能行动。

"长春举事团"原定于7月31日夜举事，他们的计划是用日本艺伎和旅馆的专用车辆，从"满铁"附属地向一家名为"八千代"的日本餐馆运送大量炸药，然后分别埋设在长春市区内30多个地点，准备于7月31日午夜同时起爆，由日本浪人组成的"拔刀队"乘乱攻占道尹公署。这项计划得到日本驻长春守备队小林大尉的支持，可谓成功在握。

但是，就在准备暴动的当夜，小林大尉被上级紧急召走。日本驻长春总领事山内四郎又将举事团头目入江种炬召到领事馆，命令他停止一切行动。

爆炸长春，功败垂成。

张作霖闻报巴布扎布的"勤王军"已攻占郭家店，急命冯德麟第二十八师第五十五旅，火速赶赴前线，对巴部发动猛攻。巴布扎布指挥所部，凭借城区的建筑顽强抵抗，郭家店一带枪炮之声震耳，硝烟弥漫。

巴布扎布的部队经过一个多月的行军作战，兵容疲惫，又因孤军深入，弹药给养得不到补充，在东北军的猛攻之下，处境十分危险。巴布扎布获悉日本政府已下令停止"满蒙独立运动"，各地策应人马不是无法行动，就是计划落空，怒不可遏，顿足咒骂日本政府朝三暮四，背信弃义。青柳胜敏等日本人不好骂自己的政府，除了扼腕叹息之外，也无可奈何。

5. "勤王军"的覆灭

川岛浪速接到日本方面要他停止一切活动的命令后，愤怒至极，也绝望至极。于冲动之下，他向日本内阁发回一份长电，对政府朝令夕改的对华政策提出抗议，同时表示自己要蛮干到底，决不回头。

但是，当他获悉他的幕后支持人均已掉舵转向，而各地举事计划均告落空之后，他软了下来。参加举事的蒙古人和中国人死就死了，但他怎能让80余名日本青年军官和浪人因他的一意孤行而葬身异国？他踌躇再三，终于和肃亲王商量，拟出了一个"善后处理方案"，以电报转呈参谋本部次长田中义一。

日本政府深恐川岛违抗命令，恣意妄为，造成更大的恶果，接到他的善后处理方案后，便趁热打铁，派遣参谋本部中国课课长浜面大佐为特使，火速赶往大连，与川岛晤商。

浜面大佐怕川岛中途变卦，在谈判时，做出了一些让步，终于达成了协议。但正于此时，川岛收到一封青柳胜敏从郭家店发来的急电，电文称："我于郭家店受敌军四面包围，弹尽，乞火速补充。"

川岛接电后，心如火焚，他很明白，巴布扎布处此危境，想安全撤军，已不可能；而如果不迅速补给弹药，就有全军覆灭的危险。于是，他便向浜面大佐说明了事态的严重性，要求浜面以特使身份命令负责军火调配的西川少将，打开大连的日军军火仓库，向满蒙举事团提供武器。

不料，西川原系奉天派，很希望张作霖的部队将巴部彻底消灭，以种种借口拖延时间。川岛大怒，向浜面扬言，如不立即提供军火援助，先前达成的协议，概不算数。

浜面生怕川岛撕毁协议，又去关东军都督府与西川交涉，经过一番争吵，西川说："敝职所保管的武器，是关东军的备用军火，没有上级命令，不能随意调拨。阁下如愿以政府特使名义对此事负责，我立即把仓库打开。"

浜面大佐见此事已不容推诿拖延，便表示愿意承担责任。西川这才下令打开军火仓库，将1200支步枪、24万发子弹、4门野炮及数百发炮弹、手榴弹，交付满蒙举事团运往郭家店。

陷于危境的巴布扎布部队得到军火补给后，暂时可以抵御东北军的进攻。巴布扎布在日本人的说服下同意撤退。但张作霖为根除后患，不顾日本人要其停战的劝说，下令冯德麟部加强半包围阵地，欲将巴部聚歼于郭家店附近。巴部已无法安全撤退。

虽然日本政府已决定支持张作霖，但巴布扎布是为日本人策划的"满蒙独立"的阴谋而战，日本军方也不能坐视不救，为了掩护巴布扎布部队，防止东北军发动猛烈攻势，关东都督中村大将命驻扎在铁岭的佐藤支队，星夜赶往郭家店，支援巴布扎布。

川岛原以为送上一批军火便可挽救巴布扎布，使他的部队免遭覆灭。这时他才知道事情并非如此简单，要想与张作霖达成停战协议，必须充实兵员，让其感到巴布扎布并非孤立无援，可以轻易打垮。于是，他又向关东都督和日本政府特使提出要求，准许运用聚集于辽东半岛的"满洲特殊部队"。

中村大将与浜面大佐为了早日解决这一棘手的问题，便答应了川岛的要求。

8月底，中村大将派了一列火车，将2000余名"满洲特殊部队"从大连运往前线。川岛也率知名大陆浪人中西正树、佃信夫、松本菊雄等数百人，到郭家店慰问巴布扎布部队。在东北各地的日本侨民也纷纷向巴部馈赠香烟名酒及食品。

郭家店旧城区的不少建筑物，已被东北军的炮火摧毁，街道两旁，瓦砾成堆，废墟片片。巴布扎布部队被东北军压缩于满铁附属地内负隅顽抗。经过半个月的鏖战，巴部伤亡惨重，兵容已十分疲惫。若不是川岛浪速为其提供了一批军火，加之后来佐藤支队赶到，在巴部阵地外围设立防线，阻止东北军的进攻，早被东北军打垮了。但巴布扎布仍不甘心失败，当援军赶到之后，他便命令部队发动夜袭，一举攻占了郭家店附近的高地。

东北军稍事整顿，又举行反攻，于是演成一场拉锯战。当东北军再一次占领高地时，佐藤支队不顾"严守中立"的信条，参加巴部作战，致使东北军在夹击之下，造成很大伤亡。

张作霖听说日军出面干涉，掩护巴布扎布部队，并帮助巴部作战，颇感疑惑，日本人既然明确表示支持他老张，怎么现在又支持起他的敌人？他不明其中内幕，生怕一味蛮干，得罪了日本人，失去日本政府的支持，不敢下令强行对巴部发动猛攻。后来，中村大将又命张作霖的日本顾问菊池武夫出面调停。张作霖在菊池武夫的劝说下，答应停火，让巴布扎布部队撤回蒙古。

9月2日清晨，迷蒙的雾气笼罩四野，巴布扎布的部队排着零乱的纵队，在日军的掩护下，悄悄撤离郭家店。东北军阵地上一片沉寂，部队按照张作霖的命令，原地警戒，放敌西撤。

川岛的中国东北之梦，至此彻底破灭。

巴布扎布部队沿途排除一些中国地方驻军的袭击，经过月余的艰苦行军，抵达属于热河管辖的林西附近。

巴布扎布与随部撤退的日本军官和浪人商量，决定攻下林西，以得到一大批军火给养，同时也可鼓舞一下士气。

10月8日拂晓，巴布扎布命令部下从东、南、北三方面向林西城发起进攻，企图一举攻入城内。

但是，驻守林西的中国陆军镇守使米振标部已有准备，米振标一面命令士兵据城死守；一面用大炮向巴布扎布的骑兵群轰击。

巴部攻击部队被阻于距城数百米处，无法前进，与城内守军形成对峙状态。

巴布扎布见天色转明，再拖延下去，将会给攻城带来更大的困难，便亲自率领一部，向城东门发起攻击。士兵们见首领带头冲锋陷阵，大受鼓舞，冒着弹雨策马向前猛冲，转眼间，已有数十名骑兵突破米部外围阵地，米部在巴布扎布骑兵的强攻之下，不得不放弃外围阵地，向城内撤退。

担任第一线指挥的日本军官入江种炬，见巴布扎布亲率骑兵冲锋陷阵，怕他遭到不测，策马赶往前线，想将巴布扎布劝回。

当他赶上攻击部队，正要寻找巴布扎布时，一名浪人神色紧张地来到他跟前，向他指着一座沙丘，附耳低语。入江种炬听了浪人的报告，顿时大惊失色，立即跟着浪人来到那座沙丘上。他看见巴布扎布仰面朝天躺在地上，额头上鲜血淋淋，脑袋已被子弹打穿。浪人告诉他，巴布扎布是在攻占这座沙丘后，被敌人的流弹击中的。

入江种炬怕影响士气，命令周围的士兵对巴布扎布阵亡一事保密。

但这一消息还是很快便传遍全军。各支队不顾日本军官和浪人的劝阻，再次向林西城发起总攻。

此刻，林西镇守米振标趁巴部出现混乱，暂停进攻的间隙，命一部从西门悄悄出城，迂回至巴部背后进行绕袭。

巴部腹背受敌，难以招架，入江种炬只得下令攻城部队迅速撤回，向北退走。

后来，巴布扎布残部改推恰塔拉巴拉率领，继续北撤，于11月下旬返回哈尔哈河畔老巢。

"勤王扶国军"从此覆灭。

第六章

复辟闹剧的幕后人

1. 黑龙会干将困居迎宾馆

1917 年 1 月初的一天上午，一个身穿中国服装的日本人，来到徐州长江巡抚使衙门，要求拜见赫赫有名的辫子大帅张勋。

张勋正与众幕僚商讨召开第三次省区督军联合会议的具体日程，听卫兵禀报，门外有个日本人求见，很不耐烦，一挥手说："去去去，告诉他，本帅没有功夫与他闲扯。"

卫兵说："大帅，他自称是上海的李经迈大人介绍来的，有要事与大帅相商。"

李经迈是李鸿章之子、清朝遗老，与张勋颇有交情，并且积极主张复辟清王朝。张勋碍于情面，便说："你先安排他在迎宾馆住下，待本帅有空再说。"

张勋嘴上如此说，其实他心里压根儿不想见这个日本人。1913 年二次革命时，张勋率所部攻陷南京，纵兵烧杀三日，误杀了三个日本人，日本驻华公使就此事向中国政府提出强烈抗议，要求惩办张勋。结果张勋不得不亲往日本公使馆谢罪，后来又被袁世凯罢免了江苏督军之职，改任虚职长江巡抚使。辫帅从此与日本人结下深怨，一听"日本"二字，心里就发烦，哪里有兴趣与日本人扯淡。故将来客打发到宾馆住下后，他再也不提召见之事。

这位遭了冷遇尚不知就里的日本客，便是黑龙会干将、知名浪人佃信夫。

佃信夫，号斗南，黑龙会第二任干事。黑龙会除首脑内田良平之外，设干事一名，统监会务，故佃信夫在黑龙会中的地位仅次于内田良平。

佃信夫曾为甲午战争的纵火者天佑侠团做过掩护工作，同时还组织一批浪人，扮成工人模样，搭乘日本陆军专用船只潜入朝鲜，响应天佑侠团。1916年，孙中山命居正等人在山东发起讨袁军，准备北上讨袁，佃信夫与中西正树、二藤铁三郎等知名浪人，一道准备参加讨袁军作战。但当他们到达山东时，袁世凯已经翘了辫子，讨袁军已经停止行动。佃信夫失去了在中国活动的目标，十分泄气。第二次"满蒙独立运动"因日本对华方针的转变而面临失败时，他又与中西正树赶到大连，企图帮助川岛浪速扭转局面，但川岛的计划已被日本政府下令制止，毫无挽回的余地。随后，他又跟着川岛浪速到郭家店前线慰问巴布扎布部队。

佃信夫是个复辟主义者，他认为共和政治不可能把中国从混乱的局面中挽救出来，如要拯救中国，必须实行复辟。他看到由川岛浪速一手扶植起来的宗社党与巴布扎布的"勤王军"，虽然有日本参谋本部在背后撑腰，可是到后来仍落得个可悲的下场，便决心要在中国大陆寻找一个拥有强大武力、有志于搞复辟的人物，以实现他的理想。而张勋正是他要物色的对象。

张勋是清末北洋军的旧派将领，对已经灭亡的清王朝怀着无限忠诚，发誓要拥戴溥仪复辟帝制。由于他命令所部士兵一律留着清朝式样的发辫，并着清朝军装，故被人称之为"辫子兵"，而张勋则被称之为"辫帅"。张勋曾被袁世凯授予定武上将之衔，因此他的军队也称作"定武军"，总兵力为2万人左右，均为精锐部队。

佃信夫了解到张勋的情况后，觉得他是个最佳人选，便决心援助张勋复辟。

1916年10月，日本大隈重信内阁垮台，朝鲜总督寺内正毅出任内阁首相，佃信夫曾在朝鲜长期活动，与寺内颇有交往，听说寺内上台，心中十分欣喜。为了摸清新内阁的对华方针，他急速返回日本，访晤寺内。

佃信夫向寺内首相详细介绍了中国的形势，表明他有意策动张勋复辟，希望得到内阁的支持。

寺内正毅在朝鲜任总督时，就反对大隈重信的对华政策，林权助在聘任驻华公使之前，路过朝鲜汉城时，曾访问寺内，林权助说："我认为，今天日本的对华政策非常拙劣，因此我打算彻底予以粉碎。"寺内回答说："我认为大隈的做法很糟糕，恰好袁世凯已死，给我们带来纠正的机会。"

寺内正毅当了首相后，认为共和政治不能挽救中国，而君主制度对中国较为适宜。他的这种主张，在辛亥革命之后就已提出过，后来袁世凯称帝时，他曾一度表示赞成。在中国实行帝制这一点上，寺内正毅和佃信夫的意见是一致的。因此他同意佃信夫的计划。并声称："无论是谁，如能强而有力，坚决实行复辟，则合乎我等的理想。"

佃信夫得到寺内首相的支持，信心百倍，决心返回中国，放手大干一番。12月末，他与密友五百木良三、松平康国参拜伊势神宫，祈祷日本"皇祖"保佑他在中国策动张勋复辟能够成功。1917年元旦，他只身来到上海，密访清朝遗老郑孝胥、李经迈、升允、姚文藻等，说明了自己的意图。这帮清朝遗老都一心巴望复辟帝制，听佃信夫说他是为复辟而来，并且背后有日本首相的支持，纷纷表示赞同。李经迈与张勋有旧，便热情地为他写了一封引荐信，让他持信到徐州与张勋密议复辟之策。

佃信夫在迎宾馆住下多日，不被张勋召见，知道这位江西老粗未拿他当回事，心中暗暗着急。但他为显得不同凡响，也不急于求谒辫帅，每日不是在街上闲逛，便是在旅馆内闭门饮酒作歌。来迎宾馆下榻的官员属僚或外来宾客，见此人行动放浪不羁，性格猖狂怪异，都对他侧目而视。佃信夫遭到辫帅的冷遇，心中已不是滋味，周围人的冷眼，更使他感到恼怒。

一日，佃信夫正在客房中独自喝闷酒，有一位中国人突然造访。此人名叫蔡国器，是张勋的部下，曾在日本留过学，他在东京读书期间，曾慕名拜访过佃信夫。

两人见面，把樽叙了一番旧，佃信夫便向蔡国器表明了来中国的意图。蔡国器也是个复辟主义者，当下允诺，他一定设法让佃信夫和张勋见面。

蔡国器知道张勋对日本人怀有旧恨，怕自己说不动他，便请张勋的一个幕僚与他共同进言，试图说动辫帅接见佃信夫。此人是前清翰林，听说日本人是为策动辫帅复辟而来，一口答应愿"鼎力相助"。但前清翰林听说佃信夫傲慢狂放，生怕他到时与张勋一言不和，顶撞起来，大事谈不成不说，辫帅要是怪罪下来，他可是吃不了兜着跑。于是他便先到迎宾馆与佃信夫打招呼，叫他见了张勋一定要注意礼节，不可乱来。他叮嘱佃信夫说："我们大帅比你年长12岁，你见了大帅后，应该恭恭敬敬，大帅讲什么，你都应称诺，千万不可与他争辩。"

佃信夫一笑说："在下是日本人，像日本那样讲长幼有序的国家，世界上还不曾见。你怎么能这样对我不放心呢？我决不会对你们大帅失礼。再说，在论道义讲古今的场合，彼主我宾，相互之间也不应心存芥蒂。"

佃信夫说完，提笔蘸墨，在客房墙壁上挥毫写下一段文字：

先儒有言曰，以龙逢比干之心，行苏秦张仪之术，是谓之大丈夫之士焉，然则苏秦张仪之未足称大丈夫之士也久矣。然秦岁仅三十左右，早即佩六国相印，余即岁五十有二，才为长江巡抚使绍轩张君幕宾，是诚可愧也。然秦呼六国侯伯以大王，侯伯呼秦以君，少无与臣僚异也。在余则不然，绍轩呼余以君，则余亦以君应之，以先生则复以先生答之，应酬尔汝，少无芥蒂，是稍足可慰矣。即名吾室曰：可愧可慰斋。以为记云尔。

大正六年二月
大日本处士

前清翰林见一个日本人居然有如此深厚的汉学功底，写出这样的好文字，且颇谙中国历史典故，而这段壁书，竟拿他与古代的名相苏秦、张仪相比，并称赞了他在辫帅府受人尊重的地位，使他颇为得意。他当即对佃信夫称赞不已。随后，他将壁书原文抄下，揣在怀中，准备面呈张勋，以证来者不同凡响。

2. 辫帅府，浪人献策

一连数日，张勋忙着召开第三次十三省区督军联合会议，密谋与黎元洪大总统和国会抗衡，早已把佃信夫丢到脑后。

所谓"十三省区督军联合会议"，原由张勋发起。

1916 年 6 月 6 日，袁世凯在举国一片讨伐声中一命呜呼之后，张勋派人邀请北方各省代表，于 6 月 9 日在徐州开会，张勋自任主席，提出会议纲要十项，其中最重要的有以下三项：

一、绝对抵制迭次倡乱之一般暴烈分子参与政权；

二、嗣后中央设有弊政足为民害者，务当合力电争，以尽忠告之义；

三、固结团体，遇事筹商，对于国家前途，务取同一态度。

其中最重要的是第三项，袁世凯死后，由于北洋系军阀缺少一个首领，需要结成一个团体，张勋很希望自己成为这个团体的核心人物。

此后，段祺瑞的亲信、国务院秘书长徐树铮等，暗与倪嗣冲及张勋代表万绳栻等秘密往还磋商，愿奉张勋为首领，并通知各省区派代表到徐州召开第二次会议。

9 月 21 日，"省区督军联合会"宣告成立，加入联合会的共有安徽、江苏、江西、湖北、河南、山东、直隶、甘肃、奉天、吉林、黑龙江、福建、广东等十三省区。

省区督军联合会的成立，成为北洋军阀为保存其势力的一种临时联合组织形式，以抵抗南方的军备院和孙中山的中华革命党。当然，十三省区督军参加这一组织，各有各的打算，而张勋则是想借此力量图谋复辟。

那位前清翰林到迎宾馆与佃信夫晤谈过后，回到帅府，便伺机劝说张勋接见日本客人。这一天，十三省区督军联合会议已经结束，由于会议开得顺利，辫帅心情很好，前清翰林见是进言的大好时机，便面见张勋，先将佃信夫大大夸赞了一番，然后呈上他在迎宾馆抄录的壁书。

张勋看了佃信夫的壁书，深为所动，觉得佃信夫是个人物，当晚便设宴款待被他冷落多日的东洋来客。

酒足饭饱过后，张勋把佃信夫召至密室，问他有何大事，值得特地从日本跑到徐州来见他？

佃信夫开门见山地说："素闻大帅对清朝无限忠诚，发誓要扶幼主溥仪重登龙位，故特来与大帅一商复辟大计。"

"复辟一事，本帅自有主张。不过先生不远千里，前来献计献策，足见其情真意诚，不妨说出来，让本帅听听有何高见。"张勋说。

"大帅乃清朝功臣，北洋军中的名将，而今又为十三省区督军之盟主，复辟大任，除大帅之外，无人可以担当。不过，大帅如果站在敌视日本的立场上而谋复辟，是非常错误的。依在下之见，大帅目前固然拥有相当实力，但还必须事事接受日本的诱导和扶持，复辟方能确保成功。"

张勋听罢，啜了一口茶，沉吟片刻，说："关于复辟一事，本帅并无向日本求援之意。这倒不是本帅对日本有什么成见，而是日本已明确表示支持段祺瑞。段祺瑞是当年逼迫宣统帝退位的主谋，他对复辟绝无赞成之理。这一点先生可能也很清楚。去年6月，本帅在徐州举行会议时，提及复辟一事，各省督军都表示赞成。段祺瑞派来参加会议的代表徐树铮，也表示赞同，但其意如何，令人难以揣测。看来，本帅将来难免与段一战。若战端一启，恐北京的宣统帝之安全将有不测。若宣统帝御体发生危险时，能得到日本公使馆的保护，本帅便可毫无顾虑地与段祺瑞一决雌雄。本帅愿烦先生尽力者，仅此而已，不知先生意下如何？"

佃信夫原以为张勋是个老粗，想不到他说起话来，不但文绉绉的，而且也会拐弯抹角，只不过绕了一圈之后，还是想得到日本的支持，便说："在下来贵国之前，已将大帅的情况向寺内首相详细谈过，首相对大帅的复辟主张表示赞成。在下与寺内首相有旧交，对他的为人颇为了解。如果大帅一旦实行复辟计划，首相一定会对宣统帝的安全尽力保护的。"

"果能如此，当然再好不过。但有一事至今仍让本帅心存疑虑。"

"大帅有何疑虑？"

"大约两个月前，贵国驻天津部队某将军经本帅之同志、直隶省长朱家室介绍，前来徐州。彼时本帅亦曾提出此事，请他助一臂之力。该将军答称：'此事本人不能擅作主张，当将尊意转达本国政府，然后根据政府的意见再做明确答复。'不意该将军一去，再无消息。看来，日本政府的意向，还是要援助段祺瑞实行共和政治。"

佃信夫见自己的话并未能打消张勋的疑虑，便说："寺内首相赞成大帅复辟，这一点毋庸置疑。不过从程序上来看，大帅应该首先向敝国政府表明：复辟是全国舆论之所趋，以求得到内阁其他成员的理解。大帅去年召开徐州会议时，不是有誓约吗？可否将该誓约向日本政府通报？我想，不但寺内首相，其他有心之人也会表示赞同。如有适当的人携誓约前往日本，在下愿做引介，让他与寺内首相会面。"

张勋觉得这是一个稳妥之策，便说："这样很好，就派升允老先生到贵国走一趟吧。"

升允是内蒙古八旗人，曾任清政府驻德国公使。辛亥革命时任陕甘总督，参与宗社党人的活动，起兵反袁。兵败后，经外蒙古去俄国，转赴日本。三年后，升允由川岛浪速资助 5 万日元，到青岛居住，在山东策动恭亲王溥伟等搞复辟活动。升允坚决反对共和政体，主张复辟，曾写过一首诗赠给佃信夫以抒其怀，诗云：

> 老臣犹在此，
> 幼主竟如何？
> 倘射上林雁，
> 或逢苏武书。

佃信夫与张勋密商复辟大计之后的第二天，便带着张勋的信和十三省区督军的誓约，到青岛去见升允，向他谈了在徐州与辫帅晤谈的经过，升允听说日本政府支持张勋复辟帝制，心中大喜，对佃信夫说："复辟大清基业，乃升允之宿愿，今天定武将军既然有志于此，老夫自当效力！"

数日后，张勋的特使升允在佃信夫的陪同下，抵达日本东京。由于有佃信夫从中搭桥，升允很快便受到寺内首相的接见。

这一天，寺内正患感冒，听佃信夫说张勋派升允为复辟一事来日本求见首相，便带病更衣，接待升允。佃信夫介绍了张勋召开徐州会议的经过之后，升允便将徐州会议誓约交给寺内。寺内阅后，对升允说："张勋将军的希望，本人业已详知。请先生转告张将军，对于宣统帝的安全，尽可放心，本人将命敝国驻北京公使竭力保护宣统帝。张将军既然是根据十三直省区督军联名宣誓的精神以图复辟，日本没有理由加以反对，请不要有什么顾虑，尽可放心按计划行事。张将军既已声称不要求日本给予其他方面的援助，本人也但愿如此。然而复辟大事，是需要多方面准备的，故请升允先生转达张将军，如有何需要帮助之处，尽可提出，敝国政府必鼎力相助。"

后来，寺内又对升允说："听说先生现寄寓青岛，如果有什么困难，尽可请敝国驻青岛军司令官大谷帮助解决，不必客气。本人也将致函大谷，说明此意。"

寺内的一番话，令升允感动得老泪纵横，连声称谢，竟至语不成声。

寺内首相既已明确表态，升允作为特使，算是完成了任务。很快便与佃信夫起程回国。

张勋听了升允的回报，十分欣喜，对佃信夫也格外看重。数日后，张勋便召开幕僚会议，商讨复辟大计。众幕僚一致认为，日本首相既已表明态度，宣统帝的安全也不用担忧，应及早举兵，发动复辟。但佃信夫却提出不同意见，他说："在下以为，复辟大事，不可轻率从事。为稳妥起见，应该联合十三省区督军共同举事，大帅尽量避免单独行动。另外，必须有足够的准备时间，若能在4月末至5月中旬之间约期同时举事，方为万全之策。"

张勋已将佃信夫视为雄才大略，对他的建议当即表示同意。

辫帅一表态，众幕僚也看风使舵，对佃信夫之说表示赞同。

谁知，不到半月，日本政府对待张勋发动复辟的态度，突然起了变化。

3. 一意孤行，张勋率兵入京

不见棺材不落泪

佃信夫有办法让张勋的特使面晤日本首相，且探明了他对待复辟所持的态度，从此被张勋视为了不起的人物，帅府上下，也无人不对他表示尊敬。佃信夫见张勋对自己的意见无不表示赞同，深信复辟帝制已成功在望，心中自然十分得意。

但是没过多久，已回青岛的升允忽然派了一名密使，到徐州来见佃信夫，告诉他一个出乎意料的消息——日本政府对张勋复辟之举已改变了态度。这位密使将升允的一封信札交给佃信夫，信封中附有日本陆军大臣大岛健一，于3月26日发给青岛日军司令官大谷喜久藏大将的一道训令，内容如下：

> 关于复辟之举，贵官与升允会谈时应注意下列原则立场：
>
> 日本政府对于中国的内政本无干涉之意；但在此时发动复辟，造成混乱，不但对中国不利，对宗社党的前途也颇不利。故望贵官无论在任何情况下，都应全力劝阻升允：发动复辟，目下尚非其时。

升允则在信中流露出极度的失望情绪，并抱怨日本政府对华政策的反复无常。

佃信夫看罢升允的信和日本陆军大臣的训令后，一时惊呆，日本对华政策的变化如此迅速，简直令他难以置信。但升允决不会跟他开这个玩笑，而陆军大臣的训令也是千真万确的事实！比他神通广大得多的川岛浪速，搞了两次"满蒙独立运动"，均因日本对华政策的改变而以失败告终，看来他佃信夫也要步川岛浪速的后尘了。

复辟成功与否，倒不是立时就可见分晓之事，而日本政府对华政策的变化，可是需要立即告诉张勋的。但是，他怎么去与辫帅说，而那些幕僚们又会对他怎么看？他为此感到十分狼狈，一时茫然不知所措。

然而，纸里包不住火，如此大事，自己就是不说，张勋以后也是要知道的，佃信夫想好了一套为自己圆场的话之后，将升允的密函连同陆军大臣的训令一并交给张勋。

果然不出佃信夫所料，张勋看罢密函与训令，勃然大怒，责难日本人不守信用。佃信夫辩解说："寺内首相堪称日本武士道的典范，他从前既然许下那样的诺言，如今又叫陆相发出这样的训令，我想其中必有万不得已的隐衷。为了尽快弄清其中原委，我想最好是马上发一封电报给寺内首相，询问情况。"

张勋听他这么一说，怒气稍平，同意电询寺内首相。因徐州无电报局，张勋便派一名部下陪佃信夫赶往济南发报。

佃信夫到济南后，立即给寺内发了一封长电。他考虑到寺内正毅恐怕难以直接答复，故又致函内阁书记官、寺内正毅的女婿儿玉秀雄，请他代为回信，告知详情。

但是，电报与信函发出后，竟如石沉大海。佃信夫又发两电催问，也无回音。佃信夫等了20余日，已不抱希望，却忽然接到黑龙会会友长岛隆二的一封长信，转告了寺内首相与他谈话的要旨，摘要如下：

先生前曾以密函寄儿玉长官，寺内首相特为此事约弟往谈。首相所谈要点如下：

"佃君致儿玉之密函，业已读悉。关于中国内政，我国政

187

府之不干涉方针迄今毫无改变。所谓与段总理之间订有密约云云，乃巷间之谣传，不足凭信。此等密约，事实上不可能存在；且既称密约，亦不可能发生任何效力。况本人确信密约有害无益。此点，与日前面谈时所言无异，望能转告佃君。

"关于中国的形势，本人其后亦深为忧虑：盖以俄国革命，在政治上和思想上给予中国之影响必不在少；而且中国内部，情况亦日趋复杂，险象环生。当此之际，应切忌轻举妄动。佃君为人热诚，素对日华两国之前途颇为关心，余对此深为敬佩；但目前鉴于周围之大势，万望诸事慎重，不可造次，切要切要。"

首相所谈，大致如上。此次接晤，时间颇长，首相与弟俱各畅叙所怀。兹将首相之言再度归纳如下：

一、陆军当局所发之电报，本人毫未得知。猜想陆军当局深恐轻举误事，故特发此电令，以唤起注意。事关机密，切勿泄露；

二、佃君来函所谈各节及本人对此事之意见，亦未告知当局。此点，应请注意；

三、就今日周围之形势观之，发动复辟，实恐万难奏效。一旦失败，吾人不独为中国之前途忧，亦且为有关人员之安危惧。将来须肩负两国重任之人，尤应谛观形势之演变，切不可意气用事，以遗他日之悔。

首相的意思，大致如上。首相频频嘱弟将此意转告吾兄，望吾兄诸事审慎。目前国内正因选举问题而多方忙碌，首相以此未能及时作复，故特嘱弟代为转达。诸希亮察不宣……

长岛隆二顿首

五月五日

原来，寺内正毅因事关政府对华方针，为了避免让自己的女婿儿玉书记长官亲写回信，故召长岛隆二面谈自己对张勋复辟的态度，嘱长岛代笔，转告佃信夫。寺内后来根据中国的局势分析，认为张勋发动复辟，成功的希望很小，因而改变了他当初对佃信夫和升允的许诺。此外，外务省和军部的意见与寺内也不一致，寺内一来觉得支持张勋复辟没有把握，二来他也不能完全抛开外务省和军部独断专行。军部已经完全支持段祺瑞，把赌注压在这位亲日的总理身上。再说，复辟在中国已无多大号召力，张勋势单力孤，难成气候。寺内身为内阁首相，不便公开出面与佃信夫联系，才想出叫长岛隆二写信代转旨意的办法，通知佃信夫切勿意气用事，趁早收兵。

但是，张勋得知日本政府的态度已十分明确，不支持他复辟帝制后，仍然一意孤行，坚持要按自己的计划行动。而佃信夫也是不见棺材不落泪，不甘心就此息鼓收兵。

张勋坚持要发动复辟，自有他的道理。亲美派黎元洪和亲日派段祺瑞之间的"府院之争"①，因中国是否参加美国对德国作战问题而表面化。至 5 月中旬，黎、段之间已闹得不可开交。作为十三省区督军盟主的张勋，此时感到有机可乘。

所谓"参战问题"是这样的：1917 年 2 月，德国宣布将以潜艇无限制封锁海面，这样一来，美国的利益将受到损害，便宣布与德国绝交，并准备发动对德作战；同时要求中国与它采取一致行动，并提议借款给中国作为参战军费。亲美的黎元洪同意美国的提议，国会也通过了与德国绝交的议案。日本唯恐落在美国之后，便积极怂恿亲日的段祺瑞参战，并允诺："美国借款，必须实行出兵欧洲，不能挪作别用；日本借款，不加干涉，可以此款名为参战军费，即以先清内乱。"这和段祺瑞的目的正相契合，因此他积极主张参战。

---

① 府院之争："府"，是总统府，指以黎元洪为代表的政治集团；"院"，是国务院，指以段祺瑞为代表的军阀政治集团。"府院之争"实质上就是亲美派黎元洪集团与亲日派军阀段祺瑞集团之间的争权夺势的斗争。

美国见段祺瑞倒向日本一边，便指使黎元洪一派进行抵制。结果，段祺瑞借参战为名以扩充武力的企图，不仅遭到其他军阀的反对，而且遭到国会内以国民党为主的多数议员的反对。黎元洪一派认为："段若参战，即大成功，必先倒段。段去，仍由后任者实行参战，则成功自我矣。"

实质上，黎、段双方，斗争的关键并不在于是否参战，而是在于由谁主持参战，以便从中捞到一笔外国的借款，以扩大自己的政治军事势力。

段祺瑞由于自己提出的对德参战方案，遭到黎元洪和国会的反对，便召集以皖系军阀为骨干的十余省督军，在北京举行"督军团会议"，决议赞成参战，迫使黎元洪在这一提案上盖了大印。

5 月 10 日，国会开会审议此案，段祺瑞效法袁世凯的故伎，指使军警、流氓数千人，组成"公民请愿团"，将国会层层包围，要求当场通过参战案，否则不许议员离开会场。

段祺瑞的这一行径，遭到议员们的强烈抵制，当日无结果。19日决议"缓议"。段祺瑞竭力争取的参战案因此被搁置起来。

佃信夫收到长岛隆二的信时，北京黎、段两派的斗争正日趋激烈，张勋和佃信夫根据形势判断，认为发动复辟的时机已日渐成熟。再说张勋复辟帝制，图谋已久，怎愿因日本人的一封信而放弃他的大计！

不出张勋和佃信夫所料，不久，大总统黎元洪便为他们发动复辟提供了一个大好的时机。

一封信函铸大错

段祺瑞的图谋受挫，使黎元洪暂时占了上风。但是他怕段祺瑞再使出令他难以对付的手段，便在美国公使允诺做其后盾的情况下，干脆免去了段祺瑞的国务总理职务。

谁知这样一来，乱子反而闹大，段祺瑞被免职后，退居天津，指使各省督军纷纷宣布脱离中央，并在天津设立了一个"独立各省总参谋部"，摆开了以武力倒黎的架式。

黎元洪的大总统宝座，已岌岌可危。

张勋见此形势，急忙通知十三省区督军来徐州召开第四次会议，密谋发动复辟，并请佃信夫火速赶回日本，说服寺内首相支持复辟活动。

张勋与各省督军和康有为、张镇芳等"复辟巨子"经过一番紧急策划后，于6月2日派人到北京向黎元洪传话："总统若令张勋带兵入京，愿任调停。"

黎元洪身处危境，极希望有一支武装力量进京维护他的地位，保卫他的安全，张勋提出进京的要求，正中他的下怀，至于张勋是否另有图谋，他丝毫没有深想，很快便向张勋发出了邀请函。

早已了解张勋复辟阴谋的日本驻华公使林权助，得知黎元洪邀请张勋率兵进京一事，当即造访黎元洪，陈明己见，他说："我有一个看法，要向阁下冒昧提出，我认为阁下邀请张勋进京，此法不妥。张勋图谋复辟帝制已久，如果让他到北京来，他一定要抓住这个时机，使自己成为独裁者。我是这样观察的，不知阁下以为然否？"

黎元洪眼看大总统的位置难保，亟须有人护驾，对于林权助的劝告，哪里听得进去？他认为林权助的担心是多余的，口气坚定地说："不，不会发生这样的情况。为此我曾和张勋书信往来，进行了充分的商量，所以不需如此多虑。谢谢你提起注意，此点我已有充分的信心。"

他哪里知道，他一纸邀请函竟铸成大错。

张勋接到黎元洪的邀请函，心中大喜，认为发动复辟，时机已到，立刻准备率兵北上。

当时，各省督军的代表仍在徐州，其中有冯国璋、段祺瑞、曹锟和张作霖等人的代表。当天下午，张勋就委托他的秘书长万绳栻召开各省督军代表会议，共商进京大事。

会上，大家虽然一致公举张勋出来推倒黎元洪。但是大部分代表却提出要请冯国璋出来当总统，并且要恢复段祺瑞的国务总理职务。

这显然与张勋进京的目的相悖。万绳栻不敢善置可否，于休会之时，将这些代表提出的建议向张勋报告。张勋听罢大怒，说："如不能保皇上复位，本帅何必进京?! 你去告诉他们，对于他们的扯淡，本帅断不答应!"

但是，许多代表并不顾忌张勋的威胁，坚决不同意张勋保皇上复位，代表们各持己见，争来吵去，会议自然也就开不下去。

下午的会议虽然毫无结果，但是晚上的宴会仍照样举行。张勋因代表们不表态拥护他搞复辟，心中闷闷不乐，不愿参加晚宴，只是叫定武军总司令官张文生代表他出面应酬。

宴会结束后，徐树铮、倪嗣冲等人主张让冯国璋当大总统的代表们在一起密商，怎样利用张勋进京推倒黎元洪，然后达到他们的目的。但是商量来商量去，大家一致认为，赞成张勋复辟，是实现倒黎的第一步，因为若不赞成张勋复辟，他就可能一怒之下放弃率兵进京的大好时机，到那时，什么"倒黎"、"拥冯"，都将成为空谈。

后来，徐树铮的一席话，算是对这次密商的总结，他说："他（指张勋）是复辟脑子，别的主张他听不进去。咱们赞成他复辟，等他复辟时咱再想办法。"

大家一致赞同他的话，于是众代表一致商定：当夜就与张勋面谈，与他达成协议。

晚上的会议是在张勋家中召开的。张勋见各省区代表一致同意他搞复辟，情绪顿时高涨起来，他当即叫副官到后宅去取黄缎子，让诸位代表当场签名。副官到后宅找了一通，没有找到，此时街上店铺已经关门，买都没处买，结果张勋的二姨太邵夫人只好拿出一块准备盖上大印给少爷压邪祟用的黄绫子，交给副官，做签字之用。

副官将那块黄绫子拿到前厅，先由秘书长万绳栻在上面写了个缘起，然后让各位代表在上面一一签名。大家签字的条件是：如果张勋进京，能推倒黎元洪，各省区代表就拥护他保皇上复位。已经在定武军司令部住了大半年的康有为，也在黄绫子上签了字。

代表们签完了字，张勋便将黄绫子交给万绳栻妥善保存，作为十三省区督军赞成他复辟的依据。

这块宝贝黄绫子后来在段祺瑞集结兵马，于马厂誓师讨伐张勋的前两天，被冯国璋派人以 20 万现洋的代价，从万绳栻手中买走，此是后话。

数日后，张勋率领步炮兵十个营，共 3000 余人，打着"进京调停，收拾时局"的旗号，由徐州乘火车北上，于 6 月 14 日抵达北京。

张勋与十三省区督军达成协议，率兵进京之后，佃信夫立即赶回日本，谒见寺内正毅首相，向他详细报告了中国目前的局势，并力陈己见，说张勋已得到十三省区督军的支持，复辟必能成功。寺内原以为张勋复辟成功的可能性很小，才叫长岛隆二写信阻止佃信夫继续活动，现在听佃信夫说得活灵活现，复辟帝制已水到渠成，只需举手之劳，不禁面露喜色，说："如果这样，当然很好。"

佃信夫见寺内首相对张勋发动复辟仍持赞赏态度，便急速赶回中国，向张勋报喜。6 月 30 日，佃信夫在北京见到了张勋，向他转告了寺内首相对待复辟的态度，张勋听罢，心情振奋，对佃信夫深表谢意。

此时，张勋已做好发动复辟的一切准备，听说日本首相仍然支持他的行动，更加有恃无恐，于 7 月 1 日悍然发动复辟。

是日清晨，张勋与康有为迫使前陆军总长王士珍、步军统领江朝宗、警察总监吴炳湘等人换上清朝大臣的朝服，由辫子军保驾，驱车来到紫禁城，将 12 岁的退位小皇帝溥仪扶上太和殿御坐，随后，张勋率"文武大臣"三呼万岁，行三跪九叩之礼。列队立于殿外的辫子兵，也跟着齐声高呼，"万岁、万岁、万万岁"的呼声，在沉寂了很久的紫禁城内再次回荡。

"朝贺"已毕，康有为捧出早已拟好的草诏，颁布"上谕"，改民国六年为"宣统九年"，易五色国旗为黄龙旗，恢复清廷旧制，即日通电全国。张勋自封为首席内阁议政大臣，兼直隶总督、北洋大臣，独揽朝中大权。复辟功臣康有为等人，也都加官晋爵。

张勋在宣布复辟的当日，已经命令辫子军占领了北京车站、邮电局等要地，封锁交通，控制对外联络。同时派出代表，向黎元洪说明复辟之必要性，请其奉还大政。

黎元洪原想借张勋之力保住大总统宝座，哪知竟闹出如此结果，得到张勋宣布复辟的消息后，急忙逃到日本公使馆躲避，总统大印已派人秘密送往南京，交给副总统冯国璋，以谋匡复。

北京城的大街小巷，各衙门、各府第、各商店、各酒店旅馆、各家各户，一日之间挂出了各式各样的龙旗，有的是破旧不堪的藏品，有的是将黄布上画一条蓝龙的新旗，有的是用黄纸印刷的应急之物，有长方形的，有三角形的，形状不一，大小各异。北京城成了旗帜的海洋。

脑后有没有辫子，身上穿不穿清朝的长袍马褂，是国民拥护不拥护复辟、爱不爱国的表现，于是戏装馆、旧货摊、服装厂、卖装饰品的商店，生意空前兴隆，长袍马褂供不应求，连戏装也一时告缺，一些作坊制作假辫子的人发用光，以马尾代之，仍然紧做不够卖。北京街头，穿着清朝的长袍马褂、脑后拖着真假发辫招摇过市的人，随处可见。

但是，随着复辟闹剧的上演，一场风起云涌的反复辟运动，也在全国掀起。

4. 避难人最后的哀鸣

转眼间变成孤家寡人

张勋原以为复辟帝制，得到十三省区督军的拥护，又有日本政府的支持，只要把退位的宣统皇帝抬将出来，就可以号令全国。哪知事情完全不是他想象得那么简单。

复辟的消息刚刚传出，立即遭到全国各界的强烈反对，各地群众纷纷集会声讨，对张勋口诛笔伐。北京的十几家报纸以停刊表示抗议，其他出版者也无一句恭维复辟之辞。一些有血性的文人竟不避鼎镬，执笔撰文，痛斥张勋。街谈巷议，纷纷反对复辟。有的人冒着生命危险拒挂龙旗。上海、天津、武汉等处的报纸，也纷纷刊登讨伐张勋的文章。

在上海，除了由张勋、康有为主办的《国是报》外，诸报纷纷刊登各方面声讨复辟的通电。后来，《国是报》的印刷工人举行罢工，抵制宣传复辟，报馆虽出高价，仍遭拒绝，结果只好停刊。伪学部尚书沈曾植，在上海的住所被义愤之士投掷炸弹，上海商界也反对张勋复辟，全体悬挂中华民国国旗三日，以表示拥护共和，尊重民国之决心。

张勋和参与复辟的主要人物万绳栻、刘廷琛等，原籍江西，江西人感到这是给家乡丢脸，所以更为愤怒。报馆发表文章，谴责张勋、万绳栻为复辟之祸胎。万绳栻的家属见众怒难犯，吓得从南昌逃走。刘廷琛家在九江，当地人无不唾骂其甘心从逆，刘父不堪忍受众人的唾骂，只好举家避往他乡。

在广东，官民无不痛心疾首，表示反对复辟。由于张勋复辟，中断共和，电报传来，百姓无不悲愤，民间自动发起"国民哭灵大会"，抗议张勋解散国会，破坏共和的滔天罪行。随后又改为"国民护国后援兵"，继续声援反复辟的正义斗争。

当复辟消息传到上海后，孙中山愤慨异常，表示"誓不与共天日"，并发表《讨逆宣言》。7月10日，他南下广州，准备在南方建立与北洋军阀斗争的根据地。他沿途发表演说，指出当时斗争的实质，是主张"新潮流"与主张倒退的"旧潮流"的斗争。表示坚决要把反对帝制复辟、反对军阀统治、维护民主共和的斗争进行到底！

全国各地的声讨，对辫帅张勋来说，还不是直接的威胁，令他意想不到的是，多次派代表参加徐州会议，共谋推倒黎元洪、复辟帝制的段祺瑞，竟摇身一变，组织"讨逆军"，自任讨逆军总司令，于7月2日，在距天津十多里的马厂誓师，并通电全国，讨伐张勋。讨逆军参赞梁启超亲笔起草了长达数千言的《讨逆通电》。

更可恨的是，原先赞成复辟的十三省区督军，竟无一人通电支持张勋。这些人原先就想利用张勋推倒黎元洪，拥戴冯国璋当总统，并非真心支持他搞复辟。而张勋将退位的小皇帝溥仪扶上皇位后，竟自封议政大臣，独揽大权，更令他们大为不满，故均采取观望态度。后来，这些人随着形势的变化，又表示反对复辟，有的甚至也跟着出兵"讨逆"。

段祺瑞于很短的时间，纠集了数万人马，兵分东西两路，进攻北京。同时切断铁路交通，以防徐州的辫子军北上。

随张勋进京的只有3000余人，而驻扎于天坛的统领李辅廷，已事先被段祺瑞派人收买，刚一开战，六个营1500余人便缴械投降。张勋可以调遣的兵力，只剩下四个营，加上亲兵仅1500余人。康有为等"复辟巨子"及一些热衷于复辟的失职文武、书生政客，见大势不妙，纷纷作鸟兽散。只剩下辫帅一人与二太太邵夫人，坚守在南河沿自家公馆。剩下的四营人由统领苏锡麟指挥，南至前门箭楼，北至天安门，东到三座门、中央公园，西到东交民巷北口，包括南池子、东华门一带地区设防，主要任务是保护张勋的驻在地南河沿公馆。

在济南活动的中西正树、二藤铁三郎等日本浪人，听说张勋已发动复辟，便赶到北京，想为张勋鼓劲打气。但是当他们赶到北京，找到佃信夫作为引荐人，带他们去南河沿公馆去见张勋时，段祺瑞的人马已经进逼北京。

此时，声称到北京"收拾时局"的辫帅，因发动复辟闹得众叛亲离，焦头烂额，正不知如何收拾他一手造成的时局，哪还有心思听这帮浪人的聒噪，况且他已发现佃信夫并不是什么了不起的人物，故对这帮日本客态度冷淡。后来，张勋被一帮浪人七嘴八舌，弄得心烦难耐，忍不住大声质问佃信夫："你一再对我说，寺内首相支持我复辟，但是，本帅现在要问你一句话，贵国公使馆现在为什么要保护黎元洪？嗯？"

佃信夫辩解说："敝国公使馆不过是遵循国际惯例，有义务对要求政治避难的人进行保护，如是而已。"

佃信夫不辩解还罢，这一辩解，更让张勋恼火，他拍案怒斥道："一派谎言！日本公使馆保护黎元洪，就意味着反对我张勋复辟，这一点，即使是老妇雏孺都看得出来！"

佃信夫和中西正树等浪人面面相觑，无言以对。晤谈不欢而散。

7月12日拂晓，讨逆军兵分三路，向张勋辫子军防线发起进攻，北京城内枪炮声震天，硝烟四起。于战斗的间隙，北京警察总监吴炳湘，到火线劝说辫子军统领苏锡麟投降。苏锡麟见大势已去，表示如果能保证张勋的安全，他愿意停火。吴炳湘闻言，立即赶往荷兰公使馆交涉，请求让张勋入内避难。

近午时分，一辆插着荷兰国旗的汽车通过辫子军防线，直趋南河沿张勋公馆。此时，张勋的姨太太王克琴、傅筱翠等已经带着子女提前避居荷兰公使馆，公馆内只剩下张勋和他的二太太邵夫人，及一些担任护卫的亲兵。

吴炳湘等人见了张勋，便劝他赶快上车，前往荷兰公使馆，但张勋无论如何不愿动身，发誓说："死也要死在公馆里。"吴炳湘见时间紧迫，便与几个外国人把张勋连架带拖，塞进了汽车。张勋一面挣扎，一面乱骂，盛怒之下，竟咬了架他的荷兰人一口。

"我就是死，也要死在故土"

张勋和他的二太太被荷兰公使馆的汽车接走后不久，苏锡麟便命令部下缴了械。1500 余名辫子兵集合起来，被收容在警察总监署内。后来，这批人剪了辫子，换上陆军制服，一部分被发给路费遣返原籍，一部分被送回徐州。

张勋的复辟闹剧仅上演了 12 天，便以彻底失败收场。

这次复辟虽然失败，但黑龙会干将佃信夫并未就此死心。他得知张勋在荷兰公使馆避难后，便想救张勋出逃，以图后举。

荷兰公使馆警戒甚严，佃信夫无法进入，便每天在公使馆周围转悠，见有公使馆卫兵外出，便上前搭讪。后来终于和一个荷兰卫兵混熟。他先是向这个卫兵赠送春宫画，以讨其好，接着又以重金行贿，要求卫兵设法让他进入公使馆与张勋见上一面。荷兰卫兵得了他的好处，不好推辞，便答应愿意帮忙。

这天夜里，佃信夫在荷兰卫兵的帮助下，偷偷溜进公使馆与张勋见面。张勋因复辟失败，众叛亲离，又被段祺瑞当作祸首通缉，已恼恨成疾，见佃信夫不顾个人安危，混进公使馆来见他，很是感动，急忙带病更衣，与佃信夫晤谈。

佃信夫见张勋态度友善，与在南河沿公馆会见他时截然不同，便趁机进言说："胜败乃兵家之常事，望大帅胸襟放开阔一些。贵国有句俗语云：'留得青山在，不怕没柴烧'，大帅如果愿意的话，在下将设法与敝国政府联系，让大帅到敝国避难，以图东山再起。"

张勋听了，长叹一声，说："本人已年过六旬，去日无多，而这次为首发动复辟，已大失人心，成为众矢之的，恐无东山再起的希望。再说，贵国政府言而无信，变化无常，实在不可依靠。恕我直言，本人已对贵国完全失去信心。"

佃信夫苦口劝说，张勋仍不愿出逃，他说："先生也许是一番好意，但不论你怎么说，日本我是不去的，我就是死，也要死在故土。"

佃信夫见张勋态度坚决，只得安慰他一番，离开了公使馆。

张勋后获特赦，到天津隐居，于 1923 年 9 月 12 日死去。

佃信夫想以帮助张勋复辟在中国干出一番大业的计划，虽然因闹剧落幕而落空，但他并不就此罢休。1925 年冬季，他又跑到天津，找到一贯亲日的清朝遗老、热心于复辟帝制的罗振玉，要罗引荐他去见溥仪，筹划复辟之策。

溥仪退位后，先住在日本驻北京公使馆，后来欲从天津去日本，又转到天津的张园居住，以待时机。罗振玉是赞成出洋一派，自然成了溥仪的"宠臣"。罗振玉对考古学颇有研究，于溥仪退位之前任"南书房行走"，辛亥革命爆发后，避居日本，考古著书，善耆和升允到日本活动，寻求日本政府支持复辟，他也积极参与。1919 年回国后，先居天津，结交了一些日本人，后在大连开设古玩铺，一边贩卖古玩字画，一边和国内支持复辟者广泛联络。因此，佃信夫觉得他是个得力的牵线人。

罗振玉在溥仪面前大肆鼓吹说，佃信夫是黑龙会的重要人物，日本军政界许多权要，都支持中国复辟帝制，现在他们派佃信夫为代表，要亲自与皇上共商复辟大计，这个机会决不可失，皇上应立即召见这位重要人物。

对于佃信夫其人，溥仪早已听说，知道他在辛亥革命爆发后，十分活跃，常常出入京城各王府，与皇族成员颇有交情，又听罗振玉说，他是代表日本军政界权要来与自己筹划复辟大计的，当下答应接见佃信夫。溥仪考虑日本驻天津领事馆总领事是日本政府的正式代表，又是他的保护人，理应让他前来共商大计，便让人通知了总领事有田八郎，请他届时出席。

罗振玉立即赶到佃信夫所在的旅馆，告诉他，"皇上"同意召见。佃信夫想不到罗振玉这么快就带来了好消息，很是兴奋，回想起当年在徐州迎宾馆等待辫帅接见的情景，觉得这位"皇上"真是礼贤下士，这么容易就能与溥仪一晤，说不定是个好兆头。

不料，佃信夫按照约定的时间前往张园，去见溥仪时，竟见有田八郎也在座。他一气之下，当即退出会客室。使得在座的清朝遗臣陈宝琛、郑孝胥等人，十分惊愕，罗振玉也觉得很没面子。郑孝胥和罗振玉急忙追出去，责问佃信夫何以敢在"圣前"如此非礼，他答道："你们把有田请来，这不是成心跟我过不去吗？既然如此，改日再谈。"

佃信夫再也未去见溥仪，因为他去天津鼓动溥仪复辟，只是要为自己建功立业，既然溥仪的身后有日本驻天津领事馆总领事支持，今后即使复辟成功，功劳也不会记在他的头上。作为一个浪人，即使再有影响，也只能代表日本民间势力，与代表日本政府的总领事相比，他显得无足轻重。

第七章

"一·二八"事变前的骚乱

1. 奉密令，川岛芳子显身手

迷倒高官大员的男装丽人

　　1931年12月中旬，上海高层社会举办的舞会上出现了一个十分引人注目的人物。

　　此人身着考究的西装，打着领结，梳着偏分头，俨然一派绅士风度。但此人身材娇小，面庞秀丽，皮肤白嫩，又分明是个妩媚可人的女性。这个男装丽人，便是著名浪人川岛浪速的养女、肃亲王善耆的第14位公主川岛芳子。

　　这位名噪一时的清室公主舞步娴熟，姿态优美，而她的男步比女步跳得更加得心应手，

川岛芳子男装照

川岛芳子戎装照

曾在上海举办的一次国际交际舞比赛中获得男子一等奖。舞会上的男士与她相比，反倒相形见绌。

男装丽人的出现，使许多国民党政军界要员为之倾倒迷狂，他们向她大献殷勤，以能与她共舞为乐。然而，川岛芳子并非仅为跳舞而来，她肩负着为日本军方猎取中国政府政治、军事情报的重任。因此她在施展其难以抗拒的魅力时，自有她特定的目标。

那些希望拥有着芳子的娇躯，于靡靡之音中起舞的中国政府的要员们，谁也不会想到，这位男装丽人，不久将为发动一场战争而挑起一连串的杀戮与暴乱。

川岛芳子的大名曾经于 20 世纪 30 年代轰动中日两国。她被人称为魔女、妖花、男装丽人和"东方的玛塔·哈丽"①。

川岛芳子生于 1906 年，是肃亲王善耆的第 14 位格格，本名爱新觉罗·显（玗），是最受肃亲王宠爱的公主。她的母亲张桂氏，是肃亲王的管家从京兆南收旗租时买来的丫头，俗名兰姑娘，生得苗条秀美，颇有姿色。兰姑娘早在少女时代，就被肃亲王之子宪平奸污，15 岁时被肃亲王收为偏房，封为四侧福晋，但她仍然和奴

---

① 玛塔·哈丽，国籍不明的舞女，与荷兰军官结婚，住在巴黎。在第一次世界大战中，以德国间谍罪被法国政府逮捕处决。

才差不多，经常挨打受骂，生活并不愉快。母亲的生活经历和其在肃亲王家族中的地位，对川岛芳子乖戾性格的形成，具有一定的影响。

肃亲王将他的第 14 位格格过继给川岛浪速，是在第一次"满蒙独立运动"期间。1911 年，正当川岛浪速与善耆等人紧锣密鼓地策动"满蒙独立"之际，日本大隈重信内阁发给关东都督一封密电，电文是："援助肃亲王，首先要考虑满洲独立，望尽快决定肃亲王方面的谈判对手。"

关东都督府将日本内阁的决定通知肃亲王后，肃亲王毫不犹豫地指派川岛浪速作为自己的谈判代表，负责同日方谈判。但是川岛浪速只是一个大陆浪人，即使是论职务，也只是曾经当过日军的三等翻译，重视资格的日本政府无法接受他为谈判对手。然而肃亲王仍顽固地坚持己见，绝不更换人选。最后日方提出："既然肃亲王坚持推荐川岛浪速先生，那么亲王与川岛是何关系？如果仅是密友，川岛是无法接触日本政府要员的。不知是否还有其他更有力的证明？"

于是，肃亲王便决定把自己的孩子过继给川岛浪速，使两人成为公开的亲属关系，以便川岛能代表清王朝与日本政府谈判。

川岛浪速开始提出要肃亲王把王子过继给他当养子，但根据清朝皇室的典律规定，不允许将皇族的男孩送给皇族以外的人做养子，肃亲王便把第 14 位格格显（玗）过继给川岛。

当时刚满六岁的显（玗），就这样变成了日本人川岛芳子。

肃亲王曾对川岛浪速说过，他自己的子女中，男孩子没有一个能成器的，只有显（玗）将来能继承他的意志，他希望川岛把她当成男孩一样教育。

川岛浪速起先给养女取名"东珍"，他对小显（玗）说："你以后要去东洋日本，希望你作为东洋日本的珍客，并能成为一个出色的人物。"

显（玗）去日本后，川岛又将她改名为川岛芳子。

川岛芳子的家庭教师夸她："有罕见的天才，能以锐利的目光观察别人的面部表情。她有五感，而实际上胜过五感，似乎有七感、八感之多。"

川岛芳子在日本渡过了少年时代，她修完了日本高等女子学校的课程，学会了日本舞、日本琴和茶道等，而且在川岛浪速的训练下，学会了骑马、射击、滑冰、开汽车……可以说，她是受日本文化的教育长大的。为"满蒙独立运动"奔走多年的川岛浪速在芳子的幼年，就向她不断灌输复辟清朝王室的思想和日本武士道精神，目的是为了把她豢养成搞政治冒险的工具。

川岛芳子 17 岁那年，被 59 岁的养父川岛浪速强奸，此后，她痛苦地在卧室里开枪自杀，子弹钻进了她的左胸，但并未能使她毙命。川岛芳子精神上经历了一段时间的苦闷之后，毅然剪去秀发，改易男装，离开日本，回到旅顺肃亲王府。

1927 年 11 月，21 岁的川岛芳子在哥哥宪立和川岛浪速的撮合下，嫁给了巴布扎布的次子甘珠扎布。婚礼是在旅顺举行的，场面十分隆重，关东军参谋长斋藤弥平太被邀为这对新婚夫妇的媒人，策划炸死东北王张作霖的主谋河本大作列席参加了婚礼。

这是一桩明显含有政治目的的婚姻，川岛浪速的一句话最能说明这桩婚事的真正含义，他说："为了掌握'满蒙独立运动'的主动权，无论如何要让芳子同甘珠扎布结亲，因为芳子如果成为甘珠扎布的妻子，肃亲王与巴布扎布的遗志就可能得到继承。"

但是，这只是川岛浪速的意愿，川岛芳子并未与甘珠扎布厮守终身，婚后第二年，她便弃夫出走，回到日本。

川岛芳子离开甘珠扎布的主要原因之一，是她新婚的第二天早晨，未拿出初夜的"腰垫"。

按照蒙古人传统的习俗，新娘子出嫁时，都携带一个人工缝制的 50 厘米见方的纯白"腰垫"，讲究的人家，还用白丝在白布上绣上精美的花卉图案。新郎在初夜时把这个腰垫铺在新娘的臀下，次日早晨由小姑子们前来验看，根据腰垫上有无血迹来判断新娘贞洁与否。川岛芳子因未能拿出初夜的腰垫，而被甘珠扎布家的人视为不干净的女人。

川岛芳子奔放任性、刚愎自用，不甘心永远做一个家庭主妇，她像孔雀开屏一样，一举一动都在向人显示自己的与众不同，这使她的婆婆和小姑子们很难接受，并且感到她身上散发着一种无以名状的妖气和杀气。当然，川岛芳子也觉得她们因循守旧，陈腐古板，无法与她们和睦相处。

川岛芳子回到日本东京，寄宿在中国留学生居住区，过着放荡不羁的生活。她的美艳和身世，为她博得了"杨贵妃"的称号。

1930 年，川岛芳子回到旅顺，从哥哥宪立那里擅自拿了 2000 元钱，然后独自来到上海。是年 10 月，23 岁的芳子在三井物产株式会社的一次招待会上，结识了日本驻上海总领事馆从事谍报工作的辅佐官、有"魔鬼军人"之称的田中隆吉少佐。时年 37 岁的田中隆吉，身材魁梧，风度翩翩，令川岛芳子为之倾倒。当时她身穿一件深色的中式旗袍，将她的皮肤衬托得更加白皙，在招待会上显得十分引人注目。她主动上前和田中打招呼，尽管田中会说中国话，她还是有意用日语和他交谈，以拉近两人精神上的距离。

此后，芳子便向这位英俊的少佐发起了一连串的感情攻势。

第二天，芳子事先没打任何招呼，就到总领事馆武官室拜访田中隆吉。田中考虑到芳子是清朝王室的公主，不敢怠慢，很有礼貌地接待了她。

川岛芳子和田中隆吉略作寒暄，便直截了当地向他说明来访的目的：她急需一笔资金，请求他帮助解决。田中问她资金用在何处，她说有一位日本议员为了亚洲的复兴运动，为向国民政府推销飞机引擎来到上海，现因资金一时周转不开，生活遇到困难，连住旅馆的费用都难以支付。她相信田中在上海的活动能力，希望他能给予帮助。

　　田中隆吉见清王室的公主有求于他，有些受宠若惊，他当即给了她 1000 元，让她帮助那位日本议员渡过难关。事后他才知道，川岛芳子借钱的目的，是为了摆脱那个日本议员，断绝和他的肉体关系。

　　数日后，川岛芳子给田中打来电话，说她正在四川路一家医院住院，希望他能去看她。

　　田中隆吉接过电话，立即放下手头的事务，赶到医院看望川岛芳子。芳子躺在病床上，装出很虚弱的样子与田中闲絮了一会，然后以哀怜的口气对田中说，自己在上海孑然一身，没有容身之处，想请他帮助找一处住房。田中一口答应，很快便为她找了一所环境幽静的住宅。

　　1931 年元旦的夜晚，田中隆吉正独自一人呆在武官室里，川岛芳子又飘然而至，说自己如何孤独寂寞，经过一番挑逗纠缠之后，竟要田中与她共赴巫山。但田中却不为她的挑逗所动，并对她晓之以理，要她尊重自己清王室公主的身份，让她回自己的住处。芳子只好扫兴而归。

　　可是，刚过半月，田中隆吉又在四川路舞厅与芳子"巧遇"，这次舞会是各国驻华武官联合举办的，芳子事先得到消息，料想田中必然参加，便精心装扮一番，去找田中。芳子穿着袒胸露背的西式晚礼服，身上喷了法国香水，云鬓蓬松，淡施脂粉，尽显妙龄女人的妩媚，她频频邀请田中共舞，借机向他言语挑逗，大飞媚眼。这天晚上，田中终于被芳子俘虏，两人在中国饭店的一间雅致的客房里共度良宵。

　　从此以后，芳子便与田中隆吉结下了孽缘。

　　不久，田中隆吉就购置了一所住宅，当作藏娇的"金屋"，让芳子居住。以后，无论在私生活和间谍工作方面，芳子都成了田中不可缺少的人物。

来自日本的密令

　　"九·一八"事变之后，川岛芳子为日本关东军策划建立"满洲国"立下了汗马功劳，她参与了将溥仪从天津诱拐至奉天的行动，继而又大显身手，躲过重重监视，只身潜入溥仪住宅，诱使皇后婉容逃离天津，与溥仪团聚。12月中旬，芳子又奉日本设在沈阳的特务机关头目土肥原贤二之命，赶赴上海，协助田中隆吉，预谋在上海挑起一场战争，以转移国际视线，使关东军将建立"满洲国"的计划，顺利地变为现实。

　　土肥原交给川岛芳子的具体任务，是利用她的特殊身份，迅速进入上海高层社会，摸清美国和英国对日中关系的态度，猎取国民党政治、军事以及其他方面的准确情报，并在短期内点燃发动战争

　　1931年9月18日，正当中国发生大面积的水灾之时，日本关东军按照预谋，将沈阳北郊柳条沟附近南满铁路一段炸毁，并诬为中国军队所为，由此挑起"九·一八"事变。图为日方"发现"的所谓"中国肇事者"的枪支、军帽等

的导火索。

日本关东军通过上海横滨正金银行汇给田中隆吉 2 万日元，以作为挑起战争的活动经费。

芳子回到上海，立即进行活动。在上层社会举办的舞会上，第一个成为芳子俘虏的是孙中山之子、国民党政府行政院院长孙科。

在一次舞会上，芳子以她出众的美貌和动人的舞姿使孙科大为着迷，他与芳子共舞了几曲之后，握着她的纤纤素手，两眼色迷迷地盯着她娇嫩的脸庞，向她提出目的很明确的请求："芳子，你当我的舞伴，只能陪我跳舞，我需要你天天和我在一起，你要愿意的话，就当我的秘书吧。"

对芳子来说，孙科简直是自投罗网。她当即一口答应，可以做他的秘书。

图为战后成了一片废墟的东北军北大营

从此，孙科得以金屋藏娇，而芳子则得以轻而易举地猎取国民党政府的机密情报，两人可谓各取所需。

川岛芳子终日和孙科相伴，每当有电报来，她总是想方设法知道电报的内容，一发现有情报价值，立即记录下来，转给田中隆吉。孙科对身边的丽人本来就没有什么提防，于是国民党政府的种种机密，对她来说，简直就像大街上报童手中的报纸一样容易得到。

她窃取情报的手段很多，比如当她估计孙科要看完一份电报时，她就会娇声娇气地喊："哎哟，好疼呀，我肚子疼死啦！"怜香惜玉的孙科见她花容变色，一副痛苦之状，便信以为真，赶紧丢下电报稿，去为她取药，于是她便趁机记下电报的内容。

正在芳子频频窃取中国方面的重要情报之际，日本发生了刺杀天皇裕仁的事件。这起事件，为田中隆吉和川岛芳子挑起震惊中外的上海"一·二八"事变，提供了一个极好的机会。

12月17日，即芳子奉土肥原贤二之命回到上海的第四天，设在上海的朝鲜独立运动组织的一名会员尹邦昌，乘船离沪，前往日本，他决心要用一枚炸弹结果天皇裕仁的性命。他设法躲过种种盘查，安全抵达东京后，在下等娱乐区浅草的尾张屋旅馆租下一间客房，整天注意报纸上关于天皇的消息，研究东京街道地图，等待下手的时机。

1932年1月8日，天皇去东京郊区代代木视察军事演习。天皇这次出巡的路线，五天前就在报上公布。保安工作做得异常周密，日本警视厅特地从"满洲"空运来关东军的秘密警察，以协助东京各警察部队共同保证天皇的安全。警方事先突击搜查了许多茶馆、妓院和朝鲜人的寄宿场所。但是尹邦昌却安然无事。

天皇出巡那天，尹邦昌身携炸弹，赶到裕仁回宫必经之路樱田门外，在看热闹的人群前排占到一个位子。

早在1923年，日本曾发生过一起谋刺天皇事件，自那以后，裕仁在出巡时，沿途的警察都在马路边背向街道肃立，双眼盯着路边看热闹的人群，以防不测。按照传统的礼节，想见天皇的人，必须跪在路两边。尹邦昌毕恭毕敬地跪在人群中，当天皇的御车队渐渐驶近时，他突然跳起来，从怀中掏出炸弹，向车队奋力掷去。但

图为日军攻占沈阳时，在城墙上射击

是由于他不知天皇乘坐的马车饰有皇室菊徽，投弹时并无明确的目标，结果炸弹在宫内大臣的马车下爆炸，而天皇却安然无恙。

尹邦昌当场被捕，九个月后，被日本警方秘密处死。

刺杀天皇的事件发生的第二天，上海的国民党机关报《民国日报》便做了报道，记者在报道了整个事件的过程后写道："只是炸毁了随车，实在遗憾。"

不料，这句表示惋惜之意的话，竟引起了一场骚乱。

上海的日侨抓住这句话大做文章，说是侮辱了天皇，侮辱了大日本帝国，不仅聚众捣毁了几家报馆，而且举行游行示威，表示抗议。直到上海市市长吴铁城，代表中国政府向日本赔礼道歉，并取消报道，处分了报社负责人，事态才未继续扩大。

但是，田中隆吉和川岛芳子却认为这是煽风点火的大好时机，不愿让骚乱就此平息。

1月10日，关东军高级参谋板垣征四郎大佐，从日本向奉天的土肥原贤二和上海的田中隆吉同时发出一份密电，电文如下：

"满洲事变"按预计发展，但内阁有人因列强反对而持怀疑态度，请利用当前中日间紧张局面进行你策划之事变，使列强目光转向上海。

板垣征四郎从奉天返回日本后，便为他和土肥原贤二等人策划的在中国东北成立"满洲国"和挑起上海事变两个方案积极活动，经过他一番奔走游说，这两个方案终于得到天皇和陆军参谋本部的批准。

田中隆吉接到板垣征四郎的电报，正值上海日侨为《民国日报》那篇惋惜尹邦昌未炸死天皇的报道而"群情激愤"之际，田中隆吉根据从事特务工作多年的经验，发现这正是一个点燃战争导火索的绝好机会，于是他把芳子召回领事馆，两人经过一番策划，决定进一步挑动中国人与日侨的对立情绪以扩大事态，使其成为日本政府发动战争的借口。

芳子按照情夫的指示，在缠住孙科的同时，施展她的间谍才华，开始了一连串的阴谋活动。

2．频频挑起事端

日本僧人遭群殴

1月18日下午4时左右，五个日本僧人冒着寒风，大摇大摆地敲着鼓，呜里哇啦地念着经文，在位于引翔港马玉山路的三友实业社毛巾厂附近转来转去。这些日本僧人的举动，美其名曰："严寒修行"。日本僧人这种怪里怪气的行动，颇令上海居民厌恶。但尽管如此，以往也未发生过什么冲突。

但是这一次却与往常不同，五个日本僧人走到毛巾厂门口时，鬼鬼祟祟地往厂内张望，并且往门内投掷石块，进行挑衅。

"九·一八"事变后，三友毛巾厂的工人满怀爱国热忱，成立

图为"一·二八"事变的爆发地点——上海北四川路

了抗日救国会，组织了工人抗日义勇军，每天上班前，齐唱自编的战歌，并进行操练。正在厂内操练的义勇军队员们，见这几个日本僧人形迹可疑，便派人跟踪，监视他们的行动。

几个跟踪的义勇队员在马玉山路赵家宅附近，上前拦住了他们，进行盘问，几个日本僧人神色慌张，支吾了两句，转身欲逃。

正在这时，数十个身着工装的人突然围上来，其中一人大喊："这些日本人，凭什么在我中国横冲直撞？打死他们！"话音刚落，大伙一拥而上，对五个日本僧人拳打脚踢，混乱中，有人用石块向僧人的头上猛砸。

警察闻讯赶来，试图保护日本僧人，制止殴斗，但为时已晚，日本僧人有两人逃走，另外三人被打得气息奄奄，昏倒在路旁。其中一个名叫水上秀雄的僧人于数日后在医院死去。

这五名日本僧人，为首的是日本山妙法寺的上海传教主任天崎启升，另外四名是"日莲宗"的信徒。天崎启升也被打成重伤。

这起殴打日本僧人事件，便是田中隆吉与川岛芳子精心预谋，由芳子暗中挑起的。

　　事件发生前的一天夜晚，田中隆吉身着中国服装，悄悄来到位于江湾路的一座寺院里，找到天崎启升，以日本驻上海总领事馆辅佐官的身份，要求他为大日本帝国效力，完成一个重要的任务。天崎不知是何重任，忙问："我虽身在佛门，但作为大日本帝国的国民，理应为国尽力，只是不知我能干些什么？"

　　"我只要你在带领僧徒在三友毛巾厂附近做'严寒修行'时，干一点力能所能及之事。"

　　田中隆吉如此这般地交待了一番，天崎启升说："这有何难，我按辅佐官的吩咐做好了。"

　　田中隆吉之所以要天崎启升扮演肇事的角色，自有他的目的，他早就知道有几个日莲宗信徒追随天崎启升。日莲宗是日本佛教的

图为十九路军在闸北与日军巷战

一个教派，下设分支中有的卷入政治斗争，其中专门暗杀军政界与财界要人的恐怖组织"血盟团"，便是"日莲宗"的一个分支（关于血盟团，作者将在后文介绍）。血盟团的人因一次暗杀活动而受到警方的追捕，首领井上日昭要其弟子离开日本，到上海暂避。田中隆吉与芳子密商，利用日莲宗的人挑起事端，又可以使这些危害日本政府的暗杀狂受到惩罚，可谓一箭双雕。

芳子从田中隆吉那里领取了 1 万日元的活动经费，立即开始行动，她换上简朴的男式服装，秘密来到三友实业社毛巾厂，在工人中煽风点火。她装出一副爱国青年的模样，在工人中慷慨陈词，历数日本种种侵华罪行，鼓动他们将反日情绪化为行动。并将一部分钱散发给有威望的工头，作为他们行动的报酬。

三友实业社毛巾厂是上海著名民族企业，所产三角牌毛巾质优价廉，畅销各地，在市场竞争中压倒了邻近的日资东华纱厂生产的铁锚牌毛巾。加上厂里的工人又于"九·一八"事变后成立了抗日救国会，组织了工人抗日义勇军，并在厂门口贴出了一幅题为"定要收复东北三省"的巨幅宣传画，令驻在东华毛巾厂的日本海军陆战队十分恼怒，并曾因宣传画与三友毛巾厂的工人发生过冲突。可以说，在上海的日本商界和军政界对三友毛巾厂敌视已久。

因此，田中隆吉把这家工厂看作"非常共产主义的"、"排日的根据地"，认为在这里发生排日事件，不会有人怀疑是别有用心的人暗中挑动的结果，于是与芳子密谋，在这里作为挑起事端，点燃战争之火的导火索。

日本战败后，田中隆吉在受审时，供认是他委托川岛芳子"巧妙地利用这个公司（即三友毛巾厂）的名义"袭击日本僧人，蓄意嫁祸于三友实业社毛巾厂的工人，以此"搞出点名堂来"。

芳子到三友棉织厂活动一番之后，又设法与上海的流氓集团挂上了钩，以重金收买一些人，要他们伺机对在三友毛巾厂附近做"严寒修行"的日本僧人，采取一次暴力行动。

焚烧工厂，血洗岗亭

中国人打死日本僧侣，只是骚乱的开端，紧接着，受到芳子指使的日本浪人便以此事件为借口，开始肆无忌惮的纵火行凶，事态按照田中隆吉和川岛芳子的策划，迅速扩大。

1月19日晚，几个手执枪械的浪人，气势汹汹地来到三友毛巾厂附近，向当地居民询问工人宿舍在什么地方。居民见这帮人来意不善，不愿告诉他们。这些浪人竟凶相毕露，持刀威逼居民。他们问明了工人宿舍的位置后，便扬长而去。

午夜时分，十多个浪人腰挂日本长刀，闯进厂区，借口杀人凶手被厂方藏匿，叫嚷着要搜查凶手，在工人宿舍区横冲直撞，恣意挑衅。由于工人们一再忍耐，未能酿成冲突。

翌日凌晨2时50分左右，浪人再次来到厂外，他们有的携带装满汽油的酒瓶，有的拿着点火用的纸包，其中数人先用斧头将工厂的竹篱砍开，然后一起冲进厂里。

他们来到工厂西北角的织巾车间前，其中几个人先爬上屋顶，将屋顶的铁皮用刺刀撬开，再将汽油倒入屋内，随后又将点燃的纸包掷下去。不多时，厂房便燃起熊熊大火。

当工人们发现厂房起火，赶来扑救时，浪人们已经逃离厂区。

工人们经过一番紧张的扑救，大火终于熄灭。但厂房几乎全被烧毁，机器也被焚毁24台。

三友毛巾厂的厂房起火之后，华德路东口的第一号岗亭也遭到日本浪人的袭击。

这个岗亭就在三友棉织厂附近。岗亭内有华捕田润生和陈德胜值班。在他们发现三友棉织厂起火时，一队手执刺刀短斧的日本浪人，已在夜幕的掩护下，沿华德路悄悄逼近岗亭。当陈德胜拿起电话，准备向巡捕房报告三友毛巾厂发现火情时，数名浪人突然冲入亭内，挥斧乱砍，陈德胜拿话筒的左手当即被砍断两个手指，电话线也被浪人以刺刀割断。

田润生奋力冲出岗亭，试图喝止浪人的暴行，不料竟被数名浪人包围，以刺刀乱戳，田润生被迫开枪自卫，但浪人来势凶猛，虽有三人被田润生打伤，仍不退缩。

转眼间，田润生子弹打光，众浪人趁势一拥而上，挥刀乱刺，田润生身中十余刀，倒在路旁，当场身亡。

此时，两名巡逻的华捕听见枪声，迅速向岗亭赶来。他们在岗亭附近被一群浪人拦住，还未来得及掏枪，便被刺伤。

这些纵火焚烧工厂、血洗岗亭的浪人，均为日本在上海的秘密组织"青年同志会"的会员。会长光村芳藏，大阪人，时年46岁。数日前，芳子悄悄来到他的寓所，向他说明了制造骚乱的计划，他兴奋异常，表示愿为帝国效力，保证完成男装丽人交给他的任务。

田中隆吉担心自由散漫的浪人缺乏组织，特地委任日本宪兵大尉重藤千春，担任这次暴力行动的指挥。

骚乱闹得越大越好

骚乱并未就此结束。20日下午1时，1000多名日本浪人和侨民在田中隆吉的指使下，在沈家湾日本小学召开了日本上海居留民抗议大会，要求日本政府出兵。会场上，浪人杀气腾腾，侨民情绪激愤，口号声一浪高过一浪。大会最后决定：

"中国继不敬事件（指遗憾天皇未被炸死的报道）之后，又发生伤害日本人事件。现在，抗日的暴行已达到了极点。帝国政府应下最后决心，立即增派陆海军，行使自卫权，消灭抗日运动。"

大会结束后，浪人和侨民们在50余名日本海军陆战队士兵的保护下，举行示威游行，到日本驻上海领事馆和海军陆战队请愿。租界巡捕房怕这些人闹出乱子，派出30余名中西巡捕随行维持秩序。

这支长龙般的游行队伍中，有许多人手执木棍，准备寻衅闹事。当队伍行至四川北路时，这些手操木棍的人突然离开队伍，沿马路两旁前进。他们每看见一家贴有反日标语的中国商店，便上前用木棍将其门窗玻璃全部打碎。一辆电车和数辆公共汽车的玻璃也被捣毁。

随队维持秩序的巡捕上前制止，反而遭到围攻殴打。数名中外巡捕被打伤，其中一名外国巡捕被浪人的木棍击中头部，当即血流满面，昏倒在路旁。

马路上，棍棒乱舞，吼声震天，一片混乱。街旁店铺，多被捣毁，幸免者纷纷关门大吉。上海市民对日本浪人与日侨的暴行怒不可遏，四川北路附近的居民准备冲上街头，与日本人展开械斗，但被各管区警察全力出动，进行阻拦，尚未酿成大规模冲突。

1000余名狂热的日本人一路逞凶，来到日本海军陆战队本部门前时，情绪格外高涨，他们一面高呼口号，一面派代表请求海军陆战队指挥官出面接见大家。

后来，海军陆战队指挥官鲛岛县重大佐，出面向请愿者保证："为在万一的情况下保护侨民的生命财产和行使自卫权，我们将决心采取果断措施。我们现有兵力不足，随时准备增兵。请大家相信我们。"日侨和浪人们这才离去。其中500余人在海军陆战队士兵的保护下，又游行到打靶场，在那里继续召开会议，决定举行更大规模的示威游行。一直闹到下午6时许才散去。

就在骚乱不断扩大之际，田中隆吉和川岛芳子举行了一次别具一格的宴会。他们宴请的客人，是三井物产总公司上海分公司董事长福岛喜三。酒过三巡，田中突然掏出手枪，对着福岛，"请"他给三井总公司的大老板团琢磨发一封电报，由团琢磨会见首相犬养毅和外相芳泽谦吉，强烈要求政府出兵。

福岛迫于压力，只得按照田中的意思，向日本三井总公司发回一封长电。

3. 血盟团的暗杀计划

靠山强大的杀人魔头

在朝鲜人尹邦昌刺杀天皇裕仁未遂事件发生的第二天晚上，日本三大恐怖组织之———血盟团，在其总部举行了一次神秘的仪式。

血盟团的总部设在东京北区某街的一所房子里。这所房子久已无人居住，最近才被血盟团接管。因此当屋内亮起阴森森的灯光时，不免令周围的居民感到恐怖，以至于使他们将这所房子称作"鬼屋"。

总部的门厅内，站着一个身穿白袍的和尚，在他的背后，点燃着几根蜡烛，昏黄的烛光映射出他矮胖的轮廓。每当有人进来时，和尚便喃喃有声，发出低沉的欢迎词。

来总部参加仪式的人都很年轻，而且体格强壮。他们个个神情肃穆，显得郑重其事。进门后，便按照和尚的吩咐，从门旁的木架上取一个白色头罩戴上，然后跟随和尚来到一间名为"冷骨厅"的漆黑的屋子里，打坐入定，等待众人到齐。

当奉命参加仪式的团员聚齐之后，穿着白袍的和尚便举着蜡烛，走进冷骨厅。他首先将佛经中那段神秘的"莲花经"念上一遍，然后表情严肃地向团员们讲述一番大道理，告诉他们为天皇帝国效劳的机会到了。

按照血盟团的团规，团员们直到接受任务时为止，必须同他们的首领住在总部，行必要的清净仪式。等他们清除了一切龌龊的私心杂念之后，他们就可以进行最后的"血清净"，即每个团员杀一个人。和尚告诉团员们，这样干，他们就可以进入天堂。

和尚讲完话后，团员们便用自己的匕首刺破手指，把血滴在一起，并在"血盟书"上签名。然后和尚为他们每人安排一间小屋，并发给一卷铺盖，让他们在空屋中住下，直到完成暗杀任务为止。

这个矮胖和尚，便是血盟团的首领、狂热的军国主义分子、著名浪人井上日昭。

井上日昭原名井上阳，1886年生。他1909年大学未毕业就到中国从事间谍活动，被称为"在中国从事企图把中国置于日本控制之下的非官方活动的日本专家。"

1920年，井上日昭和黑龙会另外两个著名的会员大川周明与北一辉，一起回到日本。由于大川周明和北一辉在侵华理论上发生分歧，井上对他们的忠诚之意也受到打击，他一怒之下，到特务组织中心大洗附近的一座山上，在一个山洞中隐居修行。

当他离开这个山洞，再次回到"尘世"时，他向别人吹嘘，他在斋戒期中，有一天突然精神恍惚，看到了日本战胜美国的景象。出山后，他把自己的名字井上阳改为井上日昭，披上了"日莲宗"僧衣，并且决定追随理论家大川周明博士。

井上日昭举行这次神秘的仪式，目的是命令他的忠实信徒执行一项暗杀计划。凡是参加仪式的会员将每人去刺杀一个财阀、企业家，或是一名政客。在一张长长的暗杀名单上，有曾经当过首相的西园寺公爵、前大藏大臣井上准之助、财阀团冢磨等20人。

井上日昭制定这项计划的目的，是通过血盟团的暗杀行动，威胁日本自由派人士，迫使他们不敢向调查中国东北"九·一八"事变真相的国际联盟调查团揭露事变的内幕，并迫使他们拿出钱来，供政府在上海发动战争和开发"满洲"殖民地之用。

由于有地位很高的人士做后台，血盟团享有不受警察逮捕的奇异的特权。井上日昭是后来当上首相的近卫文麿和东久迩宫亲王的密友。井上受大川周明的领导，而大川接受的命令，是裕仁天皇的首席顾问牧野从宫内派专差直接送出来的。此外，井上日昭背后还有军界的支持，霞浦湖空军发展站的海军飞行军，向血盟团提供了枪支弹药，并在距血盟团总部不远的地方，设下他们自己的"政变威胁司令部"。血盟团能与他们有这种合作，是由于这些飞行人员都是井上日昭的哥哥、海军中佐井上文雄的门徒。井上中佐是老资格飞行教官，他曾教过山阶亲王和后来偷袭珍珠港的山本大佐怎样驾驶飞机。

血盟团的暗杀计划并未立即执行，井上日昭制定这一计划的动机，是对财阀和政客们起到一种威胁作用。但是，当他们与政府拒不合作时，井上日昭便给杀手们每人指定了一个暗杀对象，让他们去完成任务。

前文提到，田中隆吉曾用手枪逼着福岛喜三，向日本三井总公司大老板团家磨发回电报，由团家磨出面要求政府出兵。团家磨虽然并未去见犬养毅首相，但这封电报却被内阁获悉。于是，犬养毅首相便以此为证据，证明发动战争是为了保护三井总公司在上海的利益，从而要求团家磨向政府捐献 2200 万日元，以支付运送军队去上海"保护三井利益"的费用。

但团家磨却表示，三井不需要这种保护，而且也出不起这笔"保护费"。

犬养毅提醒团家磨，当日本放弃金本位制时，首相本人至少使三井赚了 5000 万日元，既然发了大财，就应该知恩图报。

团家磨答应考虑犬养毅的建议，但又说他没有把握说服三井家族和其他财团为发动战争慷慨解囊。

事实证明，团家磨是在婉言推托。因为直到 1 月 30 日，上海"一·二八"事变爆发之后，三井总公司和其他财团均未同意为政府向中国出兵捐款。

这笔经费本身固然重要，但做出提供这笔经费的姿态，有着更为重要的象征意义，因为工商界不愿出钱支持政府发动战争，就是对帝国的国策持有异议。

井上日昭觉得是将暗杀计划付诸实施的时候了。

又诞生了两个"爱国英雄"

1月30日晚上，井上日昭在血盟团总部为那些杀手们举行最后的净身仪式。

所谓"净身"，当然不是像中国宫廷中的太监一样割去生殖器，井上日昭让这些年轻的杀手排着队，一个挨着一个，走进"冷骨厅"，在他喃喃的诵经声中，每人从海军飞行队提供的武器中挑选一支手枪，熟悉它的使用方法。井上对杀手们表示祝福之后，把手枪锁在柜中，留待行动时再分发给他们。仪式结束后，井上给每个杀手指定了一个行刺对象，并且规定了行刺的具体时间和地点。但是，他并不打算让他的信徒把暗杀名单上的所有人都干掉，因此他耍了一些花招，或是没有及时给杀手发枪，或是派杀手去的地方，行刺对象却不在那里。所以真正被杀死的只有两个人，那就是前大藏大臣井上准之助和三井财阀团家麿。

这两起暗杀事件，已足以震动日本朝野，使财阀和政客们恐惧万分。

杀死井上准之助的理由是，他没有协力迫使财团向国家捐款以支持战争。

2月6日晚，井上日昭把一支勃朗宁手枪和46发子弹交给一个名叫小沼正的青年，命他去刺杀井上准之助。

小沼正时年25岁，是茨城一个渔夫的儿子，他在读初中时，成绩名列全班第一，他曾当过面包工人的助手，后来转学木工，并以此为生。他是井上日昭手下最精干的刺客之一。

小沼正花了两天时间练习使用勃朗宁手枪，然后静候井上日昭的行动命令。

2月9日下午，小沼正接到井上日昭的通知：井上准之助预定于当天下午在东京帝国大学附近的某小学做竞选演说，要他立即行动。

小沼正接到通知后，马上乘电车赶往指定地点，在那所小学门口徘徊监视，等候行刺的目标出现。尽管他在马路边来回溜达，吸了无数支香烟，但并未引起众人的注意。因为他让人看起来像一个心情不安的贫寒大学生，在等候一位女友的到来，或是等待一场关键性的考试结果。这种角色在马路边可以经常看到，不足为奇。

下午8时许，井上准之助乘轿车来到了小学门口。他为了支持一名候选人而来此地做竞选演说。那位候选人下车后，向一个政治性的欢迎团体鞠躬致意，66岁的井上准之助也下了车，他向前走了五六步，正向人群颔首致意时，早已等候在附近的小沼正，从旁观的人群中冲出来，朝老人的背上开了三枪。井上当场倒地，很快便死去。后经医生检查，小沼正一颗子弹射进他的左臀，另一颗子弹射进他的右肺，第三颗子弹击碎了他的脊骨。

血盟团的刺客小沼正被警察逮捕后，受到十分客气的接待。几个月后，他红光满面地在法庭上受审，身体显得十分健康。

在小沼正刺杀前大藏大臣的同一天，井上日昭为了逃避警方的搜捕，将血盟团总部迁至浪人之王头山满住的隔壁——黑龙会开办的学生寄宿所"天行馆"。这个寄宿所的负责人是头山满的儿子头山秀和头山满的秘书、曾在中国从事过间谍活动的本间宪一郎。本间宪一郎在1930年以前是井上日昭的同僚。

此后，井上日昭在他的新总部内照常指挥他的信徒，毫无顾忌地搞他的恐怖活动。那些宣过誓的血盟团的杀手们，都寄宿在附近的私人住宅里，与首领保持密切的联系，随时听候首领的调遣。

在小沼杀死前大藏大臣之后20余日，井上日昭又命令另一名杀手刺杀日本企业界的领袖、三井总公司的常务董事长团冢磨。

这时，上海的战争已经进入尾声。3月3日，大藏省宣布：为了偿付上海战事所负的债务，大藏省将发行2200万日元的债券，希望三井和其他财团购买。但团冢麿却答复说："全国的大企业一致认为，由于缺乏现金，他们难以合作。"

他的答复，给打着"爱国主义"旗号的血盟团，找到了一个杀死他的最充分的理由。

当天晚上，井上日昭把一支手枪和16发子弹交给了另一名宣过誓的刺客菱沼五郎，命令他去刺杀团冢麿。

菱沼五郎是血盟团最老练的杀手。他事先摸清了团冢麿的工作日程，利用其出入三井银行时总要走旁门的习惯，然后伺机下手。

3月5日下午，团冢麿的私人轿车开到了三井银行不大引人注目的旁门，在街边等候多时的菱沼五郎立刻冲上前去，想拉开车门，但车门是上了锁的。于是他不待警觉的司机把车开走，便隔着玻璃向车内开了一枪。这一枪命中了团冢麿的要害，使他在20分钟后毙命。

刺客菱沼五郎枪击团冢麿后并不逃走，而是若无其事地等候警察赶来将他逮捕。他要借此一举而成为民众心目中的"英雄"。

大财阀团冢麿被杀，惹怒了血盟团暗杀名单上的头号人物西园寺公望。东京警视厅在这位年迈的老资格的政治家的干预下，开始小心翼翼地逮捕血盟团的一些成员。

3月11日，警察像对待贵客一样，把血盟团的杀人魔头井上日昭，恭恭敬敬地押送到东京的一所最清洁的监狱里。

另一方面，三井和其他财团，在西园寺公望的劝告下，买进了相当800万美元的上海战争债券，并垫支了750万美元，作为日本傀儡国伪"满洲国"的开发借款。

恐怖之源、老牌浪人井上日昭，被东京法庭判处无期徒刑。不过他在狱中的待遇很好。1940年，井上日昭被特赦释放。

4. 男装丽人的最后一招

最后一根"火柴"

由田中隆吉和川岛芳子精心策划并一手挑起的骚乱，大有升级的趋势。

上海的紧张局势，已经接近爆发战争的边缘。

1月20日下午3时，国民党上海市市长吴铁城，派人前往日本驻沪领事馆，就日本浪人及侨民的暴行，向日本总领事村井仓松提出严重抗议，要求日方赔礼道歉、逮捕凶手、赔偿受害者损失，并切实保证此类事件不再发生。

1月21日上午8时，日本总领事村井仓松前往上海市政府，会见市长吴铁城，当面表示遗憾，并保证缉拿凶犯，予以严办。然而村井并非仅为道歉而来，他紧接着就日本僧侣被殴一事，向吴铁城提出了4条要求：

一、向日本道歉；

二、处罚肇事者；

三、负担伤亡者的治疗费、赡养费；

四、立即解散抗日团体，取缔排日活动。

吴铁城对村井表示，他提出的前三条要求，中国方面可以接受，但解散抗日团体、取缔排日活动一条恐难照办，因为他难以控制人民群众的感情。

村井则威胁说："如不能照办，我们决心采取必要手段。"

所谓必要手段，当然是指使用武力。

1月22日下午，日本第一遣外舰队司令官盐泽，就日本僧侣被殴事件，向上海市政府及公安局提出严重警告：

> "本职切望上海市长容纳帝国总领事所提出之抗日会员加暴行于日本僧侣事件之要求，速为满意答复，并履行之。万一与之相反，为拥护帝国之权益计，吾已有采取适当措施之决心。"

1月23日，上海市市长吴铁城发表了措辞较为强硬的声明：

> "政府对日领（事）所提抗议中第一、二、三点，在合理范围内，可予考虑；至于第四项制止抗日运动，解散抗日团体一节，因系人民爱国运动，政府不能予以压迫，此点绝不能允。惟抗日团体如有越轨行动，妨及社会安宁者，当予法律制裁。"

此项声明发表后，日本海军第一遣外舰队泊于上海附近海面的十艘军舰，相继驶入杨树浦江面和汇山码头，对上海市政府进行威胁。

1月24日，日本航空母舰能登占号载飞机一队驶入长江，另有运输舰上海丸号载运军用飞机三架与炸弹抵沪。日本海军陆战队于当日派500名士兵，以保护杨树浦一带日本工厂为借口登岸。

1月26日，天皇裕仁召开最高军事会议，训令驻上海第一遣外舰队司令官盐泽大将："于必要时行使自卫权利。"

当日，日本海军军令部召开会议，做出决定：

> 日本自"满洲事变"以来，始终隐忍，但此次上海事件则不能默过。帝国曾经要求解散反日团体，若中国无诚意，则不得已出于实力之发动。其对策如下：

一、现状警备不足之场合，则命第三舰队出动；

二、居留民之现地保护；

三、确保吴淞——上海之间之联络；

四、为膺惩起见，扣留在吴淞口出入上海之中国船只。

1月27日，日本总领事村井仓松，向上海市市长吴铁城发出最后通牒：

上海市政府对日方提出的四条要求，必须在28日下午6时以前明确做出答复，否则将采取必要之行动。

此时，日本海军陆战队已处于临战状态，而上海的局势就仿佛一包炸药，只需一根火柴，就可使其爆炸。

擦着这根火柴点燃炸药包的人，是受川岛芳子指使的日本浪人。

芳子挑起骚乱之后，一面继续和孙科勾搭，从他那里猎取有用的情报，一面静观事态的发展。当中日双方处于口头书面交涉，骚乱暂告平息之际，她开始有点耐不住寂寞，觉得有必要再点一把火，给日本发动战争提供一个充分的理由。

1月24日晚上，她身着男装，头戴鸭舌帽，鼻梁上架着一副墨镜，来到日本青年同志会会员的驻地。前一天，该会会长和六名会员已向日本总领事馆"自首"，被日方"押解"回国。但仍有数十名会员留在上海，由一名头目组织"义勇队"，准备参加即将爆发的中日战争。芳子向他们下达了任务，要他们向设在法租界的日本领事馆去纵火。

浪人们对她下达这一任务的目的有些迷惑，头目问道："芳子小姐，我不懂你的意思，我们为何要去放火烧本国的领事馆？"

芳子讪然一笑，说："中国有一句成语，叫'嫁祸于人'，不知你可听说？"

"嫁祸于人？我好像听说过，但是……"

"只要你们纵起火来，中国的抗日团体就会又多上一条罪状。到那时，村井总领事就又有戏可唱了。"

众浪人这才领会男装丽人的意图，头目哈哈大笑，说："芳子小姐真是足智多谋，我保证完成这个嫁祸于人的任务。"

当天晚上，几个浪人身着中国服装，携带着纵火工具，混入法租界，来到日本领事馆的后门。但是，正当他们准备动手时，被法国巡捕发现。

芳子嫁祸于人的阴谋未能得逞，并不就此罢休。1月27日，她从孙科那里得知，上海市政府准备接受日方提出的全部要求，已有屈服之意。这一消息使她感到不快，她要让她一手挑起的骚乱逐步升级，直接导致战争爆发，而不希望日方因骚乱平息而另寻发动战争的借口。她觉得有必要再采取一次行动。

这天晚上，她又一次来到日本青年同志会会员的驻地。要他们执行一项任务，并且要确保成功。

1月28日早晨8时左右，一名青年同志会的会员穿着中式便服，怀揣炸弹，大摇大摆地来到法租界。由于是白天，他的出现并未引起租界巡捕的注意。这个年轻的浪人走到日本领事馆楼前马路的对面，从身上掏出炸弹，像扔一块瓦片一样，隔着马路若无其事地将炸弹扔了出去。

这颗小小的炸弹在日本领事馆的墙根下爆炸，一扇窗户上的玻璃被炸碎。这便是男装丽人在上海"一·二八"事变前施展的最后一招。

这小小的一招，收到了很大的效果。

日本领事馆立刻抓住这一小小的爆炸事件大做文章，一面要求上海市政府派人到现场勘验，一面大肆宣传：中国抗日团体仍在继续以暴力手段危害日本人的安全。

　　尽管上海市市长吴铁城于下午 2 时派员向日本领事馆送上了接受四项要求的复牒，但已不起任何作用。

　　下午 4 时，租界工部局迫于日方的压力，宣布租界地区戒严，以防止中国暴徒的袭击。

　　下午 5 时，盐泽海军大将在旗舰上与《纽约时报》记者哈里特·阿本德共饮鸡尾酒时说："现在，吴铁城接受日本的全部要求已经于事无补。"并宣布，"今晚 11 点，我将派我的陆战队进入闸北，维护那里的秩序，保护我们的侨民。"

　　是夜 11 时 30 分左右，上海淞沪路天通庵车站一带，骤然响起激烈的枪声——奉盐泽之命向闸北推进的日本海军陆战队，在此地受到国民党第十九路军的英勇阻击。

　　震惊中外的上海"一·二八"事变自此爆发。

让蔡廷锴将军上当

　　日本关东军趁各国政府的视线被上海事变吸引之际，加紧建立"满洲国"的策划。1932 年 3 月 1 日，"满洲国"宣告成立。这个日本傀儡国后来的版图是奉天、吉林、黑龙江、热河四省，以及内蒙古东部的呼伦贝尔、哲里木、昭乌达、卓索图各盟。

　　著名浪人川岛浪速的养女川岛芳子，在上海事变前后立下了不小的"功勋"。她不仅为发动战争成功地点燃了导火索，而且施展勾引异性的高超伎俩，征服了国民党要员孙科，从他那里提前得知蒋介石下野的消息，以及国民党内部派系倾轧的情况。这些重要情报，对日本打赢这场战争，可说是一种战略上的鼓励。

　　她和驻上海的一个英国武官睡觉，轻而易举地从他那里刺探到，西方国家对于制止日本侵略"满洲"并未做出统一的承诺。她还获悉，只要不影响西方国家在上海的现实利益，各国也不会协调一致地干涉日本在上海的行动。这使得日本可以毫无顾忌地发动战争。

上海事变发生后，她曾利用自己的特殊身份，潜入吴淞炮台，侦得中国军队的部署和具体炮位，然后向田中隆吉的上司——临时上海派遣军参谋长田代皖一少将做了报告。这对日本制定进攻上海的作战计划，起到了很大的作用。

日本在上海发动战争，目的是为了转移国际视线，以使关东军能够顺利完成建立"满洲国"的计划，并不准备将战争长期打下去。日本国内民众和企业界，都不支持政府发动这场战争。于是，芳子又奉日本谍报机关之命，设法摸清国民党第十九路军军长蔡廷锴的抗战意向。

芳子化装成记者，前往拜会蔡廷锴将军，弄清蔡将军抗日的决心非常坚决，没有诱降的可能。她一方面告诉蔡廷锴，日本军队已从上海溯江而上，建议他应该尽快结束战争；另一方面，她又告诉日本方面，说中国军队已开始抢占民宅，这表明他们已丧失战斗意志，建议日军抓紧有利时机停战。她的这些活动，事实上起到了使战局走向停战的作用。

芳子还通过田中隆吉的介绍，结识了国民党政府中央政治会议秘书长唐有壬，从他口中获悉，上海国民党系统的银行已濒于破产，无力支撑这场战争。这一重要情报，使日本得以掌握战争的主动权，以占据优势的姿态结束这场战争。

上海事变之后，唐有壬以泄露情报罪受到追究，在他面临生命危险之际，芳子按照田中隆吉的指示，将唐有壬藏在她的住宅内达两周之久。

在上海战争接近尾声时，日军第十一师团 2 万余名士兵得以突破中国军队的后方防线，对第十九路军形成夹击之势，在很大程度上要归功于川岛芳子。

在中日双方战斗正酣之际，孙科跑到芳子的寓所躲避战火，芳子趁机要挟他，要他给第十九路军所有重要将领写好介绍信，然后以此作为交换条件，偷偷把他送上停泊在上海港的日本欧洲航线的客船，使他得以逃离上海，回到他的家乡广州。

芳子从孙科那里充分猎取了中国政治军事方面的重要情报，将他送走之后，带着他写的介绍信，在 2 月底的一天深夜，身着男装，步行去拜访第十九路军军长蔡廷锴。

由于事先已经过安排，川岛芳子在通过日军的防线时，日本哨兵让她顺利通过，然后朝天放了一阵排枪。川岛芳子在枪声响过之后，模仿广东话高喊救命。第十九路军的哨兵听见一个女人在用他们的家乡话惨叫呼救，便让她进入了他们的防线。

芳子靠着孙科的介绍信，通过层层盘查，最后来到设在防空洞里的第十九路军总指挥部，见到了蔡廷锴将军。

她在防空洞里待了几个小时，向蔡廷锴提供了一些关于日军部署的多少有些可信的情报，并谎称孙科还在她的寓所里，她可以为蔡将军传递口信给孙科。随后，她告诉蔡廷锴，她当天下午看到日本第十一师团在上海码头下船，运送主力部队的运输舰正陆续进入港口。

蔡廷锴原来根据情报，得悉日军的两个师团正在运送途中，曾从第二线抽调兵力，加强他认为日军可能突击性登陆的沿江各港口。他听了川岛芳子的报告后，信以为真，认为日军的计划可能是以重兵从正面发动强攻。突破第十九路军的防线，于是把部署在其他地区的兵力重新调回正面防线，只在后方留下 100 人和 3 挺机枪担任防守。结果使日军得以从第十九路军的后方突破防线，形成前后夹击之势。

2 月 29 日，与日军血战竟月的第十九路军，发现自己在处于人数 1 比 3、大炮火力 1 比 20 的劣势下，遭到了敌人的前后夹攻。在此之后的 48 小时内，第十九路军的防线多处崩溃，蔡廷锴不得不下令放弃上海，向西南撤退。

……

川岛芳子在上海事变中的活动不止以上数端，本章不再叙述。

随着伪"满洲国"的建立和上海战争的爆发，芳子已陶醉于所取得的成功和名声之中，同田中隆吉之间的关系逐渐淡薄下来。田中考虑她以往的功绩，曾对她作过忠告，但她并不听田中的劝说，最后不仅大骂田中，还到与她有深交的海军司令官植松练磨少将那里挑拨，说田中对海军不满，经常埋怨海军无用。

田中隆吉考虑不能再让芳子留在上海，便要求关东军参谋板垣征四郎把她调走。于是板垣便按照田中的建议，让芳子到刚刚建立的伪"满洲国"执政府去当女官。芳子到了长春之后，虽然得到婉容皇后的欢迎，却遭到溥仪的反对，因此她就任还不到一个月的时间，便离开长春，重返上海。

1933 年 2 月，芳子就任伪"满洲国"安国军总司令，改名金璧辉，率领 3000 人马，参加日本关东军进攻热河的战役。虽然没取得什么战果，但日军却利用她大肆宣传，说是清王朝的王女亲率"义勇军"参战，借此鼓舞侵略军的士气。

"七·七"卢沟桥事变后，芳子在天津松岛街开设了一家高级饭馆，名为"东兴楼"，在这里服务的，多为原"安国军"旧部，接待对象主要是日军官兵，因此被一些日本人称为"士兵之家"。

此后数年中，芳子的活动主要在天津和北京，并不断返回日本福冈。她在北京的寓所，位于东单无量大人胡同，日本的居住处是福冈东中洲旅馆清流庄。这段时间里，她担任过驻伪满同乡会会长、华北采金公司董事长、留日学生会总裁等职，并且与日军驻天津司令官多田骏、特务机关长和知鹰二秘密策划，利用汪精卫建立伪政权，并准备将溥仪迎回北平，图谋复辟清王朝。

1948 年 3 月 25 日，芳子被国民党政府以叛国通敌罪判处死刑，在北平宣外第一监狱枪决。她在上海"一·二八"事变前后的活动，成为她的主要罪状之一。

第八章

伪"满洲国"——浪人的乐土

伪"满洲国"在日本关东军的策划下，于 1932 年 3 月 1 日建立之后，中国东北和内蒙古部分地区便成了日本人的天下。

日本政府和军部，除了抓紧健全政治、军事体系，以加强对伪"满洲国"的控制之外，另一个重要侵略措施，就是向东北大批移民。"九·一八"事变之后不到一年，东北地区的日侨便由以前的几万人增加到 15 万人以上，而且仍呈迅速增加的趋势。许多日本浪人也相继来到伪"满洲国"，以图在这块土地上实现他们的种种野心。

一些高层浪

图为伪满执政溥仪、伪满皇后婉容

人，纷纷受雇于日本在伪"满洲国"的政务机关和南满铁道公司，或担任要职，充当"顾问"，或从事间谍活动，领导恐怖组织；下层浪人有的为日本关东军或特务机关充当打手密探，有的贩卖毒品，开设赌场、妓院、烟馆，有的强奸杀人、抢劫掠夺……这些浪人享有治外法权，不受伪"满洲国"的法律约束，因此他们无恶不作，为所欲为。

伪"满洲国"，成了日本浪人的乐土。

1. 榨取受难者的膏血

发财的捷径——买官

伪"满洲国"建立之后，日本在东北成立了一个包括政治、军事、经济、外交诸方面的领导机构，这个机构的全称叫做："帝国在满洲的政务机关"。

政务机关虽然分为日本驻满领事馆、关东厅、关东军司令部三个组成部分，但是，驻满特命全权大使、关东厅长官均由关东军司令官兼任，而日系官吏的任命和政治指导，也由关东军司令部负责。因此，这个政务机关，其实是由日本军阀所把持的。

政务机关于成立初期，

图为日本特务机关长挟持溥仪由天津至长春

迅速委任了一批"顾问"、"咨议"，其中有不少是在中国从事特务活动的大陆浪人。日本军阀之所以任用这些熟知中国情况的浪人，目的是对中国人民加强统治。渐渐地，这些被任用的浪人统统发了大财。

既然一纸委任状可以使不名一文的浪人很快成为富翁，颁发委任状的人当然也不愿错过发财的机会。不久，关东军司令部便规定，凡欲被委任做"顾问"、"咨议"者，必须先交纳一笔费用，说穿了，就是交上一笔买官费。

尽管买官费数额巨大，愿意买官者仍不乏其人。因为只要买到一个官做，就可以无所顾忌地搜刮民脂民膏，转眼腰缠万贯。

浪人吉野，原无正当职业，他出 50000 元买到了一个"警务部"高级顾问的肥缺，两年之后，他便拥有大量的财产，并且在银行里存了 30 万元巨款。

一个名叫卫下内的浪人，连任了三年警务部刑事科的"高等顾问"，每年献给关东军司令部的赃款高达 10 万元，可想而知，他本人从中国百姓身上榨取的钱财数额是何等巨大。

这些买官的日本浪人，榨取钱财的手段很多，他们可以以维护治安为名，组织一些浪人和闲散日侨，参加中国居民的家宴或聚会。如遇谁家订婚、结婚，这些人便会突然光临，或是说他们违反了"聚会不得超过 10 人以上"的规定，

1934年1月，溥仪在日本的操纵下，成为伪"满洲国皇帝"。图为溥仪"登基"后着元帅装的留影

或是说他们在"没有得到允准，擅自召开会议"，然后以这些理由将在场的人全部拘捕。此外，玩纸牌、打麻将要被捕，甚至连唱歌跳舞也会被扣上扰乱治安的罪名而遭逮捕。这些被捕的人必需缴纳数目很大的罚金，才能获释。否则就会被长期关押，或被日军强迫去做苦役。

有一种形同敲诈的搜刮钱财的办法，是所谓"户籍调查"，几乎每过一个月，报上便会登出一个公告，因为这样或那样的原因，居民的门牌号数需要更换，一个新门牌需征收一块钱。这种门牌是一块薄薄的马口铁做的，实际上只值几分钱，而且已经是一用再用。随着门牌的不断更换，那些花钱买官做的浪人便宦囊胀满，富得流油了。

离奇的"专卖权"和"独占权"

关东军司令部不仅靠卖官牟取巨利，而且靠出售名目繁多，甚至是荒唐可笑的"专利"捞钱，使那些来伪"满洲国"淘金的日本人有了更多的发财机会。

哈尔滨的居民家中多有冰窖，以此在冬季贮存冰块供夏季使用。每逢冬季，松花江畔的居民到江面上敲取冰块，然后用雪橇运往哈尔滨及其近郊出售。日本人当然也可以随意到松花江上去敲冰。

但是，到了1933年的冬天，松花江上的冰块便不再是可以随便敲取的了。因为有个叫高桥的日本浪人，向关东军司令部交纳了10000元，获得了松花江上的冰块"专卖权"。

关东军司令部收下了高桥的钱，便派兵驻守在江边，保护他的"专卖权"。从此，中国百姓如果要到江上敲取100公斤冰块，需向高桥交纳5角钱。松花江上的冰块取之不竭，浪人高桥也因而大发其财。

浪人矶田原先开了一个出售玩具和漆器的小商店，但是由于商店无利可图，矶田便想出了一个新奇的主意：他把商店卖掉，然后跑到关东军司令部，声称他愿交纳 10000 元，取得哈尔滨市打扫烟囱的"独占权"。所谓"独占权"，即哈尔滨的烟囱不可由别人打扫，别人一打扫，就触犯了他的利益。

　　关东军司令部居然答应了矶田的要求，在收下他的 10000 元后，派了 10 个宪兵去听他的指挥。于是，"哈尔滨市打扫烟囱专利社"隆重开张营业了。

　　从此以后，隔不多久，哈尔滨每家每户都要上演一幕相同的喜剧：

　　一个宪兵、一个翻译，再加一个华工，组成一个打扫队，来到一户居民家门前敲门或揿门铃。门敲开之后，是一番千篇一律的对话：

　　"请问你们找谁？"居民问。

　　"我们要见这家的主人。"翻译说。

　　"我就是，有什么事，请吩咐。"

　　"我们是来打扫烟囱的。"

　　"打扫烟囱？我家的烟囱很干净，用不着打扫嘛。就是需要打扫的话，我也可以随便请谁来帮忙呀。"

　　"先生，你这就错了。哈尔滨的烟囱，除了我们'打扫烟囱专利社'可以打扫之外，谁也没有资格干这项工作。你还是老老实实让我们进去打扫你家的烟囱吧，否则我们就不客气了。宪兵在这里，你要是不让打扫，他不但要叫你出打扫费，还要叫你缴违警罚款。你看着办吧。"翻译态度强硬地说。

　　"打扫费要多少钱呢？"居民软了。

　　"两块钱。"

　　"好吧，我给你们两块钱，请你们走吧，烟囱要不要打扫，就不用你们管了。"

打扫队走后，被诈走两块钱的户主便"嘭"地一声关上门，骂出一大串在《辞源》里无法找到的脏话。

紧接着，这幕闹剧又在第二家门前上演了。

肆无忌惮的敲诈

哈尔滨最出名的骗子，要数浪人山崎。他曾经加入过基督教，但基督并未能够使他行善，与基督的教义相反，他倒是无恶不作。

山崎看别人靠买取"专利"大发横财，也心生一计。一天，他到关东军司令部去说出了自己的设想：他要开设一个专收债券、借据、期票和各种债务契约的事务所，只要军方肯与他合作，他愿意将净利的四分之一交给他们。他的想法得到军方的赞同。于是山崎便在中央大街和六道街转角处挂牌营业了。

山崎的业务开展的很顺利，他不问债券是真是伪，或者欠与不欠，也不顾到不到年份，一律按照票面价值的百分之二至五的低价收进。

图为1934年日本在山海关附近设立的伪"满洲国"界碑

一些手握债券却无法收回债款的人，觉得与其让债券成为废纸，不如卖给山崎，这样多少还可换回一点钱用。

但是，这些没有用的债券到了山崎手里，却恢复了应有的价值。他在日本宪兵的配合下，渐渐地按照票面的全数收回了许多债项，并且外加从 3 分到 36 分不等的一年的利息。这种骇人听闻的重利是伪"满洲国"的法律所特许的。

仅举一个例子，就可以看出山崎杀人不见血的盘剥手段是如何高明：

哈尔滨著名的放印子钱的鲍勤，以 700 元的代价，将 25000 元票面的期票卖给山崎，这些期票，有的是假的，有的已经付清，有的已经过期多年。其中有一张 200 元的借据，是寡妇沈氏三年前写下的，沈氏早已将本利一齐还清。还款时，鲍勤推说借据遗失，只给沈氏一张收条，证明款已还清。

沈氏万万想不到，时隔三年之后，还有人上门逼债，而这笔莫须有的债务足以叫她倾家荡产。

这一天，山崎带着一名保镖来到沈氏的住处，口气很温和地用中国话问沈氏："请问，你就是沈太太吧？"

"我就是，二位找我有什么事？"沈氏见两个日本人突然登门，不禁心中忐忑。

"你是否还记得，三年前你曾经向一个叫鲍勤的人借过 200 元钱吧？"

"记得，我是向他借过钱，不过我早就把这笔债还清了。"

"沈太太一定是记错了，请你看看这是什么？"

山崎说完，狡狯地一笑，向沈氏出示了她亲笔写的借据。

沈氏看了借据，镇静地说："这张借据是我写的，但我的确还清了那笔钱，我这里有鲍勤的收据。"

随后，沈氏从箱子里翻出了那张鲍勤写给她的收条。她为三年来一直保存着这张收条而暗自庆幸。

谁知山崎接过收条，草草看了一眼，便不屑地掷还给沈氏，说："我现在不看这个，我只按我手中的借据讨还债务，你必须还清本洋 200 元和三年来按每月 5 分计算的利息。"他顿了顿，接着一板一眼地说，"另外还要付给我 845 元的手续费。"

沈氏听了山崎的话，大吃一惊，急忙争辩说："先生，你可不能不讲道理呀，我的确已经还清了鲍勤的债，而且我手里还有他写给我的收据。"

山崎脸色突然一变，蛮横地说："我已经跟你说过，我现在不看这个，你必须在三天内把所欠的钱和手续费凑齐，送到我的事务所去。"

"先生，我……"

沈氏还要辩解，山崎却向保镖一摆手说："不要听她啰嗦，咱们走！"掉头出门而去。

山崎走后，沈氏在家中呆坐良久，茫然不知所措。这种蛮横无理的敲诈，简直如飞来横祸，她这个可怜的寡妇带着一个女儿，仅有一间小屋藏身，即使把全部家当卖掉，也付不出这笔巨款。她在"满铁"当雇员的女儿下班回家后，见母亲满面愁容，便问家中发生了什么事情。沈氏忍不住失声哭泣，说出了日本人山崎上门敲诈的经过。女儿听了，一时不知如何是好。母女俩抱头痛哭一场，一夜无眠。

三天过后，山崎带着一名打手和两个日本宪兵来到沈家，质问沈氏，为何不按时将债款送交他的事务所。沈氏又是辩解，又是哀求，说她的确已经还清了鲍勤的债务，而且家中毫无积蓄，实在无法拿出钱来给山崎，请他高抬贵手，放过她孤女寡母。

山崎却掐着腰吼道："拿不出钱来也行，我把你的房子拍卖抵'债'！"

山崎的公开敲诈，令沈氏的邻居们感到愤怒。但是，山崎有宪兵撑腰，大家只是敢怒而不敢言，谁也不敢站出来为沈氏打抱不平。

后来，围观的居民中有几人出来为沈氏求情，要山崎再宽限几天，容大家帮沈氏想想办法，山崎才答应再给沈氏三天时间，到时如拿不出钱来，他就将她母女赶出家门，将房子和家产拍卖抵

"债"。

山崎走后，沈氏母女俩一筹莫展，别说三天，即使是再过三个月，她们也凑不到这笔钱。但是，时值隆冬，如果房子被山崎拍卖，她娘俩将无处藏身，到那时，恐怕只有死路一条。热心的邻居们一齐为沈氏出主意，有的说，事到如今，只有由亲友们凑一笔钱给山崎；有的说，干脆豁出去，到宪兵司令部告山崎敲诈良民……

但是，沈氏在哈尔滨并无亲戚，邻居们的生活也很困难，凑钱抵"债"，行不通。至于到宪兵司令部去告山崎，就等于到土匪头那里去告他的部下抢劫，不仅得不到公道，说不定更加遭殃。

后来，有人说，沈氏的女儿在"满铁"供职，不妨求"满铁"的日本人出面对山崎施加压力，以日本人压日本人，也许能行。

沈家母女觉得也只有如此。翌日，沈氏的女儿上班后，即向她的上司求助。但她一连找了几个人，他们都说山崎的债券事务所有宪兵司令部做后台，他们不好出面插手此事。后来沈女几经奔走，终于说动了一位在宪兵司令部有朋友的日本官员，这位日本官员通过他的朋友，出面与掌管"专利"部门的日本人交涉，对山崎施加压力，沈氏才免遭敲诈。

不料，半月之后，山崎却指使几个日本流氓，深夜闯进沈家，将其家用大部分捣毁，并将沈女轮奸。

山崎诸如此类的恶行举不胜举，他倚仗宪兵这座靠山，盘剥到手无数的房屋、店铺、土地和各种各样的产业。

无论在长春、哈尔滨，还是在奉天，饭馆、咖啡店、酒吧间的老板们都对日本浪人畏之如虎，他们不分昼夜，随时都会成群结队地闯进华人或俄人所经营的店里，令全班侍役放下所有的工作来伺候他们。这些人大吃大喝一通，酒醉饭饱之后，分文不付，抹抹嘴扬长而去。老板若是胆敢要钱，轻则遭一顿打，重则被砸毁店铺。

吃完就走的浪人，还算是好对付的，有些人临走时见了中意有用的东西，便顺手牵羊，将其带走，大到金银器皿、留声机、无线电、安乐椅，小到一张台布、一瓶酒，都在拿走之列。一些浪人归国时所带的这样那样的"纪念品"，十之有九是靠掠夺而来。

在东北乡村，日本浪人敲诈勒索的手段也是多种多样的。有的浪人携带着数十本日文小学课本，到乡村强迫村民购买，每本索价50元。村民如不愿买，浪人们就说他们有反日情绪。村民深知，这个罪名一旦告到日本宪兵队那里，就会被抓去坐牢或服苦役，甚至被酷刑折磨而死，只得东借西凑，花上50元买下一本毫无用处的东西。

浪人们除了卖日文课本，还到各地强卖"御影"。所谓"御影"，便是伪"满洲国"傀儡皇帝溥仪的画像。御影的价格，要视买主的财产而定，穷户一般需出价三四元，富户则要出价四五十元。百姓们若不愿买，浪人们便说他反对"日中亲善"，这一罪名，足以吓得百姓心里发毛，赶紧掏钱。

出售日文课本和溥仪像的浪人虽系敲诈，总还有个借口，有些浪人连借口也懒得找，干脆跑到村里，找村长纠缠，硬说他遗失了东西，被村人拾去，要村长赔偿，并且振振有词地说："现在，大日本帝国在满洲实行王道政治，国民应路不拾遗，哪能随便乱拾东西？"直到村长按他的要价，凑钱给他，才算了事。

2. 残酷的剥削与血腥的镇压

东北的日本移民，大部分屯居在乡村，这些移民中，有许多人是无法无天的罪犯和铤而走险的骗子，他们对农产品的种植毫无经验，却可以不劳而获，坐享其成。等到庄稼成熟之后，他们便在日本宪兵和士兵的监视下，将中国农民辛苦了一年的劳动果实搬到自己的家中。抢走了田地里的一切并不算完，他们还要强行带走村中年轻的女人，以供他们淫乐。

一些浪人在乡村买下大片土地，于是那里的中国村民便成了他们的佃户，而他们也就成了日本地主。佃户们像奴隶一样劳动一年，所得的报酬仅能勉强糊口，地里的收成和姑娘，都属于那些日本地主了。

如果佃户们不堪忍受日本地主的剥削压榨，在契约未满期之前逃往别处，另谋生路。日本地主便可要求宪兵为他们抓回那些可怜的人们，然后像对待逃兵或是囚犯一样，残酷地鞭挞这些佃户。有的人被打得血肉模糊，气息奄奄，有的人甚至被毒打致死。然而，日本地主却不需因此负法律责任。

有些地方的中国农民不堪忍受浪人的压迫，奋起反抗，将其杀死。但这样的事一旦发生，关东军司令部就会派出日军，用炮火、用轰炸机将那个村庄夷为平地。

黑龙江省土龙山地区某村，土地被一帮日本移民和浪人以低价强行买下，村中百姓全都成了他们的佃农。

这些日本地主对缴不齐地租的中国佃农任意关押，并对他们进行残酷的鞭笞，或者强迫这些人的妻女给他们当奴仆，只要他们看上了谁家的年轻女人，便对其肆意奸淫。

1933 年秋，该村村民张学贵因未能缴齐地租，被浪人抓去，吊打致死，其子张宏先发誓为父报仇，于一天深夜逃离该村，参加了民主抗日联军。

翌年春季，张宏先悄悄潜回村内，暗中发动该村青壮年，起来反抗日本人的压迫。

村中的百姓对日本浪人和移民的残酷压榨，早已不堪忍受，一有人鼓动，大家便群起响应。短短两三天内，便有数十名青壮年愿随张宏先举事。

一天深夜，张宏先命大家分成数组，携带短刀匕首，一齐行动，冲进日本地主的宅邸，那些浪人和移民猝不及防，还来不及反抗，便做了中国百姓的刀下之鬼。

驻佳木斯日军司令获悉浪人及移民被杀，勃然大怒，当即命永野市三郎少佐率日军一个中队，前往土龙山区，剿杀胆敢反抗的中国百姓。

张宏先在采取行动之前，便考虑到日军可能采取报复行动，已与民主抗日联军取得联系，要求提供武器，在村内组织武装力量。并约定，日军一旦进犯，即通知抗日联军迅速派兵增援。因此，张宏先在指挥村民杀死日本人之后，已迅速组织了一支百余人的武装力量。

这一天，张宏先得知日军向土龙山区进剿的消息，立刻派人向抗日联军报信，请求派兵援助。并将村中老幼转移至山中。随后率武装村民埋伏于村外要道两旁，等待日军到来。

日本关东军策划建立"满洲国"后，东北地区除抗日联军之外，已无大部队与之抗衡，因此日军骄横跋扈，气焰十分嚣张，对于民间武装，更是不放在眼里。永野少佐也是许多傲横狂妄的日军军官中的一员，他认为不过是到乡村去剿杀几个反抗分子，如果抓不到人，就把那个村子用大炮轰毁，这么干一点也不过分，因为在他之前已有不少先例。

这天下午，永野少佐率领部下进发至距张宏先家所在的村落不到两华里处，突然遭到武装百姓的袭击。

在骤然而起的枪声和手榴弹爆炸声中，10余名日军死去，另有多个日军受伤。在这突然的打击下，狂妄的永野有些发懵，当一枚手榴弹在他附近爆炸，他仓惶卧倒的片刻，才意识到自己的部队遭了埋伏。他不知对方究竟是正规部队还是民间武装，不敢轻易贸进，神志稍微清醒之后，他急忙指挥部下沿来路后撤，然后抢占路旁的一处土包，并命士兵用两门大炮向对方盲目轰击。

张宏先见日军兵力与武器均占优势，也不向敌人发起进攻，待敌人炮击时，命百姓纷纷躲在山洞里和巨岩下，以避免伤亡。

永野命士兵胡乱炮击一通过后，见对方毫无动静，便指挥部队小心翼翼地向对方发起进攻。

张宏先的阵地草丰林茂，乱石遍布，便于隐蔽。他命百姓们沉着应战，待敌靠近，他一声令下，排枪手榴弹齐发，顿时撂倒10多名冲在前面的日军士兵。参加伏击战的百姓，多为猎户出身，枪法很准，打得日军匍匐在山下草丛中不敢抬头，即无法前进，也不敢后退。

永野见状，急命一小队士兵以重火力掩护，才使攻击部队撤退至安全地带。

双方正对峙中，抗日联军的一个连队赶到，当即从日军侧后方发起进攻。张宏先见援兵已到，适时向日军正面发起进攻。一时间，大路两侧山地里杀声震耳，枪声和手榴弹爆炸声此起彼伏。

永野少佐见自己腹背受敌，且处于不利的地形，不敢久战，留下20余名士兵担任掩护，自己率部仓惶撤退。

永野少佐这次率兵进剿，以伤亡百余人的惨败而告终。驻佳木斯日军司令受到上级的严厉指责，命他务必于10日内剿灭土龙山区的叛民。

数日后，佳木斯日军司令部又派出两个中队日军进剿土龙山，并电令驻土龙山区"满洲国"伪军谢文东部协同作战。

谢文东原为土龙山地区的马贼（土匪），"满洲国"建立后，谢文东和他的部下被日军收编为伪军。

身为中国人的谢文东虽然当了伪军司令，但他目睹日军野蛮屠杀中国人民的暴行，以及浪人、移民对中国百姓的残酷压榨，已有复仇杀敌之心。东北民主抗日联军了解到谢文东的思想状况，即派人暗中做他的工作，要求他加入抗日的行列。

谢文东接到佳木斯日军司令部的电报后，认为这是一个杀敌报国的大好时机，当下与抗日联军取得联系，准备联合歼灭进犯土龙山区的日军。结果，两个中队数百名日军在土龙山区被谢文东部和抗日联军全部歼灭。

日军的两次惨败，使长春的日本关东军司令部大为震惊，不久，关东军司令本庄繁大将命令日本空军派出飞机 10 余架，飞往土龙山区，对张宏先所在村落以及附近两个村庄轮番轰炸，将三个村庄炸成一片焦土，数百名村民在日军飞机的狂轰滥炸下死去。

1935 年 10 月，黑龙江的大东沟附近某村，也发生过类似事件，该村百姓不堪忍受日本地主的压榨，奋起反抗，将七个日本浪人和移民杀死。日本军方立刻派宪兵队的井上少佐和司法处的队长由一小队日军保护，前往该村调查。

井上少佐来到该村后，肆意抓人，对村民运用酷刑，逼他们供出杀死日本人的凶手。但日军折腾了两天，一无所获。最后，井上少佐竟命日军步兵将该村包围，不准村民外出，然后调来炮兵，以大炮向村内猛轰。

该村在日军的炮火中变成一片废墟，村民多被炸死，有冲出村外逃生者，也被日军以机枪射杀。

3. 令人发指的敛财手段——绑票

在伪"满洲国"，绑票的事几乎每天都会发生。许多中国百姓被绑票者勒索得倾家荡产，有的人因拿不出巨额赎金而惨遭杀害。

这种残酷的敲诈行径，常常是日本浪人与宪兵勾结起来干下的。

由于大批的日本移民和浪人拥入东北，由浪人为主体的恐怖组织也应运而生。在沈阳，拥有相当势力的鹤鸣会，即是其中之一。

"鹤鸣"是双关语，在日语中，"鹤鸣"同"革命"一词的发音相同。该会的首领是一个崇尚暴力活动的浪人。在他的指挥下，这个恐怖组织以各种方式迫害中国人，绑票剪径、敲诈勒索，无所不用其极。

浪人们或充当眼线，为宪兵物色绑票目标，或直接采取行动。而不论他们怎么干，都不必顾虑受到法律的制裁，因为他们身后有日本宪兵撑腰，何况伪"满洲国"的法律仅对中国人生效。

被绑架的中国人，有前国民党东三省政界要员，有靠经营厂矿企业或商号起家的富翁，有一般职员，也有俄国侨民。从以下几位被绑架者拿出的赎金，可以看出绑架者的"收入"是多么可观：

一个叫王魏卿的富翁以25万元赎出了他的儿子，然后拿出50万元来赎取他自己的自由。

一个叫张庆和的商人先后被绑架了三次，他第一次出了20万元，第二次出了20万元，第三次出了10万元，三次绑架，使张庆和变成了一贫如洗的人。

穆蔚堂是一个百货商店的老板，他被绑架了两次，每次都被榨出10万赎金。

商人吕泰以10万元赎出了他的儿子，又以5万元赎出了自己。

……

一些被绑架者因不愿拿出赎金，或根本拿不出钱来，而被长期拘禁。但这与那些被酷刑折磨致死的人相比，还算是幸运者。

梁永昌是沈阳一家小商店的老板，一天深夜，鹤鸣会的六个日本浪人闯入梁宅，将他绑架，关在铁西区一处废弃的厂房里，然后派一个中国流氓到梁家传信，要梁妻限期拿出3万元赎金，否则便将梁永昌杀死。

梁永昌做的是小本生意，根本拿不出这笔巨款，为救丈夫，梁妻拿出了所有积蓄，又四处求告，向亲友借钱，东拼西凑，仅筹到万余元。

绑架者的头目中野良朋，见梁家并不像他所想象的那样有钱，同意将赎金降至15000元。但其中一名叫铃木的浪人却提出反对意见，他说，他对梁永昌家的经济状况已了解清楚，他也许拿不出3万元现款，但他只要将商店拍卖出去，就可凑齐这笔赎金，而在沈阳，梁永昌的商店还是很容易找到买主的。他说："我不相信他会把金钱看得比生命更重要。你如果让我来办这件事，我一定会叫他

第八章 伪『满洲国』——浪人的乐土

拿出3万元。把这件事交给我吧，我会让你满意的。"

中野听铃木说有把握诈出3万元来，便说："好吧，就看你的了。你要能叫那个姓梁的拿出这个数，除了你应得的一份外，我再赏你2000元。"

铃木听说诈出钱来就能领取重赏，更加来了劲头。当天夜里，他和两个打手来到关押梁永昌的一间水泥小屋里，逼他写信叫妻子将商店拍卖掉。

商店是梁永昌一家的生存之本，他当然不愿轻易把它卖了。

梁永昌不愿写信，铃木便用烧红的铁块灼他的手脚，后来竟灼他的面孔。梁永昌因剧痛难忍而发出惨叫时，铃木就叫打手掐住他的脖颈，使他不能发声。结果梁永昌被他们活活掐死。而他们却认为他是昏厥过去，仍然用烙铁灼他的皮肤，要把他"烫醒"。

当他们发现梁永昌已经死去，才不再灼他的尸体。他们用刀割断捆绑梁永昌的绳索，将尸体拖到墙角，随便捞过一条破毡子盖上，然后若无其事地在外间坐下来，悠闲地饮酒。

中野良朋听说梁永昌被铃木等人折磨致死，十分恼怒。他当然不是反对铃木对肉票运用酷刑，而是为无法再向梁家进行敲诈感到遗憾。当他向铃木发火时，铃木却满不在乎地说："谁叫他把钱看得比命还重呢？他只要给他老婆写一张字条，事不就完了吗？其实我只是吓唬吓唬他，他就死了。你放心，像他这样的货色奉天城里有的是，只要你说句话，我马上再给你绑一个来。"

梁永昌的尸体在充满焦臭味的屋子里摆了一天。第二天夜里，中野为了消灭他们的罪证，命铃木等人把尸体运到野外抛弃。铃木等人觉得尸体太沉，竟将其砍成四块，运到郊外，扔在一条水沟中。

此后，中野等人一直隐瞒梁永昌已经惨死的真相，并且仍让人叫梁妻凑款赎票。赎金由3万降至2万，结果直到梁永昌死后两个星期，梁妻仍把好不容易凑到的两万元交给绑架者，想赎取她丈夫的自由。

与日本宪兵暗中勾结的浪人们，还有一种比绑架更简便的敲诈方法，那就是威胁被敲诈者，说他们是共产党或"亲苏分子"。如果他们不拿出钱来，浪人们就要到宪兵那里告发他们。伪"满洲国"的百姓，谁都知道监狱中骇人听闻的酷刑，被送进监狱无异于被投入地狱，因此只有按浪人提出的数目付钱，以保身家平安。

许多浪人靠这种简便的敲诈方法，在短短的时间里就变成了富翁。

4. 贩卖妇女的专利公司

朝鲜于 1910 年沦为日本的殖民地后，日本人开始在那里开办起贩卖妇女株式会社。这种株式会社，是全靠以迫使妇女卖淫而牟取利润的。

会社的房屋设施大多由日本富商或银行界投资，而妇女则大多靠日本浪人提供。他们以种种残暴的手段迫使被买来或拐骗来的年轻女子接客。如果她们接不到客，便要遭到鞭挞，并且被罚一夜不睡。妓女们身上穿的衣服，都是龟鸨做的。龟鸨将衣服以 4 至 10 倍的利钱赊卖给妓女，而且卖过还要收回再卖，一件衣服要卖若干次。每一个妓女都欠龟鸨的债，这债就像一条无形的锁链，永远锁住了她们的自由。

在朝鲜创行公娼制度的是日本人，强迫朝鲜妇女充当妓女的也是日本人。

随着伪"满洲国"的建立，日本人又将贩卖妇女的范围进一步扩大，于是便有成百上千的日本和朝鲜女子被运达中国东北，以供给各妓院、茶馆、舞厅与酒楼之用。后来，日本人便在东北各大城市相继成立了贩卖妇女的"专利公司"。

贩卖妇女，在日本人看来，并不是什么下流和丢脸的事，而将原有的经营范围从朝鲜扩大到"满洲",自然也不以为耻。

一些较大的贩卖日本女子的公司都设有事务所,写字间有10余个之多。事务所有所长、秘书及雇员20余人。

贩卖妇女专利公司广招天下客,无论什么人种、什么国籍的人都可以光顾,可以当场"提货",也可以留下订单,预订一个或一百个女子均可。

这类专利公司经营的妇女分为不同的档次,有供达官贵人用的上等妓女,有供普通人泄欲的普通妓女,还有供咖啡馆雇用的艺伎或舞厅所需的伴舞女郎。

专利公司的门口有日本宪兵守卫。顾客光临时,由衣着考究的秘书接待。他把顾客引入一个房间,里面的布置是半西式的,很是华丽。然后,秘书便问顾客,想要多少女子、供何等场合之用。

顾客说完要求后,秘书便带他到另一个较大的房间,给他看大本的相簿,内有许多女子的照片与说明,如是否是处女、身高多少、胖瘦如何,是何文化程度、有何技能、是精于弹唱还是善于跳舞,等等。顾客选定后,双方便开始议价。讲定价格和期限后,顾客便先付二成半的定金。

过了10天或半月,顾客便会接到银行发来的通知,他所定的女子已到,付清余下的七成半定款后即行点交。顾客接到通知后,前往银行付清余款,取得付款凭证,再拿去交给专利公司的事务所。于是便有一名雇员带他到新运来的女子所住的旅馆"提货"。

从此时起,这些女子便成了这位顾客的私有财产。他对她们可以随意处置,为所欲为,而不受任何干涉。

这些女子的卖身合同,期限三至五年不等,期限满了之后,她们可以回国出嫁,为天皇生儿育女。常有一些妇女这样说:"再过几个月,我的合同就满期了,到时我就能回家乡,和我那早就订婚的未婚夫结婚了。"

妓院新买来一批女子,就给她们穿上花花绿绿的和服,让她们坐在敞篷汽车上，在城内的主要街道上游行。汽车上悬有广告牌，说明新到女子的种种优点，当然也标明妓院的地址，以便于嫖客光顾。

这些不幸落入妓院或茶室老板之手的女人，得不到法律的保护，只有任其宰割。所谓茶室，不过是妓院的别名，在那里，这些女人一样要忍受嫖客的蹂躏，而且这些嫖客大多是无钱光顾妓院的下层人物，他们几乎个个都肮脏而又粗暴。

被专利公司卖出的女人，如果在期限未满之前逃走，警察便会像对待逃犯一样对她们进行缉捕。如被抓获，仍然交还给买主。那些残酷的妓院老板，便会对她们施以种种稀奇古怪的刑罚，使她们再也不敢动逃走之念。

专利公司对待从日本贩运来的女人同样残酷，她们稍有反抗便被多人糟蹋侮辱，或横遭鞭挞，有的甚至被处死。

由于有贩卖妇女专利公司不断向"满洲国"输送女人，东北各地的妓院、茶楼、酒吧、夜总会如雨后春笋般涌现出来。到了1936年，吉林、黑龙江两省领取开业执照的妓院就有550余家，共有日本妓女7万余名。

贩卖妇女专利公司的大部分"货源"，都是由日本浪人提供的。他们先是从日本拐骗或购买妇女，后来他们又与汉奸勾结起来，将一些中国妇女投入火坑。

这些浪人大都是把一些乡镇的少女少妇强奸后，再转给专利公司拍卖。有两个浪人在锦州先后强奸了11名中国少女，并且为了不付买这些少女的钱而将她们的父母杀害。1945年中日战争结束后，这两个罪大恶极的日本浪人，被沈阳日俘侨遣送站交给战犯法庭审判。

一些日本宪兵队军官对于利用恶行谋利，从不肯错过机会，他们见贩卖妇女专利公司生意红火，财源茂盛，甚为眼红。不久，他们也暗中与浪人或地方上的流氓地痞勾结，积极投身于开设妓院、烟馆、赌馆等业，短短的时间内，各地由宪兵队幕后支持开设的妓

251

第八章　伪『满洲国』——浪人的乐土

院、俱乐部、茶楼等便也兴旺发达起来。

上述由宪兵队军官参预开设的行业，均不向承包这些方面的专利公司领照，专利公司认为宪兵队严重侵犯了他们的权利，于是便向关东军司令部提出抗议，关东军司令部不想引起宪兵队军官们的不满，又将抗议转交给伪"满洲国"执政府。而伪"满洲国"执政府又不敢与权势极大的宪兵队作对，迟迟拿不出一个妥善解决的措施。结果专利公司与宪兵队军官们的矛盾日趋恶化，后来竟发展到火并的地步。

哈尔滨的日本专利公司，见关东军司令部与伪"满洲国"执政府，都不过问宪兵队军官参预开设妓院、烟馆一事，便与当地日本驻军密商，由日军军官出面，利用伪"满洲国"的伪军，去冲击那些不向专利公司领照的场所，把这些"非专利"场所的值钱之物统统抢走。业主胆敢抵抗，便开枪将其击毙。

第一个攻击目标，是哈尔滨南市区一间刚开设不久的俱乐部。这家俱乐部由宪兵队军官把持，让几名浪人经营，内有 40 余名日本妓女，并设有赌场、烟窟及毒品发售所。日军军官命令一个排的伪军向这家俱乐部发动袭击。

这天夜里，20 多名伪军乘坐电车，向南市区开去，他们以为这么多全副武装的人去袭击一家毫无抵抗能力的妓院，简直不费吹灰之力。一路上，他们诙谐嬉笑，仿佛去赴一场盛宴。

不料，当他们大模大样地沿着大街向这家俱乐部靠近时，却遭到意外的抵抗。

不知宪兵队军官是为了预防骚扰，还是事先得到了消息，已派 10 多名宪兵守卫在俱乐部周围。

伪军们在毫无准备的情况下，突然遭到机枪扫射，当即有两个士兵横尸街头，另有数名受伤。伪军少尉见对方有所准备，且火力猛烈，只得率众逃回。

日军军官见袭击失败，甚为恼怒，发誓要报此仇。两天后，他派出百余名伪军，分头对宪兵开设的两家妓院和一家烟馆发动袭击。

由于宪兵疏于防范，伪军的这次袭击没有遇到什么抵抗。他们杀死了三个企图打电话向宪兵军官请求保护的朝鲜老板，将所有的嫖客、烟客痛打一顿，并且掠走了所有的值钱物品。

第二天夜里，日军军官又命伪军袭击了高十街的一个烟窟，打死了两个朝鲜籍老板和几个持枪抵抗的烟客。

伪军的行动使宪兵队军官们大为震怒，他们摸清是专利公司在幕后指使，立即进行报复。

三天后，专利公司开设的几家妓院、赌场、烟馆遭到宪兵队的搜查，50多个顾客被捕。这些人的罪名是"共产党分子"。老板也被拘押审查。宪兵队的行动，使专利公司受到很大的打击，因为这样一来，市民们谁也不敢再光顾他们开设的妓院、赌场和烟窟。

专利公司的头目见事态严重，惊慌起来，不敢再与宪兵队军官继续争斗下去，于是他们便商量出一个折中的办法，以解决与宪兵军官之间的冲突。

数日后，专利公司的人很友好地邀请宪兵队军官们开了一个讲和会，专利公司的头目在会上发言，对宪兵队军官开设的妓院等场所遭到袭击表示遗憾，并说，他将尽自己的力量避免类似事件继续发生。然后，他提出双方以后要采取克制、合作的态度，互不损害对方的利益。

最后，专利公司和宪兵队军官达成协议，由宪兵队军官开设的妓院、烟馆各五家，赌场和毒品发售所各一间，不必向专利公司缴纳任何费用。双方的冲突才算得到和平解决。

5. 无恶不作的"顾问"和"指导官"

日本在"满洲"的政务机关，既然把"顾问"、"咨议"、"指导官"等头衔标价出售，那么对于肯出高价买官的人以往曾经干过什么，当然也就从不过问。于是一些无恶不作的日本浪人只要花上一笔钱，便可以摇身一变，成为高居于各行政长官厅之上的人物。

日本浪人中村便是这些人物中的一个典型。

中村的全名为：康士坦丁伊万诺维奇中村，从这个奇怪的名字可以看出他曾加入俄国东正教。但是宗教并未能改变他作恶的本性。

中村作为一个无业游民，在朝鲜混过几年，然后来到哈尔滨的新安埠开了一个理发店。挥霍惯了的中村，当然不指望靠一把剃刀挣钱糊口，理发店不过是一个幌子，他真正的行当是贩卖吗啡、海洛因和鸦片。此外，他还在距理发店不远的地方开了一个妓院。

"九·一八"事变之前，中国当局虽然为求苟安，对日本人出售毒品、贩卖妇女视若无睹，但是在日本人犯罪过于猖獗之时，往往也采取一些措施。中村由于上述罪行，他的名字已三次出现在哈尔滨警察局的档案中。

1923年，中村买一个俄国女人为妻。这个女人是个寡妇，有一个11岁的女儿。数月后，中村竟强奸了女孩。

俄国女人向哈尔滨警察局起诉中村的兽行，结果中村被警察逮捕，并引渡给日本领事馆处置。但是日本法庭却判中村无罪。依照日本法律，他"买"那个俄国女人时，同时连她的女儿也"买进"了，因此这女孩便是他的私产，他有随意"处置"的权利。

中村被无罪释放后，又来到中国继续干他的营生。不过他除贩卖毒品开设妓院外，又多了一个谋财的项目，那就是用麻醉品劫盗来他的店里理发的顾客。

1926年，一个衣着考究的俄国人到中村的理发店理发，中村估计此人颇有钱财，便在理发时将他麻醉，然后将他身上的500元钱全部掏下。俄国人醒来后，身上的钱已不翼而飞，料定是中村所为，即到警察局投诉。

像前次一样，中村的案子仍由日本领事来办理。处理的结果，仍然是中村无罪。理由是，那个俄国人并未被中村麻醉，而是他自己喝醉了酒，至于那 500 元钱，当然是他自己不小心弄丢了。

这一次，中村又得以逍遥法外。

1928 年，中村又因在他开设的妓院里蓄养 12 岁的雏妓受到指控。但结果和前两次一样，他又被无罪释放。

东北变成伪"满洲国"之后，中村用贩毒开妓院劫盗来的钱买了一个"俄侨事务局总顾问"的头衔，并且当上了俄侨学校督察员、符拉基米尔大学的名誉副校长。这个大学其实是日本人以向俄侨出售文凭而骗取钱财的没有教员的空头大学。

浪人中村，从而又有了更多的招财进宝之路。

浪人竹恒喜次郎，在中国活动多年，对汉语颇为精通，伪"满洲国"建立后，他在长春花钱买了一个"咨议"的头衔，为日本宪兵队服务。

竹恒仗着宪兵队的势力，在长春豢养了几个浪人，充当他的打手，为所欲为，无恶不作。

竹恒经常指使他的手下用绑架手段敲诈钱财，然后将这些钱挥霍在妓院、酒馆和赌场里。后来，他觉得嫖妓已不够刺激，便诱奸或强奸良家妇女，只要被他看中的女人，他很少放过。被奸淫过的有俄国女人，有朝鲜女人，然而最多的还是中国妇女。

一天下午，竹恒喜次郎正在和几个浪人饮酒作乐，忽从窗口看见一位 30 多岁的中国妇女带着一个十六七岁的姑娘从街上走过。那位妇女体态丰盈，风度典雅，小姑娘娇小玲珑，面庞秀丽，竹恒顿时动了邪念。他对几个浪人向窗外努了努嘴，说："看样子，这是娘儿俩，货色不错。各位想不想开开心？"

几个浪人应了一声，一拥出门，窜上大街，追上那母女俩，将她们猛然架起，拖向屋内。母女俩遭到突然袭击，刚发出恐惧的惊叫，脖子便被浪人用胳膊勒住。

浪人们将母女俩拖回房间后，竹恒叫两个浪人先将失魂落魄的母亲轮奸，然后逼着母亲看着竹恒和另外三个浪人轮奸她的女儿。

不幸的母女俩被竹恒等人蹂躏至天黑以后，才被放出。她们当即到附近的一个日本宪兵值勤所报告其可怕遭遇。

但她们哪里知道，竹恒喜次郎将她们放出后，即派一名浪人尾随其后，看她们是否向宪兵队报告。当那个浪人看到母女俩走进宪兵队值勤所时，立刻返回竹恒的寓所，告诉了他的主人。

这个值勤所内有一个下级军官、两个宪兵和一个翻译值勤。那个下级军官听完了母亲的哭诉后，用讥诮的口吻问："你说你们被人强奸，可有什么证据？"

"我可以指出那间屋子的所在，而且医生也可以检查出来。"母亲说。

正在这时，桌上的电话铃响了，下级军官拿起话筒，听到对方是竹恒时，立刻嬉笑着问他下午过得是否开心——原来他们很早就是朋友。

竹恒明白宪兵队军官问话的含义，回答说："那两个娘们跟我们玩得很够劲，不过，我们可是付了钱的。我这话的意思你懂了吧？"

那母女俩收了竹恒的钱，就等于是卖淫，而对于妓女，竹恒他们怎样做都不算过分。竹恒的意思，宪兵军官当然明白。末了，竹恒下流地说："那一老一小，味道很好，送上门的货，你们可不能不尝一尝哦。"

宪兵军官嘿嘿地笑了两声，放下话筒，然后对那位泪水未干的母亲说："我们这里就有医生，现在就让他来给你们检查，请两位到屋里去。"

母女俩跟着宪兵队军官走进与值班室相连的房间内。结果，两名宪兵轮奸了母亲，宪兵军官和翻译（也是日本人）则轮奸了已经不省人事的女孩。等他们发泄完兽欲之后，宪兵军官宣布了母女俩的罪名，说她们是"无照卖淫"，将她们在宪兵值班室里关了一夜，第二天将她们送进了伪"满洲国"监狱。

母女俩失踪一个多月后，那不幸的父亲才得悉妻女的下落。他被迫拿出 500 元，从监狱里将她们赎回。母女俩被放出之后，日本宪兵警告他说，若有一个字提到日军，就要把他枪毙。

至于竹恒喜次郎，仍然当着他的"咨议"，仍然唆使他的打手们毫无顾忌地干着绑架敲诈、奸淫妇女的罪恶勾当。

一些下层浪人花不起买"顾问"、"咨议"之类头衔的巨款，但他们出上三千两千，买一个"指导官"的缺，也照样可以为所欲为。

在当时，东北各县都有日本人充当指导官。所谓指导官，其实是日本军方的爪牙或密探。他们肩负着监视伪"满洲国"中国地方官吏的使命，因此他们虽然不过问地方上的具体政务，却掌握着一县文武官吏的生杀大权。这些官吏如果不向指导官进贡行贿，便寸步难行。如果谁得罪了指导官，便会有性命之虞。因为指导官向宪兵司令部报告一声，说他是共产党或反日分子，轻则锒铛入狱，被关上三年两载，重则被处以死刑。

这样的指导官，当然比什么地头蛇、贪官污吏都要可怕十分。

指导官除了在县城作威作福，也时常到乡村去巡视。他们所到之处，该地的男女老少必须全体出迎，对他们敬若天神。吃饭要好酒好菜伺候，住的要宽敞舒适。稍有不周，指导官便大发雷霆，对村长大加训斥。

指导官大驾光临，仅酒席伺候还不够，临走时，村长还得从村民家中凑些土产，作为"贡品"。若是指导官看上谁家的妻女，这家人就要遭殃。

岫岩县指导官尾崎，一日到该县八区达道峪村巡视，村长朱子杨见指导官光临，不敢怠慢，赶紧设宴款待。

朱子杨的女儿小嫚，年方 17 岁，生得眉清目秀，身段苗条。尾崎见小嫚貌美，便借着酒兴，对朱子杨说："朱村长，你闺女今天遇到我，算她命好，我看她聪明俊秀，就让她做我的二房太太吧。"

朱子杨闻言大惊，当即推辞说："指导官先生，小女已经与人订婚，不久就要出嫁。恕在下不能从命。"

不料尾崎竟拍案吼道："订婚算什么，你告诉我男方是谁，我叫他马上解除婚约。"

朱子杨婉言辩解，想让尾崎打消邪念。

但是尾崎一向为所欲为，在中国人面前说一不二，见朱子杨竟敢拒绝他的要求，勃然大怒，掏出手枪，将朱子杨击毙于酒桌旁。

当天晚上，尾崎便以手枪威逼小嫚与他共宿。小嫚强忍悲痛，含泪任尾崎蹂躏。待到更深夜静，尾崎睡熟，她悄悄起床，拿起尾崎的手枪，将他击毙。随后，她来到陈放父亲尸体的房中，对父尸悲呼数声，开枪自尽。

日本宪兵见尾崎下乡巡视，连日不归，即派人到达道峪村询查。当他们得知尾崎已被村长之女杀死后，竟不问青红皂白，硬说是达道峪村的百姓有义勇军暗中指使，反日作乱，派来日军将村庄包围，先是炮轰，然后又纵火焚烧未被炮弹炸毁的房屋。结果村民大部分死于炮火，活着的人向村外逃走时，均被日军以机枪扫射，全部打死。据事后统计，达道峪村惨遭日军杀戮的男女老幼，共有460余人。

6. 不用刀枪的凶手——密探

"人在家中坐，祸从天上来"

伪"满洲国"既然是日本浪人的乐土，他们当然可以无所不为。他们除了可以当"顾问"、"指导官"，可以贩毒、走私、绑票、开设妓院、赌场外，还可以干一种很吃香的行当，那就是给日本宪兵队当密探。这里所说的密探，与间谍有所不同，间谍的任务主要是刺探敌方情报，而密探的任务则是专门监视中国百姓的活动，从中发现"歹人"，然后向日本宪兵司令部或特务机关报告。

所谓"歹人"，便是指那些有反日言行的人。密探们每发现一个"歹人"，便可以从上司那里领取一笔赏金。

在东北，充当密探的浪人要比干其他任何一行的浪人都要多。他们大多在中国活动过几年，是所谓的"中国通"，因此也就成了充当密探的最佳人选。

日本为了对伪"满洲国"加强控制，在东北及内蒙古部分地区布置了无数的密探。密探为了向上司领取赏金，经常捕风捉影，任意乱报假情况，而中国百姓一旦得罪了他们，他们便"私仇公报"，捏造罪名，暗中告密。因此，死于密探之手的中国人不计其数，因说句话、写几行字而遭杀身之祸的例子不胜枚举。

吉林省四平市一个叫陈老三的老人，一天带着 12 岁的孙子上街办年货，孙子遇见他的一位同学，两个孩子便亲热地闲谈起来，对话完全是日语，连表情动作也像日本孩子。陈老三在一旁越看越生气，训斥两个孩子说："你们这些东西，到底是中国人还是日本人？"不料，他那天真无邪的孙子却说："中国人的不好，日本人的好。老师说，中国人是和猪一样蠢的东西。"老人愤怒地把孙子拉到路旁，边打边骂，叫他以后见了人不要再说鬼子话。

这时，恰好有一个浪人密探走过来，见陈老三在打骂孩子，便上前制止道："大爷的火气咋这么大，孩子有啥错，对他好好说嘛。"

陈老三见他不仅说一口流利的东北话，连衣着举动也完全像个中国人，便不加提防说："不是我火气大，这些孩子都被日本人给教坏了。"

"怎么个坏法呢？"

陈老三把孩子刚才的表现和说过的话对浪人学说了一番，叹息道："唉，照这么下去，孩子们别说自己的国家，连祖宗都不认了。日本人这一招，毒哇！"

　　浪人附和了两句，便转身离去，向在附近巡逻的宪兵报告了陈老三的言行。

　　几分钟后，陈老三便被两个日本宪兵带走，作为反日思想犯押送到小丰满集中营。后来，陈老三被日本人几次严刑拷打，又被强迫服苦役，结果因身体受到摧残加上过度劳累，惨死在雪堆里。

　　辽宁省凤城九寨峪中学的一位青年教师，在办公室内贴了两张标语，一张的内容是："青年人生当如流水，遇到障碍越过去"，另一张写的是："青年如夜入深林，须左手提灯，右手提剑"。

　　一日，一个浪人密探推销日文课本来到九寨峪中学，看了标语后，夸赞说："这两副标语写得好，体现了青年人的志向和气魄，书法也很不错，但不知是何人所写，我很想和他交个朋友。"

　　校长不知他心怀恶意，便告诉他是国语教师韩佐周所书，并介绍韩老师与他见面叙谈。他又当面将韩佐周奉承了一番。

　　不料，这个浪人回凤城后，立即向日本宪兵队告了密，第二天，韩佐周便被日本宪兵逮捕。

　　在监狱中，日本人硬说韩佐周是反日分子，并要他供出同党。多次对他使用酷刑，逼其招供。但韩佐周宁死不承认自己是什么分子、有什么"同党"。后来日本人对他运用了一种叫作"灌凉水"的酷刑。

　　这是日本人用来逼问口供的许多酷刑中的一种。他们把犯人捆在一个特制的木凳上，凳子的一端，有一个槽，刚好可以放下人头。犯人被脱光衣服，绑在凳子上，头部也用皮带勒住，使其无法转动。然后，打手便将犯人头部上方的水龙头打开，没有水龙头的，则用一把大铁壶往下灌凉水。另一名打手用一种特制的内有铅心的橡皮棒，在犯人肋骨上拼命抽打，使其因剧痛而张嘴喊叫。两三分钟之后，犯人便被凉水灌得背了气。当犯人昏死过去之后，打手们便用一根粗木棍，在他的腹部碾压，使凉水从口鼻中喷出来，人也因此渐渐苏醒。

韩佐周被灌了三次凉水，仍无任何供词。打手们便把他拉到井台旁，脱光他的衣服，将他捺在石头地上灌凉水。当时正是隆冬季节，滴水成冰，结果韩老师被活活冻在地上。接着，打手们又用铁铣往上起，他的背上又生生脱下一层皮来。

韩佐周经过这次酷刑，不久便死在狱中。

黑龙江省某县有位名叫王祖耀的大夫，曾被抗日义勇军请去治过病。义勇军将领因此送给他一张名片。后来，一个前来找他看病的浪人密探无意中发现了这张名片，随即报告日本宪兵队司令部。王祖耀于是被日本宪兵以"勾结叛匪"罪逮捕。

日本宪兵将王大夫抓去后，把他的衣服脱光，塞在一个钉满铁钉的木箱里，放在街头强迫每个过路人推起来滚动三下。木箱每翻动一下，王大夫便在箱中发出惨叫，从木箱缝隙处渗出的鲜血，染红了街面，但日本宪兵则在一旁拍手狂笑。

不到半天，王大夫便体无完肤，死在木箱中。

自此，东北百姓，谁也不敢再用名片。

……

东北密探如麻，死于密探之手的中国百姓不知凡几。所谓"人在家中坐，祸从天上来"，谁也难保不遇上杀身之祸。

酷刑目击者的记述

一些充当密探的浪人，为了领取更多的赏金，以供挥霍之用，常常与日本宪兵队或特务机关勾结起来，将无辜百姓抓去，强迫他们承认是共产党、是"叛匪"、是反满抗日分子。并迫使他们在调查书上签字，如不愿签字，便遭酷刑。一个因密探陷害而被日本特务机关作为嫌疑犯拘押的人，于侥幸获释后记述了他目睹日本特务用酷刑逼供的情形：

……两个囚徒被他们反剪着手从走廊里拖过来，推进拷问室。在幽幽的灯光下，我看出他们原该是很结实的青年，但是现在都被折磨得瘦弱不堪了。他们的脸上全是伤痕，还在流着血。两人都穿着薄薄的被撕破了的夹衣，颤巍巍地站在那里。

"到底签不签字？我原就说，不要反抗，签字，就什么事也没有了。你们不听，嘿嘿，不听自然也只得由你们不听好喽！"特务段长这时露出一脸的阴险，仿佛和刚才换了一个人似的，又是讥嘲又是威吓地说，"说啊，签或不签，限你们在一分钟内答复我。"

两个青年一声不吭。

一分钟很快便过去了。

"怎么样？签不签，今天？"特务段长喝问道。

"不签！"两个青年同声坚决地回答。他们的勇敢，使得我神经几乎错乱了。

特务段长命令两个打手把两个青年捆起来，又命令另两个打手用枪对准我和一个年长的中国人，而后说："既然你们不愿签字，就照昨天那样来吧。"

两个人立刻被打手扳倒在一张长而阔的木凳上，手脚也被牢牢捆在凳足上。特务段长似乎为了表示殷勤，跑过来用两块备就的黑布蒙住了他们的眼睛，然后，他说声"打"，打手们就用木棒在他们身上乱抽起来。

两个青年发出惨绝的哀叫，他们的每一个凄厉的模糊的字音都撕裂着我的心肝、我的灵魂。我发觉我那年长的同伴已经泪流满面，涕泗滂沱了。

"说，你们到底签还是不签？"特务段长在一旁吼道。

两个青年没有回答。特务段长命令打手暂停用刑，走到长凳前说："签了字，我可以马上放你们出去。"

两青年虽然呻吟着，却钢铁一般地摇头表示拒绝。

"好吧，重来一个。"特务段长脸上漾出残酷的微笑，同时又用他那胜过狐狸的狡猾的眼睛向我们做了一个鬼脸。

于是，另一种酷刑又开始了。

打手们一面用一个长嘴的大茶壶往他们的口鼻中灌辣椒水，同时用一根带刺的钢条在他们的双肋间来回摩擦。他们一面惨叫，一面困难地喊道："弄死我吧，弄死我吧……"随后，两人都昏死过去。

特务段长又命打手用冷水把他们浇醒，继续逼问他们："现在签还是不签？"

两青年仍然坚决地摇了摇头。

野兽一般的特务段长暴怒起来，他怪叫道："不签，我一定要做到让你们愿意签字的地步，来呀，用针！"

打手们按照他的命令，又对两青年运用一种新的酷刑，他们把裁缝用的大针深深刺入两人的指甲下面。两青年发出非人的叫喊。我的同伴失声哭叫起来。我在一片惨叫声中毛骨悚然，禁不住跟着叫喊。两个监视我们的打手马上用枪抵住我们的胸膛，威胁道："不要作声，否则叫你们像他们一样！"

这时，特务段长又走到长凳旁，像什么也不曾做过一样，阴笑着说："怎么样，这下该签了吧？"两青年虽然已被酷刑折磨得死去活来，但他们仍然铁硬地拒绝在野兽们预先拟好了的"调查书"上签字。

"我——宁——愿——死——"

"我——宁——愿——死——"

他们以同样的言辞答复了特务段长的要求。

后来当打手们用火红的烙铁烙他们的足踵时，我丧失了知觉。

当我醒来时，我发现自己和那个年长的同伴在牢房的水泥地上躺着。

第二天晚上，我正在朦胧地做着可怕的梦时，又被看守踢醒，和同伴一道被两个打手拖到拷问室里。

审问的人已经换了一个，嘴上和特务段长一样留着仁丹胡，相貌则显得更加凶恶。后来我们知道他是副段长，是从"友邦"宪兵队里挑出来的残忍的家伙。

他仍叫我们做了恐怖场面的观客。

这一回，受刑的是个中年人，粗壮的身材，看上去也是个性格倔强的人。一个密探告发他曾经参加过义勇军。但他不承认，更不愿签字。

"当真不签？你不要后悔呀！"特务副段长阴险地笑着说。

他摇了摇头。

特务副段长做了一个小小的手势，打手们便开始对他用刑。

刑具是一个金属的箍，他们将它戴在他的头上，然后拧紧，再拧紧。他放声叫喊起来。我想，他的头骨快要被那箍子勒裂了。

用刑停止的时候，他再次坚强地表示了他不愿签字的决心。

于是那凶恶的野兽遂命打手把他的脚倒悬起来，头部吊在下面，用那只不知用过多少回的大茶壶，往他的鼻孔和嘴里灌辣椒水。然后以墙壁作为可怕的刑具，把他的头向墙上一次又一次地猛撞……

当血水溅满墙壁，并溅上我们的衣襟时，我们又失去了知觉。

我们的时代又回到了上古，我们的文化又倒退到四千年之前，我们的敌人是一群最凶恶的野兽。我们就像闯进了一个非人的世界。

我们就这样被囚禁了一个星期，做了十一次观客，终于因毫无证据而幸免一死。当释放出来的时候，我们几乎是残废的人了，我们还并未受到拷打啊！

……

这位幸免于难的人看到的，是宁死不愿承认密探强加给他们的罪名的人。而那些受刑不过，承认了莫须有的罪名的人，也并非就能求得干脆一死。如果他承认他是"反满抗日分子"，日本人必定要追究谁是他的合谋；如果他承认他是共产党人，日本人又必定要追究谁是他的同党，平时有哪些活动。如果他说不出，还是要受酷刑，如果他在昏迷中说出几个朋友的名字，这几位朋友的祸事就要临头。照这样追究下去，便罗织成无限广大的冤狱。

一个充当密探的日本浪人，比一个当了"顾问"或"指导官"的日本浪人为害的范围固然要小一些，但是，由于他们人数众多，他们所犯下的罪恶的总和，与后者比，可谓有过之而无不及。

265

第八章 伪『满洲国』——浪人的乐土

第九章

毒化政策的实施人

1. 毒化中国 50 年

恶毒的鸦片专卖制度

以毒品戕害中国人民的身心健康，瓦解中国人民的抗日斗志，使中华民族的精神彻底崩溃，是日本政府早就制定的侵华政策之一。

自 1895 年甲午战争结束，至 1945 年日本宣布投降，这一毒化政策祸害中国长达 50 年之久。

据 1945 年日本投降后披露的一份日本政府的秘密档案表明，日本侵略者在中国实施毒化政策的目的和内容有四个方面：

一是以此推行"以毒养战"政策，用制作贩卖毒品的收入补充战争经费；

二是用毒品交换中国占领区的军用物资和第三国的援蒋物资；

三是扩大和中国黑社会的关系，以便刺探情报及进行其他特务活动；

四是既可获得无法比拟的巨大经济利益，又能捕捉到他们（指吸食毒者）的特殊性格，控制他们的生死。

甲午战争结束后，清政府把台湾割让给日本。但日本占领台湾后，面临两大难题，一是台湾人民不断掀起反殖民统治的武装斗争；二是日本台湾总督府面临日益严重的经济危机。如何解决这两大难题？时任日本内务省卫生局长的后藤新平提出了一个高招，并得到了日本政府的准许，即"以毒攻毒"，在台湾实行"鸦片专卖制度"。

所谓鸦片专卖制度，即是效仿欧洲列强在东南亚一些国家的做法，打着"禁烟"的旗号，以禁烟税的名义把鸦片等毒品的价格提高3倍，公开贩卖，又美其名曰"毒品渐禁政策"。这一制度规定，鸦片原料的输入和烟膏的制作、销售，乃至消费，统归台湾总督府垄断经营，吸食鸦片者只要由总督府指定的医师开出诊断书，证明其确有烟瘾，便可以"药用"的名义购买吸食官制的烟膏。

鸦片专卖制度的实行，使毒品的销售与吸食"合法"化，官方可以公开售毒，想吸毒的人，只要有医生的诊断书与警方的特许证，即可购买烟膏，大过烟瘾，而日本政府则得以从中大牟其利。

后藤新平提出这一高招后不久，便出任台湾总督，开始在台湾大力推行鸦片专卖制度。他认为："鸦片政策于治台最为重要，一有失误，则将胜于战场而败于统治。"可见，毒化政策，已被日本侵略者当作统治中国人民的法宝之一。

日本在台湾实行鸦片专卖制度的第四年，台湾持有吸食鸦片特许证者已达17万人，鸦片专卖的年收入达425万日元，占台湾总督府一年总收入的42%。这项收入，不但使日本政府免掉了对台湾总督府七个年度的财政拨款，而且为准备日俄战争获得了重要财源。

日本侵略者在台湾推行毒化政策取得成功，大发鸦片专卖财之后，便狮子大张口，以台湾的鸦片专卖制度为范例，凭借在中国的领事裁判权、租界和铁路等特权的庇护，极力向中国大陆扩大毒化网络。

日本台湾总督府专卖局局长加来佐贺太郎做过这样的推算："中国人口以 4.2 亿计算，假定其中有 5% 的人口即 2000 万人吸食鸦片，若沿袭台湾的办法管理，就能赚取 5.54 亿元的利润。"据此，他甚至提出一个狂妄的主张，要"使中国政府仿照我帝国根据渐禁政策所建立的专卖制度，以确立他们的政策，并在实行中把它置于我最有管理经验的帝国指导之下。"

但是，日本政府在台湾推行鸦片专卖制度的同时，却特意发布了对日本本土进一步实行彻底禁烟政策的《鸦片法》，禁止日本人出售和吸食鸦片。从此可以看出日本在中国推行毒化政策的险恶居心。

日俄战争结束后，日本夺取俄国在南满的一切特权。1906 年 7 月，日本将旅顺、大连租借地改为"关东州"，设置关东都督府。作为进一步占领东北、侵略中国的大本营。

日本军方认为，中华民族是个"鸦片中毒很深而不能自拔的民族"，并且断言："中国只要有 40% 的吸毒者，那它必将永远是日本的附属国。"因此，关东军司令部令负责政治事务的第四课，将毒品作为征服中国的一种特殊武器，设计了一套针对东北、华北乃至全中国的毒化政策。

关东都督府将以前由浪人分散、小本经营的贩毒活动，改为由关东军直接负责的有组织、有计划的大规模毒化战争。并仿效台湾总督府的做法，实施鸦片专卖法，使贩卖鸦片的规模和收入逐年增长。

1915 年，日本关东总督府在国际舆论的谴责下，表面上取消了鸦片专卖制度，但却以另一种形式大发鸦片财。打着"慈善团体"旗号的"宏济善堂"，便是在关东总督府特许下设立的贩毒机构。

宏济善堂名义上是由中国人设立的，内设事业部、慈善部和禁烟部，其中禁烟部是关东总督府特别指定的鸦片专卖机构，由大连民政署长直接监督指挥，与宏济善堂没有任何联系。禁烟部内设鸦片总局，负责购入鸦片，然后贩卖到关东州及其他地区，赚取的利润，作为"特许费"上交总督府。结果当年"特许费"的收入，竟是前一年贩卖鸦片收入的 11 倍。

从 1916 年到 1920 年，宏济善堂的禁烟部，仅在关东州卖出的鸦片，就达 127800 余斤。关东总督府从鸦片这项"地方杂费"中每年可有 500 万日元左右的收入。1919 年关东都督府改称关东厅后，从宏济善堂禁烟部等机构得到的鸦片税收，约占其整个财政收入的三分之一。

有组织的军事贩毒活动，使关东军很快赚足了发动侵华战争的军费。关东军发动"九·一八"事变的军费，几乎全部来自第四课和第二课的贩毒网。"九·一八"事变后，任关东军情报机关头目的土肥原贤二曾张狂地说，他在满洲的成功只靠三件武器：女人、炸弹和鸦片！

关东军毒化政策的实施，不仅达到了毒化中国人民的目的，而且为日本政府进一步侵华提供了大笔的战争经费。

到了 20 世纪 30 年代，日本的毒化政策在中国更广大的地区推行，日本人的贩毒活动更加猖獗，其范围之广，销售量之大，已经取代了英国、法国等西方列强。

1932 年，伪"满洲国"建立之后，日本在"满洲"的政务机关除了以野蛮的奴化教育来加强对东北人民的统治之外，另一个毒辣的手段，便是像在台湾一样推行毒化政策，而其手段更加多样，更加毒辣。

"九·一八"事变之前，一些日本人已在中国东北进行贩毒活动。1932 年伪"满洲国"建立后，日本关东军参谋长小矶国昭、副参谋长冈村宁次、第三课课长原田熊吉等人，经过一番策划，确定了伪"满洲国"的鸦片专卖政策，并成立了"鸦片专卖署"。专卖政策推行之初，鸦片严重缺乏，关东军便一面派人到天津秘密收购鸦片 70 万两，一面通过三井物产株式会社从国外进口波斯鸦片约 200 万两，以此作为实行鸦片专卖的启动货源。此后，日本人又陆续从朝鲜贩进鸦片，1933 年贩进总量 1899 公斤，至 1936 年，一年贩进总量达到 11238 公斤。

1932 年秋，总务厅长官驹井德三在报纸上公开发表讲话说，鸦片是满洲国人民所喜欢的东西，"政府为适应人民的需要，将来由政府专卖，准许人民领取鸦片栽培证，许可栽种，领取鸦片吸食证，公开吸烟"。这一讲话，等于在向民众发出号召，要民众栽培吸食鸦片毒品。

9 月 16 日，伪"满洲国"政府公布了《暂行鸦片收买法》，组建了鸦片专卖筹备委员会。11 月 30 日又公布了《鸦片法》，该法令放纵鸦片的制造和吸食，但不准随便贩卖鸦片。其中第四条规定："鸦片除政府外不得制造之，但经罂粟栽种之许可者制造生鸦片时，不在此限。"同时宣布这项法令自 1933 年 4 月 1 日开始实施。

《鸦片法》实施后，伪"满洲国"居民不论有瘾无瘾，均可花上 5 角钱手续费，到指定部门领取一张有效期半年的"吸食证"，凭证买毒吸毒。

伪"满洲国"政府在《鸦片法》实施的同时，又公布了专卖官制，规定专卖公署设有署长、副署长各一人，副署长由日本人难波经一担任，权力实际掌握在此人手中。另在奉天、吉林、哈尔滨、齐齐哈尔、承德等地方设立专卖支所。各省鸦片批发人由"满洲国"财政部指定，各省鸦片零卖人由省长指定，零卖人的营业地点称之为鸦片零卖所。各省第一批鸦片零卖人共 1400 余名，随着这些零售所的开张，民众吸食鸦片就公开化、合法化了。

伪"满洲国"鸦片专卖公署以利诱与强制并用的手段，使数以万计的东北农民停种大豆高粱，改植罂粟；伪满政府也对种植鸦片进行提倡和奖励，在许多地方，已是遍地罂花，处处芙蓉。

据当时统计，鸦片专卖法公布之后两年，东北地区的鸦片种植面积已达 1066500 亩，平均每年生产鸦片达五六百吨之多，专卖公署经营鸦片的利润，1933 年仅有 465000 余元，到了 1936 年，已增加到 6019000 元。

伪"满洲国"建立后，鸦片专卖公署在吉林省四平市西面的八面城，建立了一个规模很大的名为"制药中心"的制造白面、海洛因的秘密基地，毒品从这里源源不断地运散到东北各地乃至关内。此后，又在奉天和承德各建了一个海洛因提炼工厂，奉天厂每天生产 75 到 100 公斤海洛因和吗啡，承德厂专门生产粗制吗啡，产品运往北平，天津作为浓缩海洛因之用。

海陆交通便利的大连，原为日本关东都督府所在地，早在甲午战争之后就曾效仿台湾推行过鸦片专卖法，日本人的贩毒活动一直未断，伪"满洲国"鸦片专卖法实施之后，大连便成了日本东北毒品最大的集散地。大连海关对以"洋药"名义进口的波斯、朝鲜鸦片，根本不加查禁，由日本与朝鲜浪人贩运的毒品因此得以大量进入中国。

迅速扩大的毒化范围

《塘沽协定》签订后，日本的军事政治势力侵入华北地区。1933 年 3 月，日军占领热河省省会承德，随后设立鸦片专卖局，垄断热河全省的毒品制作销售。日军一旦发现贩毒的中国人进入热河省内，即将其逮捕，以反满抗日罪枪毙，而日本与朝鲜浪人则在日军的保护下，大肆制作贩卖毒品。于是，热河的鸦片等毒品得以运至长城以南及天津、唐山等地。

1935 年 11 月，在日本政府的阴谋策划下，汉奸殷汝耕制造"冀东事变"①，成立了受日本人操纵的"冀东防共自治政府"，日本侵

A 殷汝耕（1885-1947）：浙江平阳人，日本早稻田大学毕业，1931 年 "九·一八" 事变后，先后参加签订卖国的《淞沪停战协定》和《塘沽协定》，1935 年 11 月，在日本政府指使下，制造 "冀东事变"，成立伪冀东防共自治政府。抗日战争胜利后被捕，1947 年被枪决。

图为1935年11月24日，殷汝耕在日本指使下于通县宣布"独立"，成立"冀东防共自治委员会"，意在分裂华北。居中者为殷汝耕。

略者的毒化范围进一步扩大。

冀东伪政权的"首府"设在通州，毒品制造者就在首府郊外开起大大小小的作坊，公开制毒。以海洛因为主的各种毒品，从冀东运往华北五省区，日本浪人和朝鲜游民纷纷投身于制毒贩毒的行业，以牟取暴利。日本军方为了纵容毒品走私，竟向日本籍毒贩发放"安导券"，持有此券者可以畅通无阻，安全贩毒。

日本浪人在华北制造倾销的毒品，主要是从大连运来，据当时南京国际研究会统计，每年从东北输入华北的鸦片和海洛因达1300万两，而实际的输入量要超过这个数字的几倍以上。从山海关到天津的铁路，是日本浪人运毒的康庄大道。由于途中有汉奸殷汝耕部下的公开保护，贩毒的浪人可以畅通无阻。

浪人们运毒的方式，小量的是私人携带，大宗的竟用载重汽车运输，汽车上或插着日本国旗，或由日本武装人员保护。中国的警宪和海关人员明知其载运毒品，也对他们也无可奈何。

短短两三年之内，日本侵略者便在北京、天津两市及华北各省建立了杀人不见血的毒化密网。天津则成了日本人制毒销毒的大本营。日本人的贩毒活动已逐步扩展到山东、山西、河南、陕西、湖北、福建等地。

在这些省份，无论大小城市，只要有日本浪人和朝鲜游民，就会有烟馆毒窟或毒品秘密销售点。他们或租用民房，或在日租界内大肆制作贩卖毒品，据统计，仅山东一省，贩卖毒品的日本浪人和朝鲜游民就有数千之众。

1937 年"七·七"卢沟桥事变之后，日本继续在中国占领地区推行毒化政策，日军铁蹄所到之处，毒品也随之蔓延泛滥，其毒化网络更加庞大，使中国人民深受烟毒之害。

随着侵华战争的不断扩大，日本于 1939 年 12 月成立了指导侵华战争的决策机构"兴亚院"，由首相担任总裁，外相、藏相、陆、海军总长分任副总裁，总部设在东京，总部之下分设政务、经济、文化、技术等四个部，并且在中国的华北、蒙疆、华中、厦门、青岛等地设立了联络部或办事处，作为兴亚院的派出机构。自 1939 年起，兴亚院总部每年都要召开关于中国鸦片问题的供需会议，决定每年鸦片的种植和供需事项。规划中国的毒品种植和生产，对中国人民进行毒化，成为兴亚院的一项基本政策。

1938 年 8 月初，日军进入北平，监狱中在押的犯人多被处死，但因贩毒入狱的犯人却被释放。日伪华北政务委员会成立后，日军迫使伪政权取消中国政府原先制定的所有禁烟法律，并操纵了华北烟土局，在伪政权所辖各主要城市，均设有分支机构。至 1939 年 3 月，仅一年多时间，北平的烟馆便增加到 500 多家，这些烟馆的业主，都持有伪政府发给的售烟执照。在北平的市面上，鸦片、吗啡、海洛因、可卡因和红丸等毒品，随处可以买到。与北平毗邻的天津，毒品的制作与贩卖，更是如火如荼。

1937 年 8 月初，由关东军参谋长东条英机指挥的察哈尔西进兵团，分三路进攻中国驻军，于三个月内，先后占领了察哈尔省省会张家口、晋北重镇大同以及内蒙古的包头与厚和（今呼和浩特市），并扶植起"察南自治政府"、"晋北自治政府"和"蒙古联盟政府"三个傀儡政权，然后以张家口为中心，成立了"蒙疆联合委员会"（后改为"蒙疆联合政府"）。蒙疆地区总面积约 51 万平方公里，土壤气候适宜种植罂粟，因此很快被日本的侵华机构兴亚院，指定为罂粟种植和毒品生产基地。

到 1939 年，蒙疆的罂粟种植面积已经超过"满洲国"，成为日本在中国，乃至亚洲最大的鸦片种植基地。一到五六月间，从呼和浩特至包头一线，沿途罂粟花盛开，红、白、紫、粉红四种颜色相间，一望无际的田野，成了艳丽的毒花世界。这种景观，在张家口和大同地区也到处可见。

在晋北，1939 年的罂粟种植面积就超过 1 万亩，鸦片年产量超过 10500 两。1940 年，大同、阳高等 12 个县的罂粟种植面积达到 16 万多亩，鸦片年产量 129355 两。到了 1942 年，日军又划定其他 20 个县为罂粟种植区，强迫所有百姓广泛种植罂粟，仅太古县就种植了 6000 多亩的罂粟。日本鸦片专卖机构从这些种植地获得了 200 万元以上的收入。在罂粟种植地区，每乡都有许多烟馆，一半以上的居民染有毒瘾，出入烟馆的甚至有不满 9 岁的孩子，各县伪政府的公务员有 80% 吸食鸦片

日本人在察哈尔设立了鸦片管制总局，负责丈量烟地、视察烟苗、收购烟土等事宜，并将察哈尔南部划定为"察南种烟区"，鸦片种植面积超过 50 万亩，仅 1941 年一年，日本人便收购鸦片 1500 万两。收购的鸦片除当地消费外，均被运往上海等地销售。绥远的归绥、包头等 5 个县共种植罂粟 60 万亩。所有产品均由日本人收购，私人交易绝对禁止。如有人私自交易，即处以死刑。

伪政权在日军的指使下作出规定：鸦片是社会交际的必需品，在宴会、节日庆典等应酬活动中必不可少。如此一来，鸦片烟土成了"黑金"，百姓买卖交易、婚丧嫁娶、探亲访友，乃至有些日伪机关和工厂的职工薪水，都由烟土替代。种毒、制毒、贩毒、吸毒，成为时尚而被追逐，整个蒙疆社会变成了如东北一样的毒化世界。

据日本学者江口圭一揭露，从 1939 年至 1942 年，仅日本控制的蒙疆地区，就生产了足够 80 万人吸食一年的鸦片，并且将这些毒品大量输入上海、华北地区。

在河南占领区，日军将彰德、汤阴等八个县划为鸦片种植区，种植面积不断扩大，至 1942 年，已达到 6 万多亩。日本人在博爱县成立了中河海洛因公司，每天可生产红丸 5000 多袋，每袋有红丸 1 万多粒，售价 3 万余元。这样大的产量，使这个毒品公司每天可赢利 500 万元。日本在河南的鸦片交易，给该省人民带来的经济损失，每年大约在 1 千万元以上。

早在 20 世纪初，日本浪人就进入上海进行贩毒活动。1937 年冬，日军相继攻占上海与华中数省，上海的毒品制作贩卖随之泛滥。

上海被日军占领后最早的贩毒机关，是上海公卖处，由日军特务机关长楠本实隆控制。后来，日本浪人里见甫，通过上海梁鸿志"维新政府"的日军最高顾问原田中将和楠本实隆的关系，拉拢与日军关系密切的上海公卖处头目之一盛文颐（盛宣怀之子），将上海公卖处进行改组，成立了"华中宏济善堂"。

里见甫，1897 年生于福冈，1916 年 6 月毕业于上海同文书院，此后活动于天津新闻界。"九·一八"事变后，他担任关东军第四课的宣传工作，并于 1932 年末成立"满洲国通讯社"。其后化名"李鸣"，在天津创办中文报纸《庸报》，并负责热河鸦片南运与在天津生产海洛因等毒品的总销售工作，是个推行日本毒化政策和制作贩卖毒品的老手。

华中宏济善堂基本上是按照大连宏济善堂的模式建立的，其章程规定：理事长由华人担任，副理事长必须是日本人。这样，里见甫便成了实际操纵者。后来，他还以李鸣的化名兼任代理事长。它的贩毒规模，比大连宏济善堂大得多，其总理事会的 10 名成员，全是上海的大毒枭。他们干理事的条件是一次性向总堂缴纳保证金 20 万元。这个打着慈善旗号、由日本人幕后控制的组织，成为上海乃至华中地区贩卖毒品的中枢，控制了这一地区毒品的贩运与发售。上海以及华东地区的毒品，只要盖上"宏总验讫"的印记，便可通行无阻。

宏济善堂很快在南京、苏州、无锡、南通、杭州、嘉兴、扬州、芜湖、蚌埠、徐州等 10 余个大中城市设立了分支机构，与日本浪人和中国黑社会串通一气，织起了一张贩运、销售毒品的巨网。

到 1943 年 1 月，上海市伪警察局统计，上海的烟馆总数已在 235 家，此外还有名曰"谈话室"的小烟馆 100 余家，吸毒者达 20 万人以上。南京有大小烟馆 100 余家，鸦片月销售额达 300 万元，吸毒者有五六万人。在安徽，甚至像亳县那样的小县城，仅城关一地就有吸毒者 1200 多人。

日本人在上海、南京、济南、汉口等大城市同样推行毒品专卖制度，垄断毒品销售，建立制作毒品的工厂，大量开设烟馆。在广东、福建、山东、安徽、湖北、江西等省，强迫百姓种植鸦片，以获取惊人的利润。即使是香港、澳门，也未免受日本毒化政策之害。

据有关方面当时统计，至 1938 年，东北各地因吸毒死亡者达 14.45 万人，西康省有 80% 的青年堕入烟毒世界。日本宣布投降后，罂粟种植面积已达 1500 万亩，吸毒人数达 2000 万人，每 25 个中国人中就有一个是瘾君子。这一统计数字，与日本台湾总督府专卖局局长加来佐贺太郎当初所做的推算大致相当。

日本侵略者违反有关禁毒的国际公约，在中国肆无忌惮地推行毒化政策，以毒品戕害中国人民的罪行，受到国际社会的关注和严厉谴责：

1938 年 12 月 22 日，英国议员弗莱彻在议会演说时揭露："在 1937 年日本占领的众多中国城市里，鸦片和海洛因交易公开进行，烟馆和毒品店接连出现，鼓励开办烟馆和毒品店的办法五花八门，没钱买烟之穷人可赊账吸食。只要想吸食鸦片，到处可以得到支持。日本'鸦片贸易总行'在各地有分支机构，实际上遍布各地。"

联合国禁烟顾问委员会美国代表斯图尔特·富勒，在 1938 和 1939 年联合国第 23 届、第 24 届禁烟会议上做了长篇报告，详细阐述了日本的毒化政策在中国东北诸省和天津、济南、上海、南京、汉口，以及广东等地的推行情况，以唤起国际社会的重视。他在谴责日本使用麻醉品毒害中国人民的罪行时说："冀东区内不可想象之情势，天津暨北平到处卑污可耻之状态，河北乡村吸鸦片恶习之蔓延以及上海之现状，均涉及以鸦片毒害别人的政策，无一非日本人所造成"，"无论何时，只要日本势力所侵之地，随踵而至者，辄为私贩毒品之现象。"

美国国务院也揭露了日本政府使用被禁止的麻醉品毒化他国人民的阴谋："自 1938 年以来，全球只有一个国家，其领导人鼓励种植鸦片及制造烟毒以供吸食和其他用途，这个国家就是日本。日军入侵之处，即伴随着鸦片交易……"（《1943 年 9 月 21 日美国国务院禁烟备忘录》）。

在中国推行毒化政策，是日本在第二次世界大战中的侵华暴行之一，1948 年，远东国际军事法庭对 28 名甲级日本战犯的鸦片毒品犯罪作出判决，判决书指出："日本在中国占领期间公布了鸦片法（即'鸦片专卖政策'），这些法律炮制了由日伪政府统治的专卖机关，向经日伪政府批准的商店配给鸦片毒品。这些专卖机关为了以贩卖毒品增加收入，不过是为了鼓励毒品的大量销售而设立的征税机构。"

判决书同时指出了日本鸦片政策的政治、军事目的："毒品的买卖，是与日军的军事占领行为和政治发展需要相联系的。毒品的买卖，使日本获得了为设置占领区的军事及各种地方政权所需要的大部分资金。"

2. 可怕的毒化世界

险恶用心，昭然若揭

日本侵略者的毒化政策得以实施，主要靠大批的日本浪人和朝鲜游民，此外，一些汉奸也投入了贩卖毒品的行列。他们开设烟馆，吸引广大中国人吸食鸦片烟，使许多人染上烟瘾，不但体力减弱，而且精神萎靡，意志消沉，最后成了废物。

随着日本毒化政策的实施，东北地区的烟馆如雨后春笋般出现，在沈阳、长春、哈尔滨等大城市，几乎每条大街都有烟馆和毒品发售所，注射毒品的小摊子更是随处可见。瘾士们和初学吸烟的人，可以在摊前接受皮下注射，男女老少都可享受一下吗啡、可卡因或海洛因的滋味。少年儿童享有特别优待，每注射一针只要一两角钱。这种"优待"，诱使一些几岁的孩子也怀着好奇心，成了烟馆或毒品发售所的小顾客，甚至染上了毒瘾。

有些售毒的小店十分简陋，售毒人只要租一间狭小的屋子，在墙上或板壁上开一个小窗，便可开张营业。因为贫穷而进不起烟馆的烟民，只需敲一下窗门，店主立刻将小小的窗门打开，烟民捋起袖子，将胳膊伸进去，手掌里放着两角钱，开店的人便给他注上一针。

还有比这更简陋的小店，那其实只是流动的帐篷，售毒者随便在街头空地上占领一席之地，便可做起买卖，而且生意很是红火。

在东北乘火车旅行，看不见罂粟田。但是只要离开铁路线一段距离，就会看到大片的烟地。东北的鸦片产量，不仅可以满足当地烟民的需求，甚至可以供应中国内地的好几个省份。

在东北的大连、沈阳、哈尔滨等城市，都设有制造吗啡、海洛因、白面及其他毒品的工厂，年产量的价值达数百万元之巨。

这些制毒工厂制造出的毒品，包装箱上都标明"日本军用品"字样。有日军驻扎的地方，如天津、北平、汉口等地，这些毒品均运交日军司令部，没有日军的地方，则运交日本领事馆。日本军舰在中国沿海运送鸦片，日本炮舰则在中国各大内陆河进行转运。

东北既然是日本人生产毒品的基地，这一地区的烟民数量自然多得惊人。据日方于 20 世纪 30 年代发表的数字，全部登记的烟民达 1300 余万[①]，占东北人口的三分之一，其中以青年最多，20 岁到 35 岁的吸毒者占全部烟民的 72%。

由于东北沦陷，一些意志薄弱的青年，为排遣国破家亡的苦闷，便用鸦片、白面来麻醉自己，聊慰精神上的痛苦。一些日伪官僚，也以把烟馆作为应酬的场所为时髦，茶余饭后，多半到花烟馆里去消愁解闷。哈尔滨某鸦片零卖所有一副对联："千灯罗列，众生共颂王道政；一榻横陈，与尔同消万般愁"，众生未必共颂"王道政"，但靠鸦片来消"万般愁"，则是大部分烟民精神状态的写照。

以毒品消愁解闷或图一时之快，是要以牺牲身体健康为代价的，一些人甚至因吸毒过量而死去。据哈尔滨卫生局统计，1937 年 1 至 7 月，在城区的街巷中，就发现因吸毒致死的无主尸体 1993 具。在奉天，康复医院戒毒的人一度占据了所有的床位，一个月中就有数十人死亡。

随着毒品的泛滥，偌大的"满洲"，几乎成为毒乡烟国，即使

---

① 这个数字估计是几年的累计数字。

连安东、凤城、岫岩、庄河这样的小城市或县城，也成了毒化世界。

当时，中华民国拒毒会执行委员会国际科，曾派员前往东北调查那里的毒化情况，重点对称之为"辽宁三角地带"的安东、凤城、岫岩、庄河等四县的毒品行销和百姓吸毒情况做了调查，到1934年，安东的烟馆已达1200余家，全市16万人口已有4万余人染上烟瘾。凤城县城及各区的烟馆共有400余家，全县30多万人口，吸毒成瘾者达4万余人。在安东、凤城、岫岩、庄河四县，染有鸦片毒瘾者达20余万人，每年消耗烟土达2160余万两，价值6480余万元；吸食吗啡者，约22万人，每年耗资1080余万元。

中华民国拒毒执行委员会的这份报告，虽然只调查了辽宁省三角地带四个县的毒化情况，但读者可以从这份报告推想到整个东北遭受日本人毒化的可怕情形。

日本侵略者在中国东北和华北地区大肆推行毒化政策，其手段除诱使中国人吸毒外，还秘密指使日本浪人从朝鲜和本国搜罗患有性病的妇女，来中国开设妓院。同时广设赌馆，引诱中国百姓进行赌博。当时最流行的是花会和宝局。在沈阳和哈尔滨，日本浪人开设的宝局随处可见，其中以冈村、福吉、森田等家规模最大。冈村每月向日本关东厅纳捐数目在5万元以上，其牟利之巨可想而知。至于花会，已普及到乡村小镇，中国百姓因赌博而倾家荡产的不知凡几。

东北和华北地区成了可怕的毒化世界，但是日本政府和军方却严禁在这一地区的日侨和日军吸毒与赌博。日本关东军司令部曾经印发了一本名为《日本人服务须知》的秘密手册，对在"满洲国"任职的日本官吏做出30条规定，其中第21条就是："绝对禁止日本人吸食鸦片、海洛因、吗啡等毒品和赌博行为，尤其是日人官吏，违犯者予以免职或其他处分，对于其他民族则放任不问。"

这一条款中的"其他处分"是很重的，一个日本人如在赌场中被宪兵发现，他就要被遣回原籍，吸毒的日本人有的甚至要被判处5年徒刑。

日本关东军司令部发给日军士兵的小册子中的第15条称："毒品的使用是不配于像日本这样的优秀民族的。只有像中国人、欧洲人和东鳊（今印度尼西亚）人这样颓废的劣等民族，才会沉溺于毒品之中。这就是他们注定要成为我们的奴隶以及终将消灭的原因。"

另外一条则说："日本的兵士如使用毒品，就不配穿皇军的制服，也不配尊敬我们神圣的天皇。"

以上对于日本人的规定，使日本侵略者在中国推行毒化政策的险恶用心，昭然若揭。

庞大的毒化网

日本在华北地区推行毒化政策的大本营是天津。

天津的日租界，本来就是毒品的制造贸易中心，于1933年中日签订《塘沽协定》之后，日本人更是变本加厉，推行毒化政策。据当时的美国情报机关估计，以产量和贩卖的情形来看，天津已成为世界最大的海洛因都市之一。

不到三年时间，日本人便建立了从天津到中国内地以及远东每个角落的秘密运输线。整个日租界，已成了鸦片贸易和毒品制造的中心场所。200多个海洛因制造点，散布在面积不过几平方英里的日租界内，1500名日本技师和1万多名中国工人，每天为制造海洛因而忙个不停。由于干这一行赢利甚丰，原料供应充足，故常有新厂开张。制造和贩卖毒品主要有以下10种：海洛因、白面、黄面、甜丸、金丹、快上快、黑膏、吗啡、高根、鸦片。此外还有许多日本药房，制造各种药品时加入吗啡、鸦片和高根。最出名的是治婴儿腹痛的药片，内中含有鸦片和吗啡的成分最多。

在天津市区，烟馆、白面房子，比比皆是，加上兼营毒品的药房、洋行、旅馆等场所，共有数百家之多。在大街小巷，或饭店旅馆的附近，行人总会闻到烧鸦片的香味。烟灯烟枪，以及一切吸毒的用具，都可在商店里公开陈列出售。

在日租界内的蓬莱、福岛、伏见、桥立等街道，白面庄和吗啡馆林立两旁，总数将近200家，在法租界与日租界交界处，有一条秋山路，属日租界所辖的那一边，有许多新式铺面的房子，门头上悬挂着光彩夺目的金字招牌，有中文的，有日文的，有朝鲜文的，招牌上所书均为某某洋行，但这些所谓的洋行，都是出售鸦片、海洛因的烟窟。早上7时至午夜，只要随便走进一家洋行，都可以看到许多中国人在那里吞云吐雾。人力车夫、小商人、机关职员、小官僚等各个阶层的人都有。

在1937年5至6月间召开的国际联盟鸦片咨询委员会第22次会议上，埃及代表拉萨尔·巴迦说："天津的日租界是当今世界上制造海洛因和吸食鸦片的神经中枢。确切地说，挂着洋行和外商招牌而经营鸦片或海洛因的魔窟已逾千家。不仅如此，还有公开贩卖白色毒品的旅店等各种铺号数百家。"

寒冷的冬季，对长期吸食鸦片、白面，毒瘾很深的烟民来说，如同一道鬼门关，一些烟民因身体过度虚弱或毒瘾发作时无钱购买毒品吸食而死去。于是卫生队和警察们不得不常常清除倒毙在街头的烟民的尸体，这些可怜的人死后的形状十分可怕，无不是面色青灰，瘦得只剩下皮包骨头。毗邻日租界的南市兴大街和东马路一带，几乎每天早晨都要抬出几具或几十具这样的死尸。

日本浪人在华北地区的一些县城，也开设了许多贩卖毒品的店铺和烟馆。仅在昌黎、滦县两地，就有110余所，朝鲜人开设的店铺有47所。长城各口以及冀东各县，都是日本人公开输入和售卖的地区。

日本人已经以天津日租界为中心，在华北各省市形成了一个庞大的毒化网。

与天津毗邻的北平，也成了毒化世界。日本浪人在市区强占民房和歇业的旅馆，开设烟馆、白面房子和赌场，售毒的店铺一天比一天增多，充满街头陌巷。在哈德门街附近一座饭店的后面，有一座两层楼房的烟馆，业主是日本浪人，在他那里购买与吸食海洛因的中国人，每天最少有 400 名以上。在北平，经营毒品的日本浪人和朝鲜游民很多，最显著的地方是苏州胡同，那里销售毒品的店铺和烟窟竟有 10 余家之多。

中国当局处决毒犯虽然雷厉风行，但是枪毙的都是中国人，对于"友邦"人士，却不敢干涉。日本浪人和朝鲜人开设的贩毒售毒的处所多达 340 余处。

日本浪人和朝鲜游民开设的烟馆和白面房子，为了招徕更多的吸毒者，什么东西都可以拿去换取毒品，衣履杂物、自行车、甚至小孩，都可以作为抵押。那些无钱购买毒品的烟民，在抵押了家中所有可以抵押的物品之后，便走上了做贼行窃的道路。在北城（北平当时的贫民区）和西郊一带，偷小孩换白面的事时有发生。

杀人不见血的毒品

那些染上毒瘾的人，情形十分可怕，原来是很健康的人，吸上毒后，不久就面庞黧黑，走了人样，时间一长，便形销骨立，如同废人。许多人吸烟的时候，丑态百出，有的人吸了烟，紧接着喝几口茶，要用茶把烟送下去；有的人吸烟时把鼻子捏紧，唯恐烟从鼻孔里跑散，要做到吸完了烟，屋子里没有一点烟气，才算没有浪费；有的人甚至一边吸烟一边用手堵住肛门，不使其"漏气"，可见其对吸进去的一口烟多么重视。

染上毒瘾的人不仅精神颓废，整天无精打采，而且要消耗大量金钱，因此一些妓院的老鸨为了笼络买来的妓女，让她永远俯首帖耳，受自己剥削，就引诱她吸食鸦片。鸦片一抽上了瘾，这个妓女就不想嫁人了，因为染上毒瘾，需要大量的金钱维持有毒可吸，嫁了人也没法过安稳日子。况且谁也不愿意娶这样的女人。于是这个妓女就一辈子陷在苦海里，再无出头之日。

当时，北平一家妓院的鸨婆晁四小姐，就专门以此手段拴住妓女。她买了个养女，取名丽娟，长得很美，晁四小姐怕她嫁人或逃走，就引诱她吸毒，这样一来，她的一点私房钱都耗在吸毒上，并且欠下鸨母一笔不小的债，她想嫁人，也没人敢要了。

另有一个名叫周惠敏的妓女，因为抽上了鸦片，人变得憔悴不堪，拉不到顾客，被鸨母赶出妓院。她连个住处也没有，只好当野妓。有时，她直到深夜还坐在人家门口台阶上等待嫖客，过路的人远远看见她，就像看到了鬼魂一样吓了一跳。

有许多人因吸毒而弄得倾家荡产，卖妻鬻子，陷入十分悲惨的境地，或铤而走险，成为罪犯，做了监狱中的囚徒。

当时，北平市警察局经常受理因毒化而造成的案件，有时一日之内就有数起。以下是该市警察局一天内接到的几起与毒化有关的案件：

居民王某，因染有白面嗜好，家资逐渐耗光。因无钱购买白面，毒瘾难熬，他心生一计，要其妻假充寡妇，放白鸽骗取钱财。

王妻本来对丈夫吸毒十分反感，见他居然又出此歪主意，很是气愤，表示不愿做这种缺德的事。但后来她见丈夫毒瘾发作时寻死觅活，痛苦不堪，又无别的办法弄钱买白面让他过瘾，便答应了他的要求。

王妻经丈夫牵线，卖给郊区某县一个丧偶的农民郭某为妻。王某事先与妻子约定，要她一两个月后便寻机逃回。不料，郭某忠厚善良，对王妻处处关心体贴，且十分勤劳，颇善持家，毫无不良嗜好。王妻深受感动，不忍隐瞒王某与她定下的放白鸽骗钱之计，便向他吐露了真情，并表示不愿再回王家。

郭某花了多年的积蓄，好不容易找了个老婆，当然不愿让她离去，何况王妻是市里人，又有几分姿色，举止言谈，也颇文雅，郭某也表示原谅她的欺骗行为，愿留下她做个长久夫妻。

王某见妻子久久不归，心中焦急，于一天夜里，潜入郭某家，企图说动妻子逃回，不料被郭某发现，两人遂发生冲突，结果双双进了警察局。

洋车夫马某有鸦片嗜好，家中积蓄花光，可当的东西也当完后，他为弄一笔钱继续吸毒，欺骗妻子说，洋车已经太破旧，不能再用，要想法筹钱买一部新车，否则全家便断了生计。

马妻当然赞成丈夫购买新车，但却不知这笔钱到哪里去筹。马某早有打算，便说："事到如今，大人要想活命，也只有把孩子卖了。他们能奔个好人家，比跟着我们受罪强。"

马妻想来想去，也无别的办法，便同意了丈夫的提议。数日后，将一子一女卖掉，得款 40 块大洋。

但是丈夫拿了这笔钱，并未买什么洋车。马妻见丈夫迟迟不将洋车买回，便问丈夫是何原因。马某支支吾吾，令马妻不禁犯疑。后来马妻终于得知，马某已将卖儿女的钱花在了烟馆里。

马妻悲愤绝望，投河自尽，幸得警察发现，将其带往警察局。

居民吴某之妻，染有阿芙蓉嗜好，吴某收入微薄，反对其妻抽大烟，她就背着丈夫，想尽办法过毒瘾。她经常趁丈夫不在家时，躺在地板上抽烟，说是这样烟气不会散布，丈夫回来后也不致发觉。

吴某对妻子吸毒十分反感，经常搜她的烟具，一旦翻出，便将其砸毁。后来，她想出一个办法，把烟具藏在床屉下面，叫丈夫把整个房子翻一遍，也翻不出她的烟具。

有一段时间，吴某被老板辞退，一时未能找到工作，家中断了经济来源，吴妻也无钱再吸鸦片。某日早晨，吴某醒来，见妻子仍未起床，便唤她起来做饭，但吴某连喊数声，妻子毫无反应，他起身推她，才发现妻子身子已经僵硬，原来她已因毒瘾发作而死，手上的指甲均呈青紫色。

……

作为日本鸦片种植生产基地的蒙疆地区，更是毒品泛滥，致使成千上万的人染上毒瘾。1942 年，蒙疆新闻社做过一次调查，察哈尔省首府张家口市，吸毒成瘾者有 5480 人。由于日本人强令百姓种烟，放纵日本毒贩到处销售毒品，位于张家口市郊的崇礼县，有钱的人吸食毒品，没钱的人自种自吸，大多数家庭都有吸毒人，粗略统计，全县吸毒成瘾者有七八千人。在包头、萨拉齐、固阳一带，几乎家家有烟枪，户户有烟鬼，每到夜晚，鸦片烟味从各家各户飘溢街头，吱吱的抽烟斗声隐约可闻。

毒品泛滥的结果，使得许多人家破人亡或惨死街头。

曾经红遍塞外的晋剧名伶毛毛旦，色艺双佳，当地人称"三天三夜不吃饭，也要去听毛毛旦"。然而，毛毛旦于 1940 年不幸染上毒瘾，起初是不吸烟不能登台演出，后来烟瘾越来越大，身体状况越来越差，吸了烟也不能登台。渐渐地，毒品对她来说，比粮食还重要，可以一天不吃饭，但不可以一天无鸦片。最后，这位红极一时的名伶竟死于张家口一家烟馆内。

万全县的白某，自幼丧父，靠母亲含辛茹苦，将他抚养成人。白某 1942 年染上毒瘾，仅一年时间就不能下地干活。为了吸毒，他竟把房子卖掉，作为购买鸦片、白面之用。最后他又逼着老母亲到邻村给人家当佣人，以母亲挣来的一点可怜的工钱去换一口"活命烟"。似白某这样为了吸毒不顾一切的人，在蒙疆地区不在少数。当时流传一首民谣："抽大烟，抽筋抽血在面前，卖田卖地卖老婆，卖了孩子卖亲娘。"便是白某这类吸毒者的真实写照。

在"晋北自治区"首府大同，经日本侵略者大力施行毒化政策之后，吸食鸦片者大增。染上毒瘾者遍布城乡各地，有伪政府大小官员、有体力劳动者、商人和手工业者，还有一些家庭妇女。家中来客或商号洽谈生意，往往用鸦片烟招待，大烟，成了社会交际场合的必需品。

日军占领大同三四年后，大同煤矿有许多外地工人染上鸦片嗜好，煤矿主为了能让他们卖力干活，便适当供给他们鸦片。但他们患病不能下矿劳动时，把头们既不给治疗，又断绝鸦片供给，使他们患上"烟痢"，腹泻不止。这些人为求活命，偷偷逃离煤矿，一些无病的矿工也跟着一起逃走。于是矿主便派"督察队"四处寻找，发现逃走的矿工，无病者抓回煤矿，有病者便弃之不管，任其死于路边。当时，如平旺、十里店、煤峪口等靠大路的村庄，每天都要埋葬几具这类死尸。

大同城里有一位绝色美女，名叫古秀珍，是早年女子师范学校的毕业生。当时有不少国民党军政要员都想娶她做姨太太，但她一概拒绝，以表示自己的高洁。但到了日军统治时期，古秀珍却因精神压抑而染上了毒瘾。后来，她因吸毒花光了积蓄，无钱购买毒品，竟和一些伪警察一类的人物胡混，以求得到维持吸烟的开销。时日一久，她变得身体虚弱，容颜憔悴，没有男人再和她来往。她因失去经济来源而弄得蓬头垢面，形同乞丐，在街头遇见熟人，便伸手借钱买鸦片烟。人们见她落到这种地步，都摇头叹气表示惋惜。后来，1946年冬天，她因中烟毒太深，终于在饥寒交迫中死去。

古秀珍只是受烟毒所害的一个突出的例子，大同地区不知多少人因吸毒而弄得倾家荡产，卖妻鬻子。长期吸毒者面色灰黄，骨瘦如柴，精神萎靡，变得三分像人，七分像鬼，身体免疫力很差，一遇疫病流行，极易染病身亡。还有一些人，烟瘾越来越大，而手头越来越紧，最后因无钱买烟吸而痛苦不堪，自尽身亡。据调查统计，八年抗战期间，大同地区死于毒害的人达1万余人。

当时，大同地区流传着这样一首歌谣：

金丹①！金丹！

你害得我们真可怜：

吸你的身体瘦弱，

吸你的田宅卖完，

吸你的生意倒闭，

吸你的诸事难干，

因吸你卖儿贴妇，

因吸你夫妻离散，

因吸你朋友断交。

还有为非作歹，乞食讨饭，

多因为吸你金丹。

这首歌谣，可以说是大同人民对日本毒化政策的血泪控诉。

3. 形形色色的毒品推销术

如果说日本在华军政首脑机关，是庞大的毒化网中一只可怕的毒蜘蛛的话，那么贩卖毒品的日本浪人便是织成这张毒化网的一根根毒丝。

无论东北还是关内，日本浪人开设烟馆或毒品销售点，都会受到当地日本驻军或领事馆的保护。因为没有这支贩卖毒品的主力军，日本侵略者的毒化政策就无法得到实施。

浪人们推销毒品的手段是多种多样的。

伪"满洲国"刚建立时，除新贵官僚、富商大贾、纨袴子弟之外，普通百姓吸毒的不多。浪人们为了诱使广大中国百姓吸毒，便玩起新的花招，开始设立"花烟馆"。所谓花烟馆，即是在烟馆或

─────────────

① 金丹，日本人制作的鸦片之一种。

鸦片小卖部里设置女招待，使烟馆成为吸毒和嫖妓的混合场所。其名称也很有诱惑力，如："消愁处"、"卧云楼"、"神仙世界"、"世外桃源"，等等。在城市和乡镇的街头巷尾，到处见招徕烟民的广告。其中有一首颇为流行的塔体诗，诗曰：

唉！

瘾来，

真难挨！

忙把灯开；

吸口何妨碍？

这才合乎时派，

消悉止喘祛病灾，

少吸有益，多吸没害。

他说我吸鸦片不应该，

我看他不吸烟，也未发财。

日本鸦片专卖公署也通过新闻媒介做宣传，经常在日本人办的报纸上刊登以烟妓为题材的文章，并搞一些类似"菊评"、"花评"等以烟妓为题材的征文，以扩大宣传。

设有女招待的烟馆，分为两等。甲等的烟馆有舒适的床位、漂亮的烟具，还有免费的点心供应。更主要的是烟客在吸烟时有年轻女子烧烟陪伴，烟民还可以提出要妓女陪宿。乙等的烟馆，设备稍简，但其他方面也和甲等烟馆一样。有些花烟馆的女招待达数十人之多。

由于花烟馆等于妓院，且花样又多于妓院，使得许多中国人受到吸引，到花烟馆去开眼界或消愁解闷。吸毒的人数因此大增。

"九·一八"事变之前，日本人开设的鸦片小卖所的营业方式，是从专卖公署买生土，自己炮制成烟膏，在炮制过程中，加入烟灰，以牟取暴利。这种烟膏，对吸食者的身体健康危害很大，而且面部易呈灰色，很快就变成了菜色。这种明显的危害性，使一般百姓对鸦片产生畏惧心理，不仅减少了专卖公署的鸦片销量，而且使日本侵略者急切要推行的毒化政策受到阻碍。为了消除中国百姓对鸦片的畏惧心理，加快毒化政策的推行，日本鸦专卖公署又大做宣传，搞起了一场"清水烟膏运动"。

所谓清水烟膏，即是不掺烟灰而加入其他毒质的鸦片。专卖公署大肆鼓吹说，清水烟膏是由他们特制的，不掺烟灰，除去了有毒成分。并且加入了有益健康的药剂，烟民吸食以后，不但面不改色，还会变得润泽有光，对身体健康十分有益。

由于专卖公署的欺骗性宣传，许多无知的中国百姓开始相信鸦片的妙用，他们先是用鸦片医病疗疾，继而用其消愁解闷，最终染上了毒瘾。

日本浪人为了使不同阶层的中国百姓都加入吸毒的行列，以扩大毒品的销量，除了开设花烟馆之外，还在各地开设了许多条件简陋的烟馆，有的只是一间房子，里面用木板支起床位，烟具因多人使用而变得满是油垢，龌龊不堪。光顾这种烟馆的，多为体力劳动者和无业游民。有的日本浪人还在烟馆内开设不同档次的烟室，除了称为"雅座"的高级吸烟室外，另外设有"散座"。所谓散座，是一个很大的房间，房内有一个大炕或木板支起的通铺，可容纳数十个甚至上百个烟民，他们脊背对脊背地躺在上面，像沙丁鱼罐头一样挤在一起吞云吐雾。伙计们则蹲在炕下，给烟民点烟。大炕的旁边，有一个小桌，上面放着酒菜，以供烟民点用。这样的烟馆每日接待烟民可达 1500 多人次。

但是，日本浪人发现光在烟馆上做文章还不够，因为贩卖毒品的人一多，势必竞争激烈。于是，他们又在拉客和诱使更多的人上瘾这方面迭出新招。

一些开烟馆的浪人让那些老顾客四处发展新烟民，谁能带来一个新顾客，便发给一定的赏金，或免费供他吸食一段时间的鸦片烟。这个办法起到一种滚雪球的效果。老顾客拉来了新顾客，新顾客上瘾后又去发展新烟民，就像现在的"商业传销"，烟鬼们为了能免费吸烟，都四处活动，积极发展"下线"，使得烟馆的顾客队伍越来越大，生意于是久盛不衰。

一些开毒品店的浪人为了扩大销路，雇用了一批朝鲜游民和中国流氓充当推销员，他们携带着优质鸦片或海洛因，深入到一村一镇，宣传吸食毒品的好处，并且免费或以极低廉的价格，殷勤地劝中国百姓品尝。这类推销员的足迹，遍及东北、华北各地。在山东沿胶济铁路一线，差不多每一个市镇、每一个乡村都有日本浪人派出的毒品贩子。

1936 年春夏之交，张家口日本特务机关为了扩大鸦片的销路，就派了一帮日本浪人前往大同发展新烟民。这些浪人住在旅馆里，外出时随身带着成包的鸦片、白面等毒品，免费送给中国人吸食。其中一个名叫村中有利的浪人，雇用了几个地痞流氓，租下了城内太宁观街的一座院子，在大门上挂上了"村中有利公馆"的牌子，在院内开设赌局，对入内参赌的市民一律无偿供给毒品。在这些日本浪人的引诱下，不久便有许多人染上毒瘾。

有些推销毒品的浪人，常以友善的面目出现，劝那些生了病的人吸食毒品，谎称其能够"烟到病除"，结果使许多人不知不觉地染上了毒瘾。日本的烟草制造商，甚至在香烟里掺入鸦片、白面或海洛因，使吸烟者在不知不觉中染上毒瘾。当时有一种"多福牌"，便是这种含毒的香烟。

天津一位在京奉铁路局会计室工作的 21 岁青年，原来热爱体育运动，喜欢打篮球，身体很健康。有一次，他觉得身体有点不舒服，一个认识他的开香烟店的日本浪人，便劝他吸一支含有海洛因的香烟，说是可以治病。头一天，他吸了好几支，结果不但没有好转，病情反而加重了。

那位劝他吸有毒香烟的浪人听说后，又劝他说，如果要想完全恢复健康，还要继续吸几天含有海洛因的香烟才行。他听从了浪人的劝告，后来便染上了毒瘾，每天都要花三块钱到烟馆里吞云吐雾。幸亏他的父亲是个小康商人，还可以供得起他吸毒的费用。

海洛因的毒性远胜于鸦片，吸食海洛因成瘾的人很难再戒掉。而吸食一两年之后，人便成了废物，吸食五年的人便变得形销骨立，很难活命。半年之后，这个青年的身体明显衰弱，不仅对体育失去了兴趣，而且万念俱灰，对于人生的一切，都觉得没有趣味了。

毒品店对于那些烟民比较集中的地方，还采取送烟上门的办法。由于吸食方便，价格又比烟馆便宜得多，使得不少寻常百姓家也有自己的烟室烟具，有的一家数口人全都成了瘾士，男女老少，人手一"枪"。这种推销术使得一些地方的百姓，吸鸦片的人比吸香烟的人还要多。

这类采取送货上门，推销毒品的店主，买卖还建立在双方自愿的基础上。有些日本浪人则以敲诈手段进行推销。他们把毒品送到一些有钱人家，索价比其他烟馆、毒品店要高得多。"货"一送到，你就得付钱。如果不买，他们就将"反满抗日"的罪名加在你的头上。中国百姓都知道日本宪兵队的厉害，一旦被捕，性命难保，只得任其敲诈。

有的日本浪人甚至采取更野蛮的办法推销毒品。在日本关东军统治的旅大，市民走在大街上，有时会被浪人一把揪住，隔着衣服注射一针吗啡，谁若提出抗议，浪人就会向他说这种毒品价格如何昂贵，注射后有什么样的好处，被强行注射了毒品的人如不让步，浪人就会向他索要高额的吗啡注射费。几年下来，旅大的吸毒者便达到数万人。

浪人们不仅在推销上下功夫，而且在毒品上做手脚，他们有的在烟膏中加上甘油，使其甜润适口。有的则在烟膏里放上白干酒，讲究一点的还使用白兰地。一两烟土可以鬶上一两酒。烟民们吸过这种鬶了酒的烟，再吸其他烟馆的烟，就会觉得不过瘾，甚至会肚子疼，这样一来，光顾过一两次的烟民，就会成为这家烟馆的常客。

……

英国议员弗莱彻在揭露日本在中国推行毒化政策的同时，列举了日本浪人推销毒品的种种花招：

"日本人的报纸充满广告，鼓励鸦片销售，他们把鸦片叫做'长寿九'。在各家鸦片销售点门前，烟瘾者排长队，等候购买他们所需的麻醉毒品，这些人都是由日本警察引导来的。普通烟卷是由浸泡海洛因的烟叶制成，凡吸这样烟卷的人自然会染上吸食鸦片的习惯。含有毒品成分之药物几乎每个乡村都有销售，但他们都标榜此药可治愈肺病。妓院和舞厅是最易销售鸦片的地方。烟瘾者得到鸦片如同我们在上午得到牛奶和报纸一样容易，只要他们有鸦片和提炼物，就不会一蹶不振。中国劳工之薪饷以鸦片替代。所有这些勾当都是日本或朝鲜浪人所为，他们与日方政府有密切的关系，享有特权。"

日本侵略者的毒化政策靠浪人们得以实施，而浪人们也因此大发横财，一些经营烟馆和贩卖烟土的日本浪人，不但修建了漂亮的公馆，有的还开了许多商店或大公司。

4. 猖獗的毒品贩子

"九·一八"事变之后，东北地区的毒品产量逐年骤增，供过于求，日本侵略者便千方百计扩大毒化范围，把毒品秘密向中国内地省市输运，而日本浪人则是输运毒品的主力军。

这些贩运毒品的日本浪人，雇用了大批朝鲜游民和中国地痞流氓，在内地省市建立起秘密联络网，通过海道和陆路大肆进行贩运毒品的活动。

日本浪人贩运毒品的手段五花八门，无奇不有。大批量贩运的毒品，往往在包装箱上印着"军用品"字样，或是印上某某食品或药品，以逃避中国警方的检查。小批量贩运的毒品，有的藏于玩具内或大鱼的腹中。有一次，日轮"嘉陵"号在重庆码头卸下几条五尺多长的大鱼，海关稽查人员检查时发现，每条鱼腹里都插着茶杯口粗细、三尺多长、两头封口的玻璃管子，里面灌满吗啡。有的浪人借运送尸体为由，将毒品藏在棺椁中。有的日本浪人竟将人的尸体从腹部剖开，掏去内脏，塞入鸦片、白面、海洛因等毒品，然后再将肚皮缝上，运往销售地。一些浪人雇用男女无业游民，将毒品塞入肛门或阴道内，搞人体贩运，称之为"坐队"。这些运毒的人中途不准进食，到目的地后，再将毒品"坐"下来。常有"坐者"因带毒致病而暴死。

贩运毒品的日本浪人以治外法权为护身符，且受到日本领事馆和驻华日军的保护，根本不把中国警方放在眼里。他们藏匿毒品的地方被中国警方发现，日本领事便会出面拒绝搜查。贩毒者即使被当场破获，也满不在乎，因为中国警方只能没收其毒品，无权对贩毒者进行处置。而将其交给日本领事馆的结果，则是不了了之。有的贩运毒品的浪人被中国警方或海关稽查人员捕获后，甚至被当地的浪人或日本驻军以武力连毒品一起劫走。当时的中华民国拒毒会在一份国际联盟调查团的报告中列举了许多这样的事实。

河北省昌黎县，是日本浪人贩运毒品十分猖獗的地方。毒品贩子们把鸦片、吗啡、高根、海洛因伪装成食品或药品，源源不断地通过铁路从辽宁运来，卖给那些变相开设烟馆的老板。昌黎县警察局对这些贩毒者屡有查获，但是却无法进行处置。因为这些毒品贩子与山海关的日本驻屯军暗中勾结，并且与昌黎当地的烟馆老板有秘密联系。他们一旦被查获，这些人便赶往山海关报信。驻山海关日军闻讯后，立即派出十多名或数十名全副武装的士兵赶到昌黎县政府，强行将毒品贩子和毒品索回。

山海关距昌黎数十公里，日军乘火车很快就可赶到，因此常常是中国警察上午将毒品贩子抓获，下午便被日军强行要走。国民党禁烟委员会照会外交部，以昌黎县并非通商口岸，日人不得在境内营业，私贩毒品，尤为违法，函请日本驻华使馆谕知在华日人，不得再有类似事件发生，但日本使馆对此置之不理，一直不予答复。

在山东济南，由于铁路为日本人管理，日本人的毒品运输更是畅通无阻。在胶济线上，几乎每一小站附近都有一两座小房子，门上挂着某某洋行的招牌，里面住着几个日本浪人，不分昼夜地销售毒品。在济南市区做毒品生意的日本浪人不下 1000 人，他们开的店铺门上挂着包子店、土产店、钟表店、古董店的招牌，以此为掩护，销售毒品。

这些毒品贩子在日本宪兵的保护下，十分猖獗。在山东省境内，中国巡警每查获贩毒的日本浪人，日本宪兵便前往干涉，强行要求放人并索回毒品，如遭拒绝，便大闹警署。更有蛮横的宪兵，甚至对中国警察进行罚款。某县一位县长，竟因下令抓捕浪人毒贩而被迫受罚。

山东的高密县不属对外通商口岸，但一伙日本浪人却跑到该县开了共荣、天龙、寒川等九家商行。他们开商行是假，贩卖毒品是真。发展到后来，他们竟与东北的日本关东军挂上了钩，陆续秘密从那里运来枪支弹药，卖给高密一带的中国土匪，牟取暴利。结果高密县不仅毒祸蔓延，匪患也日益严重。

该县政府见如此发展下去，本县的治安将无法收拾，便以高密并非通商口岸为由，派员与这些商行的老板交涉，请其出境。但这些浪人毫不理睬，继续干贩卖毒品的勾当。

高密县政府见赶不走这些浪人，便另想新招，通知该县境内的居民，一概不准将房屋租赁给日本人经商或居住。哪知这一招不但未能奏效，结果还酿出了命案。

日本浪人的商行全部开设于高密县城内，城内居民对他们的恶行早已不满，县政府布告发出后，租房给浪人开店的居民便请他们迁走。但是，这些浪人连当地政府都不买账，哪里还把老百姓放在眼里，九家房东一再催促，他们就是不迁。

其中有一位姓马的房东，是当地颇有声望的人士，马先生原以为日本人仅是一般经商，便将一处房屋租给一个名叫池田茂的浪人开店。后来他得知池田茂又是贩毒，又是贩卖军火，十分气愤，曾两次催其搬走，但无结果。县政府发出不准将房屋出租给日本人的通知后，马先生认为自己是地方上的名门望族，应该做出榜样，即亲自出面与池田茂交涉，要他迁走。

池田茂当面答应得很好，但一直拖了半个月，仍无搬迁的迹象。马先生见口头催促，已无效果，便招来十多名族人，叫他们前去催池田茂克日迁出。

但池田茂态度强硬，声称在未找到新的铺面之前绝不搬迁。马先生家人问他新铺面何时才能找到，池田茂却冷笑一声说："也许一年，也许两载，那得看我高兴。"

马先生家人见池田茂态度傲慢，毫无搬走之意，不禁火起，命族人将店里的柜台搬走。池田茂毫不示弱，当即命店里的伙计一齐上前阻拦。

双方遂发生冲突。

争斗间，一个受雇于池田茂的浪人突然掏出手枪，向马先生族人开枪射击，当场打死一人，打伤三人。

等警察闻讯赶来时，凶手已逃之夭夭。警察遂将池田茂押走，并封了他的店门。

事后，马氏族人群情激愤，要将池田茂店中的财产货物全部搬出焚毁，被警察劝阻。马先生则要求警方严惩池田茂，尽快缉拿凶手。

但是，池田茂受治外法权保护，高密县政府只能将他交给日本驻山东领事馆法办。

不久，池田茂便被日本领事馆放出。经过日本领事出面交涉，他店中的财产货物也安全运走。而那开枪杀人的浪人也远走高飞，不知下落。

毒品兼军火贩子池田茂，又到其他地方开业去了。

"一·二八"上海事变之后，日本人在淞沪地区的贩毒活动更加猖獗。上海海关仅两年多时间，就查获41艘偷运毒品的日本轮船，共计查获鸦片8万余两。一些日本浪人携带毒品到上海附近各县秘密推销，有的竟强行开设烟馆。

1934年初，竹岛常吉、佐野虎重等数名日本浪人，竟到嘉定县公署要求开设妓院和当铺，想以此为掩护贩卖毒品。他们的要求被县长拒绝。

竹岛等人见开不成妓院当铺，干脆携带吗啡、鸦片等毒品，偷偷在该县境内出售。

这伙毒品贩子的行径，屡被县公署查获。县公署向日本驻上海领事馆抗议，日本领事馆不但不予制止，反而对竹岛、佐野等人加以庇护。

竹岛等人有恃无恐，竟公然在嘉定县境内开起了吗啡馆，同时收买中国无业游民帮他四处推销毒品。

一日，嘉定县警察局捕获了两个毒品贩子，并搜出吗啡七包。经审讯，两人一个名叫张继发，一个名叫宁德顺，均为常州人。他们的毒品，都是由竹岛等人批发，准备带到常州出售。警察局迅速将竹岛与佐野拘捕，将他们和张、宁两人及毒品一起押往上海，与日本领事馆交涉，要求惩处竹岛、佐野二人。

不料三天后，竹岛、佐野二人又安然回到嘉定，照常经营他们的吗啡馆。嘉定县警察局派人前往查问，他们竟傲横地说，他们在嘉定开设吗啡馆一事，已经得到日本领事馆的许可，中国官方不得干涉！

这些日本浪人不准中国官方干涉他们贩毒，却一再干涉中国警方缉查日本毒贩。自那以后，每当嘉定警察查获贩卖毒品的日本人，他们便出面无理要求警察局放人，并交还被查获的毒品。

有一次，携带大量毒品的浪人被嘉定警察查获，在押送上海途中，竹岛常吉等人竟率众拦劫。于冲突中，警长被打伤，几个警察的枪支也被夺走。

嘉定县县长怒不可遏，命县警察局缉拿凶犯，并查封了竹岛常吉等人的店铺。但是，日本驻上海领事馆竟派出警察，在竹岛、佐野等人的住所设岗，严禁华人出入。

自此，竹岛、佐野等毒品贩子更加肆无忌惮。

山西由于与河北毗邻，又有平汉铁路线横贯境内，交通十分便利。一些日本浪人便将大量毒品从天津日本租界地运往山西各地，以低于北京、天津等地的价格秘密出售。使得山西省境内毒品贩运猖獗，吸毒人数也日益增多。其中榆次、大谷、祁县一带尤甚。

日本浪人在祁、榆两县交界处的田桥村，设立了一个很大的售毒窝点，名为"十大股"。浪人们为防中国警察前来查剿，以巨金收买当地颇有势力的匪首阎天福，充当十大股毒窝的窝主。

十大股营业的时间多在清晨，由匪首阎天福派一部分喽啰，携带枪械保护，在田桥村野外空地中分开设市。四面八方的毒品贩子应时而来，在这里批发鸦片、白面、海洛因等毒品，到各地零售。一些烟民也前来购买毒品过瘾。

十大股每天的贸易时间不长，一般开市两小时左右即收市。尽管如此，每次开市的成交额均高达数千元。匪首阎天福也时常带着保镖光顾毒品市场，以壮声势。

这个由日本浪人开设的十大股售毒窝点，对日本侵略者扩大毒化区域起到了不小的作用。附近的中国百姓也受害不浅，染上毒瘾的人与日俱增，不少人因吸毒而弄得倾家荡产。但是，由于日本浪人以巨金贿赂地方官员和缉毒部门，又有土匪武装保护，这个窝点长时间未被取缔。直到抗日战争爆发前夕，地方警察局才在民间武装"主张公道团"的协同下，趁十大股开市之际，突然包围田桥村，经过一番激烈的枪战，将数名日本浪人和匪首阎家福一齐抓获。

福州的判官庙，是日本浪人贩卖毒品的窝点，庙中的一座花池内，装的全是烟土。浪人们雇用了许多人，为他们把毒品定期送到顾客家里。那些零售的烟土，有的装在食品盒里，有的装在药瓶中，由送货人挨门分送给顾客。后来浪人又想出新招，雇用报贩送货。报贩把毒品卷在报纸里，每到一户，便喊一声"送报"，毒品便随报纸送到烟民手里。照这么干，即使是同院的邻居也不会发现。

后来，这个窝点被中国警方破获。

这天凌晨，毒品侦缉队包围了判官庙，将几名贩毒的日本浪人抓获，然后搜查窝藏在庙中的毒品。

几名侦缉队员正搜查间，庙外突然响起枪声和阵阵呐喊声。原来一名浪人在侦缉队进入庙内时，从后院越墙逃走。这名浪人当即向日本警察报信，并迅速纠集了一批被他们收买的送货人，携带刀枪向判官庙扑来。十多名日本警察也换上中国服装，混在其中助阵。

毒品侦缉队仅有十多人，经过一番枪战后，终于寡不敌众，让一伙暴徒和化了装的日本警察攻入庙内，一名探警在枪战中死去，另有一名调查员和三名侦缉队员身负重伤。

几个毒品贩子被日本警察带到日本警署保护起来，庙中的毒品也全部转移。

……

以上虽然只是大量毒品案件中的几个故事，但日本浪人贩运毒品活动如何猖獗，由此可见一斑。

日本侵略者的毒化网，靠着日本浪人这些毒丝，向中国东北以外的省份不断延伸、延伸，大有蔓延中国全境之势，到 20 世纪 40 年代前后，在日本毒品制造商和大批毒品贩子的推动下，中国已成为世界最大、最兴旺的毒品市场之一。

第十章

走私大军中的"劲旅"

1. 偷运者的天堂

自从日本侵占东北之后，长城各口和秦皇岛及附近口岸，便成了日本人走私的中心地带。许多日本浪人采取种种巧妙的手段，向华北境内偷运人造丝、毛织品，不过，当时的偷运者还不是明目张胆毫无顾忌。他们大都是从大连随身携带麻丝一两包、哔叽一两匹，乘火车携往天津。一次往返可获得数十元至百余元不等，都是小规模的走私。那些用轮船偷运走私货的浪人也颇谨慎，他们在轮船驶近口岸时，为防止被中国海关缉私船查获，不惜将货物抛入海中，然后再雇用中国民船将货物捞出，秘密运往天津。

1933 年 3 月，日本关东军在占领热河省后，大举进攻长城各口，5 月 31 日，国民党政府与日本关东军签订了丧权辱国的《塘沽协定》，根据协定，中国军队撤退至延庆、昌平、高丽营、顺义、通州（今通县，以上各地今皆属北京市）、香河（今属河北）、宝坻林亭镇、宁河芦台（今属天津市）所连之线以西以南地区，并划上述地区以北以东至长城沿线地区为非武装区域。

该协定实际上承认了日军占有东三省及热河，划绥东、察北、冀东为日军自由出入地区，给日本进一步控制华北提供了便利。

这个协定，同时也为日本走私者创造了一个偷运货物的天堂。

1934年春，华北地区出现大规模走私，日本浪人雇用民船载货，并携带军火枪械，公然抗拒中国海关稽查。至5月份，秦皇岛方面，竟不断发生中国缉私人员被武装日本浪人袭击的事件。走私活动变得日益猖獗，根本无法稽查。

是年夏天，日本宪兵解除了"非武装区域"中国海关稽查员的武装，这些赤手空拳的缉私者，只能眼睁睁看着走私船在海上来来去去。日本浪人的私货到了口岸，近的用卡车运送，远的则以武力威胁铁路局代运。不仅不给运费，甚至连走私者乘坐客车也不买车票。铁路局畏其强暴，为避免纠纷，只有不闻不问，任其横行。

据当时海关调查，走私货物大都避开天津、秦皇岛两处口岸，海路以北戴河、滦河口最为活跃。这些私货多来自大连、营口、葫芦岛。货物于口岸起卸后，再用卡车运至留守营或昌黎车站，装上火车，运往天津集中。陆路以榆关及其附近的东罗城一带最为活跃。这些私货从大连、营口装上火车，运至榆关卸下，再以汽车或人力车运到罗城，因为这里在榆关海关的管辖范围之外，并且很早就是私货的集散市场。随后，走私者再从容地将私货推向消费市场，或再大批运往天津及沧州。

至1935年春，华北地区的走私队伍空前壮大，而日本浪人则是这大军中的一支劲旅。据当时统计，在天津日租界，日本浪人为经营走私货物而组织的"贸易公司"已达200余家。

这些"贸易公司"除了经营私货之外，还兼贩毒品，有的批发，有的转运，生意异常红火。走私货物皆在夜幕降临之后运入运出，以避人耳目。

走私者从天津运往上海的人造丝，目的是从那里销售到东南各省；毛织物及糖类大多运往山西等省；香烟则运往河南……

天津，已成为华北地区最大的私货集散地。从这里秘密输出的私货，平均每日达 500 吨以上。

中国海关在缉私方面的效力，已经几乎等于零，针对猖獗的走私活动而制定的"缉私办法"，也形同废纸。从以下几个方面，足以看出，当时走私之严重和缉私之无效力。

天津海关税务监督林世则，两次往晤日本驻天津总领事川樾，要求日方协助缉私，并以书面文件作为缉私的根据。川樾对中方的要求，仅口头表示："货物到中国口岸，按理不是领事裁判权范围内的事，故领事馆只可劝告偷运私货行为之侨民稍为敛迹，不可过事取缔，致生反感。"关于付给书面文件一节，日方不予同意。

天津私货由火车站转运各地，铁路局协助天津海关缉私以后，拒绝代运，以防漏税。海关并派关员到火车站办理验证盖戳事项。但是日本领事川樾却向铁路局提出口头抗议，同时，日本宪兵竟以"保护侨民"为借口，到火车站干涉检查。结果是中国海关人员在车上监视走私者、查验私货，而日本宪兵则在车站监视关员，放行私货。

天津、秦皇岛海关经常因缉私发生冲突。1936 年 3 月 21 日至 4 月 1 日，天津海关因缉私发生冲突五次，交涉无效者四次，秦皇岛海关关员被走私浪人殴打两次，重伤 3 人，轻伤 12 人。结果两海关关员均因人身安全无保障，而对走私者束手不缉，致使私货畅通无阻。

1935 年末，经日本关东军阴谋策划，在非武装区域成立了伪政权："冀东防共自治政府"。冀东伪政权在日军协助下，于北戴河、留守营、昌黎沿海一带设立关卡，征收入口私货税，税款仅为正规关税的四分之一，因此走私浪人从陆路、海路运来的货物，均到伪关卡纳税，然后执其税单为凭，声称已缴纳关税，强行通过天津、秦皇岛两海关所设的关卡，不再纳税。

从山海关到天津的海岸，成了日本走私者自由进出的海岸，港口则成了他们自由进出的港口。大批载着走私物品的拖网船、汽船停靠在海岸，走私的汽船，可以直接开进大沽港。在山海关港，每天有汽船驶入30多艘。海岸上搭着许多帐篷，看上去就像一个小集镇。一堆堆人造丝、白糖、卷烟纸、煤油、酒精、汽车轮胎、自行车零件等走私货物，每堆货物上插着白旗，旗上写着日本某某运输公司字样。日本浪人把这些货物运往南方，有的用汽车拉，有的用牲口驮，有的雇人挑。

由北戴河等处至天津的走私小汽船，从1936年3月起，每日有20艘左右的驶入天津口岸，日平均运到私货如砂糖、人造丝、海味、布匹等约六七百吨。在天津日租界的明石、宫岛、福岛、秋山各街，走私者运到的私货无处堆存，就放在人行道上，入夜后，再雇用载重汽车，上插"国际运输会社"旗帜，运出市外。押车的浪人均佩带"青年同盟"徽章，势极凶顽。各走私公司均在各地造起铁皮仓库，作为临时囤积货物之用，拉开了永久维持这一走私组织的架式。

由于华北地区的走私愈演愈烈，天津海关监督林世则和秦皇岛海关监督奚定漠特地前往南京，向当时的财政部长孔祥熙请示有效办法，孔祥熙的指示是："防止走私，严缉固属办法，同时外交部也应有所进行。"至于外交部须做哪些工作？孔祥熙语焉不详。

事实上，"缉私办法"已等于废纸，外交上又怎能取得多大的效果？至多也不过使其成为一个"走私问题"而已。

在中国的领土主权已经受到日本侵略者严重践踏的情况下，要想维护海关行政的完整，已是不可能的事。

日本走私大军，给国民党政府的财政和中国产业界带来了巨大的损失。天津、秦皇岛两海关，每日漏税的货物，约在500吨以上，仅人造丝一项，关税每天损失就达万元左右，而糖及其他洋货尚不在内。由于走私洋货的涌入，使国内同类货物价格严重下跌，就中国的糖业而言，已受损巨大，在华北、华东、山西、陕西，以及长江流域各省，国产糖已无人问津，上海全市有62家糖行，均已陷入停顿状态。

糖业如此，其他产业的受害情形可想而知。

随着海关缉私队伍陷入瘫痪状态，天津将变成无税港口，而私货通过铁路运往中国各地时，各地的海关与铁路局又无法责令走私者补税，于是私货所能到达的地方，都将成为无税的口岸。长此以往，中国的民族工业将无法生存，中国的国民经济将遭到严重的破坏。而日本侵略者怂恿本国商人、浪人进行大规模走私的最终目的也在于此。

由于受到日本军方和领事馆的怂恿庇护，中国海关缉私无力，日本浪人的走私活动日益猖獗，他们海陆并进，明目张胆地将大批私货输入华北地区，然后向各地销运。这些走私者畅行于各关卡口岸；稍遇干涉阻拦，便动武行凶，或殴打关卡征税人员，或向缉私人员开枪。如私货或被海关扣留，他们便更加凶狂，轻则聚众抢回被扣货物，大闹海关；重则由日本领事无理提出"抗议"，酿成外交事件，驻华日军甚至对中国海关或外交部进行武力恫吓……致使走私者在中国领土上恣意横行，为所欲为，而不受任何惩罚。以下事实，可以使读者大致了解当时走私者的所作所为。

2. 日军庇护走私，浪人大闹海关

1936 年 6 月 20 日傍晚，太阳虽然已经偏西，海面的能见度仍然良好。在河北岐口附近海面巡逻天津海关缉私炮艇渔光号，发现一艘悬挂着日本国旗的货轮，自东北方向海面驶来，船长当即指示缉私队员按照惯例发出信号，命令这艘货轮停驶受检。

但是命令发出后，日本货轮并不减速，并且转而向南行驶，显然要躲避中国缉私艇的检查。

渔光号船长见状，命令炮艇全速前进，阻截日本货轮，强迫其停驶受检。不料日本货轮见无法逃避检查，居然步、机枪齐发，向渔光号缉私炮艇射击。

渔光号被迫开枪还击，并发空炮以威慑对方，迫其停驶。

日本货船上只有十多名武装浪人，他们本以为开枪示威后，中国缉私艇便不敢靠近，任其逃匿。哪知中方不仅开枪还击，火力猛烈，而且响起隆隆的炮声。虽然未见炮弹在海面爆炸，但也不禁感到胆寒。于是他们便向渔光号发出信号，愿意停驶受检。

这艘日本货办名为"大荣丸"号，船上载有砂糖、人参等私货。缉私人员登轮时，浪人们仍在将砂糖等货物抛向海中，以消除走私证据。未来得及抛入海中的两箱人参及其他私货均被查获。于枪战中，大荣丸号有两个浪人负伤。

大荣丸号被渔光号缉私艇曳至塘沽港时，已是晚上 8 时以后。海关人员当即要将两名受伤的浪人送往医院治疗，但浪人宁死不愿治伤。被带到塘沽海关办事处的日本船员和 10 余名浪人十分蛮横，当海关关员向他们讯问大荣丸走私情况时，他们坚称所带货物只为生活之用，并非走私。后来，这些人竟借口缉私艇的枪弹射穿了大荣丸上的日本国旗，"侮辱了日本帝国"，大闹塘沽海关办事处，将办公室内茶具桌椅砸坏，并将门窗捣毁。

凑巧的是，于 6 月 20 日同一天，青岛海关也扣留了一艘日本走私船。

日本走私货轮益茂丸号从大连开往青岛时，青岛海关已接到该船装有大批私货的报告，事先进行了严密布置，准备待这艘走私船一到青岛港，立即将其缉获。

不料，青岛海关的缉私布置又被当地接运私货的浪人探知，并以电报告知益茂丸号。

已驶入青岛附近海面的益茂丸号接到报告后，立刻转舵行驶，准备逃走。

此刻夜幕已经降临，青岛海关派出监视海面的缉私轮，发现益茂丸号避而不进港口，并企图逃逸时，当即派出汽艇追赶。

当汽艇靠近益茂丸号时，先以闪光灯发出信号，命令其停驶受检。但益茂丸号仍照常行驶。汽艇上的缉私人员又朝天开枪发出警告。益茂丸号仍不停船。于是汽艇便绕至其前方进行拦截，并向船上开枪射击，以武力迫使其停驶接受检查。

这时，缉私轮也已赶到。缉私人员对益茂丸号进行搜查后，发现船上装有大批白糖和人造丝等走私货物。于是，缉私人员责令益茂丸号驶向青岛港听候处置。

次日天明，海关人员发现益茂丸号船舷上插着一根竹竿，上悬一旗，倒于船外。旗已破旧不堪，无从识别究竟是何种旗帜。但船上的走私浪人却说那就是日本国旗，而且旗帜遭到枪弹洞穿。

这又是一起"侮辱日本国旗"事件！

益茂丸号上的日本浪人拒不承认走私，诡称："该轮并未走私，因接岸上警告说，缉私队即将莅临，怕船上所运货物被视为私货，因此想驶往他处，避开麻烦。"

青岛的日本浪人与侨民得知益茂丸号被海关扣留的消息，于26日下午召开抗议大会，并做出四项决议：

一、中国海关总税务司和当地海关监督必须向日本当局道歉；

二、罢免青岛税务司官员；

三、对被害者应赔偿损失；

四、保证今后不发生同类事件。

当晚9时许，在一伙浪人的煽动下，300余名日侨前往港口示威，他们当中许多人手持棍棒等凶器，要冲上码头闹事，海关人员出面劝阻，竟惨遭殴打。

骚乱持续了一个多小时，直到日本驻青岛领事馆派人前往劝阻，暴徒们才悻悻散去。

　　然而，浪人和日侨的骚乱并未就此结束。第二天早晨，数十名日本浪人携带汽油数箱，气势汹汹地赶到海关，准备纵火焚毁海关大楼。

　　海关监督见情况紧急，当即命一队缉私人员于大楼外警戒，随后又打电话给日本领事馆，请求日本领事派员将闹事浪人劝走。

　　但是日本领事派日警赶到现场后，浪人们仍不听劝阻，继续行凶。他们在日本警察和中国缉私人员的阻拦下，无法接近海关大楼纵火，便以石块砖头袭击海关人员，并将海关大楼的门窗玻璃砸烂。

　　这场骚乱，造成10多名海关人员受伤，海关大楼也变得百孔千疮。

　　中国海关在本国领海稽查私运，本是行使主权，维护海关税收的正常举动，但是日本方面却抓住大荣丸、益茂丸两艘走私船被扣大做文章。掀起了一场反对缉私的轩然大波。

　　6月24日，日本驻天津总领事将中国海关缉私严厉、扣留日本轮船一事电告日本外务省，要求向中国当局提出严重抗议，同时派领事岸伟一造访天津海关税务司，向司长许礼亚就两艘日本轮船被扣事件提出书面抗议，理由是，"中国海关缉私人员侮辱日本国旗，对无抵抗的日本船舶开枪射击，并造成人员受伤，应予赔偿损失。"并要求修改海关章程。

　　天津海关尚未来得及做出反应，日本驻天津海军武官久保田大佐，便于25日在日文报纸上发表声明，措辞十分强硬，声称：

　　"天津、青岛两海关巡船侮辱日本国旗，伤害无抵抗的日籍船员，为保护日侨生命财产及'海上安全'起见，日本海军将严密监视中国海关巡船的行动，并于必要时派遣旅顺军舰，在大沽港外游弋。"

　　当然，这只是刚刚开头，6月26日，日本外相又训令驻华大使川樾，向中国政府提出严重抗议，并与日本海军军令部议定，以适当方法警备天津附近的海面。

这个"适当方法",便是向中国政府进行武力恫吓。

6月28日,日本海军驱逐舰菊号,由旅顺港驶抵歧口附近海面,监视天津海关缉私炮艇渔光号的行动。29日,驻上海日本第三遣外舰队又电令久保田,命其严密注意天津海关缉私舰的行动,必要时可以断然处置。

日本海军在炫耀武力的同时,还向中国海关提出"解除渤海湾天津、芝罘两关的海上缉私武装,禁止秦皇岛海关巡逻船在距海岸12海里以外缉私"的无理要求。被中国海关当局拒绝。

于青岛日本浪人和侨民大闹港口和海关之际,日本驻青岛总领事田尻一再向青岛海关提出抗议,要求海关道歉、赔款。紧接着,日本遣外第三舰队司令及川与日本使馆书记官堀内,乘出云号巡洋舰从上海来到青岛,与驻青岛第十四驱逐舰队司令久宜和日本领事西春彦会晤,决定向青岛海关施加压力,迫使其接受日本方面提出的各项要求。

由于日本的借题发挥,大肆宣扬中国海关扣留两艘日本走私船一事,引起了国际社会的注意,英、美一些报刊纷纷刊登大荣丸、益茂丸两艘走私船被扣的经过,以及中日双方交涉的情形,并对中国海关巡逻舰之所为,表示赞许,但这只不过是在舆论上起到一点支持作用而已,并不能有助于控制事态的发展。

在日本的武力威胁下,天津海关不得不将大荣丸走私船放行,并向日方就缉私艇渔光号误射日本国旗一事表示道歉,对日方要求赔偿一事,则以大荣丸号走私属实,未予接受。但是渔光号上的缉私人员已被调离海关。

接着,青岛海关也像天津海关一样,将益茂丸号放行,并向日方赔礼道歉。

中国海关有理的缉私行动,反而变成无理,日本人非法走私活动反而成为合法。

3. 形同匪盗的走私者

陆路的走私者比水路的走私者更加猖獗。因为水路走私者必须在各口岸卸货，而口岸比较集中，中国海关的缉私力量尚能对口岸有所控制。陆路则四通八达，除铁路之外，公路和乡村大道均可运输私货。

在热河一带，经常可以看见满载私货的汽车，由武装的日本浪人或朝鲜游民保护，经公路通过长城各口。由于那里属于非武装区域，所有关卡人员不准携带武器，因此对这些由武装浪人押送的走私汽车，只能束手让其通过。如关卡人员稍加阻拦，轻则遭到殴打，重则被浪人开枪击毙。

1935 年夏，河北榆关海关人员在一次行动中，缉获日本浪人大批走私货物。次日上午，数名日本浪人纠集一帮朝鲜游民，气势汹汹地来到榆关海关办公地，向海关人员索还私货，遭到海关负责人严词拒绝后，竟不顾关员阻拦，冲进办公室，将桌柜等办公用具捣毁。

当日夜，浪人们又携带刀剑棍棒，卷土重来，将三名值班人员绑走，企图以他们作为人质，换回私货。幸得缉私队发现，及时出动追截，才将三名值班人员救回。于混战中，一名值班人员被日本浪人用匕首刺成重伤。

事发后，中国海关税务司向日本领事馆提出抗议，并请其派日本警察协助维持海关秩序，制止日本浪人的骚扰。随后，国民党政府外交部照会日本驻华使馆，要求缉拿肇事浪人归案法办，日方置之不理。

数日后，榆关竟有三处分卡接连被日本浪人捣毁。有三个贩运私货的浪人在经过一处分卡时，不但拒绝接受关员的检查，还动手殴打关员，关员自卫还手，一浪人竟突然拔出短刀，向关员腹部猛刺一刀，然后与另两名浪人一起逃走。

缉私队接到分卡关员的报告，立即出动，将三名浪人捕获。但是，缉私队正将凶手往海关押送途中，突然遭到 10 余名全副武装的日本警察的拦截，将三名浪人强行要走，然后将其释放。

被浪人刺中腹部的关员，因伤势过重，于当天下午死去。

中国海关税务司为此向日本领事馆提出抗议，日本领事不但不提惩办凶手一事，反而要解除中国巡缉人员的武装。此后，外交部照会日本驻华使馆，要求惩凶、赔偿、缉凶，并予释放凶犯的日本警察以处分，日本使馆一直不予答复。

对于走私浪人的暴行，中国海关虽屡向日方提出抗议，但日方均置之不理，但如果走私浪人或朝鲜游民略受轻伤，日方便立即要求巨额赔偿，毫不让步。

1936 年 5 月，中国海关缉私队在长城口隘查获了两起走私案。走私浪人仓惶逃走，从城墙上跳下时跌伤，结果当地日本驻军竟出面强行索回私货，要求海关赔偿走私浪人 5000 元疗伤，并无理要求中国海关取消长城沿线的缉私巡逻。

由于日本浪人不受中国法律的约束，一些中国奸商也雇用他们做保镖，押运私货。当时的开价是每车每人运出 50 华里，付给押运者国币 5 元，百里 15 元，百里之外，每远 50 里，递加 5 元。

如果走私货物被中国缉私人员查获扣留，日本浪人便纠集暴徒用武力夺回，或聚众到海关示威，不索回私货绝不罢休。

天津海关于某日夜查获了一批走私人造丝，缉私人员依法将其没收，运往法租界 12 号海关仓库存放。

次日清晨 4 时许，四五十名日本浪人手持刀枪棍棒，在夜幕的掩护下，乘坐一辆卡车闯入法租界，先将海关仓库值班人员打成重伤，然后砸开仓库门，将被扣货物全部抢走，还顺手牵羊，搬走杂货 10 余箱。

天津西头针市街一家由日本浪人开设的走私商行，积存大批私糖，被缉私人员查获没收。商行老板川田纠集 100 多名浪人和侨民，到海关示威，致使交通阻塞，海关人员无法办公。天津市警察局派警察前往驱散，川田竟挑动浪人们与警察发生冲突，打伤警察数名。

天津海关见无法驱散闹事的浪人，只得请日本领事馆派人将他们劝回。

日本领事馆当即派一名领事驱车赶到海关，但他不仅未劝阻浪人，而且要求海关退还没收的私货，并威胁说，如果不退还私货，一切后果将由海关方面负责。所谓后果，无非是放纵浪人发动更大的骚乱，或待事态扩大后，由日本驻军出面干涉。

天津海关怕日本浪人挑起更大的骚乱，闹得无法收拾，只得将没收的私货退还给川田商行。

海关缉私乏力，无法控制铁路方面的走私，后来思得一策，即与铁路局接洽，对于一切货运，如无海关提供的运单，请铁路各站勿予运输。

此规定如能实行，虽不能完全肃清走私，也确可起到一定的效果。但是，这一规定只实行了三天，日军便对铁路局施加压力，要求其立即废除这一规定。结果铁路各站发运货物时，不仅不再要海关的运单，而且拒绝海关人员在车站查检货物。其理由是海关方面的设施较为完备，可以容纳大量货物，如发现私货，即可没收入库云云。

这样一来，通过铁路走私的浪人犹如天马行空，往来毫无拘束。

北京至浦口的铁路，是日本浪人走私的热线，每有列车南下，必有许多浪人将大批私货强行运上火车，由于铁路局向日军妥协，海关人员又被车站拒绝入内检查，这些走私者便给铁路造成很大的混乱。

有一次，从北京南下的 305 次客车经过天津东站，10 多名浪人不顾车站工作人员的阻拦，雇用搬运夫将大批人造丝、砂糖、棉布、卷烟纸等私货，强行装入二三等车厢，结果一节二等车厢因严重超载，车弓被压毁，车站人员只得让这节车厢的乘客分散到其他车厢，然后将其摘下。上了这节车厢的浪人不愿等下一次车，硬行将货物转移到其他车厢，致使客车停了将近两个小时，才从东站开出。

客车开至天津总站后，机修工又发现三节三等车因严重超载而呈危险状态，车站人员便出面与浪人协商，请他们将货物卸下一部分，待下一次车到站时再装运。但浪人坚持不愿卸货，车站人员反复劝说，浪人仍置之不理。车站站长只得打电话请来日本宪兵与浪人接洽，这些走私者才同意让车站采取措施。

待车站人员将三节超载的车厢摘下时，客车已在天津总站停留了两个多小时，至次日凌晨 1 时 30 分，始离站南开。

由于各节车厢均已满员，卸下的三节车厢里的数百名乘客只得在站台上露宿，等候搭乘次日早晨的慢车。

在铁路上，此类事情经常发生。

日本浪人走私的规模越来越大，私运货物的种类也越来越多，后来又发展到走私银元。华北某海关于 1935 年 4、5 两个月，查获日本浪人和朝鲜游民走私的银元竟达 177900 元之巨。同年 11 月上半月，由长城各口隙运出的银元每日多达 100 万。

到了国民党政府将现银集中封存，实行法币政策的时候，走私银元的浪潮也随之低落。但浪人们手法一变，又走私起铜元来，其走私的数量也越来越大。

1936 年 3 月 9 日，日本货轮泰山丸号在青岛启碇开往日本时，被当地海关缉私人员搜出铜元 80 余包。时隔不久，上海海关人员又在日本轮船大洋丸号上，查出价值万元的铜元。这批走私铜元被查出后，日本浪人蛮横阻挡海关人员将铜元抬下轮船，冲突中，有几个浪人竟亮出匕首、腰刀，乱刺乱砍，海关人员有七人受伤，其中有一名海关人员被浪人砍断了手臂。100多袋走私铜元也被浪人们夺走。

上海海关人员因缉私而被日本浪人打伤后，一面呼吁政府维护主权，保障税收，武装缉私力量，一面向日本驻上海领事馆提出强烈抗议，谴责日本走私者横行无忌，公然威胁殴打关员，并夺回走私物品，要求日方充分保护执勤关员的人身安全。

但日本领事馆对上海海关的要求一直置之不理。

在上海码头，浪人因私货被查出而行凶动武的事件，一年有10余起之多。

继大洋丸号的走私铜元被查出之后，上海海关又接连查获三起铜元走私案。但是查获的铜元，均被日本领事馆派员到码头强行领走。

铜是制造军火的必需材料，在日本政府的军事预算逐年骤增的情况下，铜元的走私对日本的军事工业大为有利。铜元是中国当时的基本辅币，大量流失，给市场交易带来很大的困难，并且降低了人民对政府发行的法币的信任，动摇了财政的基础。

日本浪人的走私范围，随着日本侵华势力的扩张而逐步扩大，由华北到华中，由华中到华南……由都市到乡村，大半个中国都成了这支走私"劲旅"自由驰骋的"疆场"。

第十一章

侵华谍报机关的鹰犬

1. 庞大的日本侵华间谍网

日本的间谍组织，起源于幕府时代。早在德川家康当政之时，就豢养了 300 多个名为"庭藩士"的密探。这些密探散布于日本全国，专门监视、侦察三百诸侯的行动。当时，在江户城内，有称之为"伊贺组"、"甲贺组"的机构，就是日本最早的间谍组织。

明治初年，日本的间谍组织开始健全壮大，间谍的活动也较前活跃。警察总监川路，是一个忠于政府的人，他对日本间谍的组织和训练，曾尽过最大的努力，然后他利用这些间谍监视一切反对政府的派别。后来这个间谍头子因引起反对派的仇恨而遭暗杀。

日本向中国派遣间谍搞情报活动，始于 19 世纪 70 年代。

1872 年夏，当政的西乡隆盛，派遣外务省官员池上四郎、武市正干、彭城中平等人秘密潜入中国进行谍报活动，为侵略朝鲜做准备。

池上四郎等人伪装成商人，从上海乘船，经芝罘到达营口，在东北地区活动了数月时间，搜集了大量的地理、政治、军备、财政、风俗等方面的情报，这次侦探活动，一直持续到次年的 4 月方告结束。

池上等人回国后，向政府报告说："以今日之状态，不数年中国将土崩瓦解。现今为我国解决韩国问题之最好时机，机不可失，时不再来。"

池上一行带回的情报，使西乡隆盛大为兴奋。野心勃勃的西乡不仅要吞掉朝鲜，而且要"经营"中国大陆，1873 年初，西乡隆盛又派海军少佐桦山资纪（后升为海军大将）、海军秘书儿玉利国（后升为贵族院议员），到中国华南地区搞情报活动。同时将陆军少佐福岛九成转为文官，任命他为驻福建省厦门领事，命令福岛搜集台湾方面的情报，企图在中国南部建立侵略根据地。

当时，清政府对台湾防备颇严，轻易不准外国人进入。福岛九成想出种种办法，仍难以进入台湾，正在为难之际，恰遇日本画家安田老山在中国向名画家胡公寿学画。正在漫游闽浙山水的安田表示愿意帮助福岛，于是福岛便冒充安田的弟子，随安田进入台湾。

福岛九成对台湾进行了地理实测，调查了台湾的政治、经济、风土人情，在安田老山的协助下，绘制了颇为精确的台湾地图。这份地图为 1874 年日军侵占台湾起到了重要的作用。

西乡隆盛这两起谍报派遣活动，是日本政府对华进行谋略谍报活动的开端。日本政府通过池上四郎、福岛九成等人搜集的情报，了解了中国的内情，为以后的侵华活动打下了基础。

他们几乎走遍中国

日本为侵略中国而进行谋略谍报活动进入有组织、有计划的新阶段，是派遣军事间谍，在中国建立情报组织汉口乐善堂。

1886 年春，日本陆军参谋本部派了一名陆军中尉秘密潜来中国，在汉口建立情报机构。这个情报机构的建立者，便是在日本近代史上被称之为"一代英杰"的荒尾精。

　　荒尾精，1859 年生于日本尾长（今日本爱知县），是藩士荒尾义济的长子，幼年移居东京。当时，由木户孝允提出的"征韩论"，在日本朝野产生了很大的影响，时任陆军大将、政府参议兼近卫都督的西乡隆盛，是征韩派的代表人物。荒尾精是"征韩论"的赞成者，对西乡崇拜得五体投地，并从而立下大志，努力学习汉语，潜心研究汉文典籍，为将"雄飞"于岛国之外的天地，干出一番大业做准备。

　　1878 年，荒尾精考入陆军教导团，成为一名陆军军曹。两年后，他又考入日本陆军士官学校。1885 年毕业后，他进入陆军参谋本部，在"支那科"任职。但胸怀大志的荒尾对这个位置兴趣不大，他一度打算离开军队，独自潜入中国进行间谍活动，以成就他的宏图大业。他曾口出狂言："日本应该攻取并统治中国，以中国作为'东亚复兴'的基地。"由于参谋本部次长川上操六的赏识，1886 年，他被参谋本部以陆军中尉的身份派来中国。

　　荒尾精接到命令后，立即装扮成一个旅游者，乘船来到上海。临行前，川上操六就叮嘱他，到上海后，首先要拜访日本在华从事情报活动的"先驱"人物岸田吟香，岸田会对他在中国的间谍活动给以有力的帮助。

　　岸田吟香，1833 年生于日本冈山县，精通汉文典籍，并跟美国学者学习过英文。1872 年，岸田任《东京日日新闻》主笔，两年后，他作为随军记者，随西乡从道率领的日军侵略台湾。1887 年，他辞去报社的职务，在东京银座开办乐善堂，靠经营"精锜水"眼药和贩卖古籍、办理广告业务发了大财。

　　1878 年，他来上海开办了乐善堂上海分店，除了卖眼药水，又经营出版厂，用铜版印刷代替了中国当时落后的木版印刷，靠着商人的头脑，很快成了富翁，并且结交了一大批文人和社会名流，成为上海滩的头面人物。

　　岸田吟香并不满足于发财和混迹于文人、名流之间，他的雄心，是为日本征服中国而发挥自己的才智和力量，但苦于"个人孤掌难鸣"而"蕴蓄未发"，荒尾精的到来，使已经53岁的他感到有了施展抱负的机会。两个怀着共同野心的人一见如故，结成了忘年交。

　　对于设立情报据点一事，岸田吟香认为，汉口地处中国腹地，地理条件十分优越，往东可以沿江而上，直达上海，往西可以前往四川、云南、贵州乃至新疆等省，又是内地最大的通商口岸之一，易于以经商为掩护。目前日本的势力尚未延及此地，正可以在那里开拓发展。因此他提出，由他提供资助，在汉口开办乐善堂分店，一面经营与总店类似的业务，一面从事谍报活动。

　　荒尾精十分赞同岸田吟香的看法，并对他的热心帮助十分感激。此后他便在岸田的乐善堂住下来，着手筹备建立分店的工作。

　　荒尾精离开日本之前，川上操六除了叮嘱他要得到岸田吟香的帮助之外，还要他广泛联络在中国活动的大陆浪人，与他们合作。于是荒尾精在做筹备乐善堂分店工作的同时，又通过在乐善堂当职员的宗方小太郎，与聚集在上海浦东广业洋行的一帮浪人取得了联系。

　　聚集在广业洋行的大陆浪人，有高桥谦、山崎羔三郎，与当时还是小人物的川岛浪速等人。这些浪人，大多曾就学于玄洋社头目平冈浩太郎早年在上海开办的东洋学馆。后来学馆因缺乏经费而停办，这帮浪人便各谋生路，宗方小太郎、内山岩等人进了岸田吟香的乐善堂，山崎羔三郎、高桥谦等大部分人则进了广业洋行。

　　这些大陆浪人分为两派，九洲各县的浪人为一派，其他各县的为一派，两派观点不一，时有争斗。荒尾精利用善于斡旋游说、调解矛盾的川岛浪速，化解了两派之间的积怨，向他们大谈经营大陆的重要性和大东亚的宏伟前景，说动他们随自己前往汉口，共同为天皇、为日本帝国效命。

筹备工作就绪之后，荒尾精便带领一帮浪人赶往汉口，在华洋街租了一幢西式楼房，开起了上海乐善堂汉口分店。

汉口乐善堂建立之后，荒尾精自任堂长，由浪人中野二郎做他的助手。有了这个据点，他的野心更加膨胀，他进而要以日本的所谓"王道政治"去"拯救世界"。他为汉口乐善堂规定的总的指导方针就是：第一步要"改造中国"；第二步要"拯救全世界"。

荒尾精深知这些浪人大多性情暴烈，行为放荡，如无疆的野马，为了控制和驾驭这帮浪人，他制定了一系列的"堂规"和活动计划。

荒尾精制定的堂规有7条：

一、遇事要深谋远虑，举止谨慎，以求万无一失；与中国人接触，要在商言商，力求符合身份；

二、努力完成分担之事务，闲暇时要谨言慎行；

三、堂员分为二部分：内员（在堂内工作者）与外员（到各地活动者），由堂长总辖；

四、堂长监督内、外员，研究其进退步骤，兼顾整体行动之谋划；

五、外员在执行任务时，要巧妙行动，避免嫌疑；既要注意当前任务，又要留心各地区之大事，为将来活动创造方便条件；

六、内员要努力分担诸事，并勤于为外员提供方便；

七、每年春季召开外员总会，但必要时亦可停止召开。

乐善堂的活动计划是：

（1）清朝敌视我国，不理解共同防御之大义，故我等同志应助成汉民族之革命运动，以期实现日华提携；

（2）为治理东亚做准备而培养必要的人才，在上海设立学校；

（3）在长沙、重庆、北京等地设立支部，保持与革命派志士的联络，促进革命运动；

（4）为防御将来俄国之东侵，派浦敬一赴新疆伊犁，促使伊犁总督刘锦棠决起抗俄。

荒尾精规定，"店员"均须蓄发辫，穿汉人服装，加强汉文学习和语言训练，为以后的间谍活动做好准备。荒尾精还发给每个店员一本《孙子兵法》，要他们认真研读领会其中的玄妙。

汉口乐善堂要调查的中国人物包括：君子、豪杰、豪族、长者、侠客、富者，共六类；要搜集的情报包括：中国各地之地形地貌、人口分布、风俗习惯以及土地、服装、运输、粮仓、煤炭、兵制、工厂等等。对上述所有项目，都要从军事和经济的角度加以详细调查。规定中还特别提出，要调查哥老会、九龙会、白莲会、马贼等中国道会门和民间秘密结社的活动。

汉口乐善堂立足稳定后，相继建立了北京、湖南、四川三个支部，支部长由浪人或军事间谍担任。后来又在天津、福州两地也开设了分支机构。天津称"积善堂"，福州称"乐善堂"。

自此，一个庞大的侵华间谍网相继建立起来了。

在此后数年里，汉口乐善堂的日本间谍们将眼药水、书籍、杂货等船运车载，背负肩挑，四处贩卖，以此作为掩护，一路进行调查。所携货物卖光后，就冒充旅游者、医生、风水先生继续周游。他们通过各种办法，对当时中国的战略要地、通都大邑进行了详细的调查。

这些日本间谍在调查活动中，语言是一大关，他们虽然都精通中国的语言文字和风俗习惯，但碰到关卡盘查时，仍时常因言语怪谬而露出破绽。每逢遇到这种困难，他们就说自己是福建或广东人，并根据福州组调查的详细社会资料，讲出一些闽粤情况。这样一来，往往能化险为夷，平安无事。

在荒尾精的指挥下，汉口乐善堂的军事和浪人间谍，在三年多的时间里，南到福建、广东、云南、贵州，西到陕西、甘肃、四川，北达内蒙、新疆，东至东部沿海及东北三省，几乎走遍了全中国，不论是城镇乡村，还是山川僻野，到处都留下了他们的足迹。

汉口乐善堂历尽千辛万苦，跋山涉水，调查得来的大量资料，后来经过著名军事间谍根津一的系统整理，定名为《清国通商总览》，1892 年 8 月由日清贸易研究所编印出版。这部书分为三卷，共 2000 余页，内容涉及政治、经济、财政、金融、贸易、产业、地理、交通运输及风俗习惯等诸多方面，堪称一部了解当时中国的"百科全书"，为日本政府制定侵华方针提供了大量第一手资料。当时被日本人誉为"向全世界介绍中国及中国人实际情况之最好的文献"。

1889 年 4 月，荒尾精回国述职。此后，他又为培养"能够担当中日贸易实际事务的人才"，获取中国政治经济方面的情报，计划创办"日清贸易商会"，下设"日清贸易研究所"，培养"专门人才"。

荒尾精经过一番辛苦的奔走游说，日清贸易研究所于 1890 年 9 月在上海成立，所址设在上海英租界忆金里，教职员工 200 余人，皆是荒尾精在日本挑选的"头脑优秀、身体强健"者，著名间谍宗方小太郎担任学生总监，原汉口乐善堂的一帮浪人间谍，也来担任要职或提供其他帮助。

但是，由于经费严重缺乏，这个培养间谍人才的机构于三年后停办。毕业生大部分回国，剩下 40 余名学生，留在荒尾精续办的"日清商品陈列所"又名"瀛华广懋馆"工作。甲午战争爆发后，日清商品陈列所的间谍活动被清政府探知，遂勒令其关闭。该所人员纷纷投身于日本的侵华战争中，或为随军翻译，或充当间谍，在海陆各战役中，为日本立下了大功。

甲午战争结束后，荒尾精又计划到台湾等地从事谍报活动，他从鹿儿岛出发，准备先到台湾，然后再去厦门、香港等地。但他却在台湾染上鼠疫，一命呜呼。

荒尾精死时虽然只是一名陆军大尉，但由于他为日本侵华殚精竭虑，不遗余力，建立了庞大的间谍网络，立下"盖世奇功"，哀荣非其他间谍可比。他的旧友与门徒将其遗骨运回日本，在他的京都王子河畔故居召开了追悼会。近卫笃麿、福岛种臣、松方正义、板垣退助等许多军政界要人和知名人士参加了追悼会。浪人之王头山满当然也要插上一脚，他参加追悼会后，称荒尾精是"五百年才出世一个的天降伟人。"

1903 年，近卫笃麿亲自主持了为荒尾精立碑仪式，在"东方斋荒尾先生碑"长长的碑文中，对他的侵华奇功极尽誉美称颂之辞。

为《孙子兵法》写"续篇"

1914 年 6 月第一次世界大战爆发后，日本政府欲趁西方列强卷入大战之机，扩张日本在中国的势力，而后独霸中国，一面加紧战争准备，一面向中国增派间谍，扩大搜集情报的范围。

为了侵占中国东北，日本关东军特务机关，一面由高级情报参谋河本大佐策划并制造了"皇姑屯事件"，干掉了张作霖；一面多次派遣间谍，以"参谋旅行"的幌子，到长春、哈尔滨、海拉尔、山海关、锦州等地秘密侦察，摸清中国军队的兵力部署。经过一系列的精心策划和准备之后，于 1931 年 9 月 18 日对沈阳的中国军队发动突然袭击。

日本关东军占领沈阳后，建立了沈阳情报机关，其头目则是有"间谍大师"之称的土肥原贤二。

第一次世界大战结束不久，土肥原就在中国开始了他的间谍生涯，那时他仅是日本驻华使馆的一名助理武官。他能说一口流利的中国话，熟知中国历史典故，会说中国四个地方的方言，是个中国通。他一面网罗在中国搞谍报活动的浪人和汉奸，向他提供情报，一面在东北的沈阳、哈尔滨等大城市以开设妓院、赌场为掩护，设立情报据点，并根据各方面获得的情报，为日本占领东北、建立"满洲国"，参与策划了种种阴谋。

当时，英国驻日大使罗伯特·克雷吉对土肥原做过这样的评说："历史将清楚地证明，在中国制造事端、寻机挑衅是日本军队的既定政策。而土肥原大佐积极参与了所有这些阴谋活动。他手法高超，不断地在中国人之间制造纠纷，为侵略铺平道路。他只要在任何地方稍稍一露面，无论把话说得多动听，都是要出现事端的前兆。"

"九·一八"事变后，日本关东军在哈尔滨设立了关东军情报部，在东北建立了庞大的间谍特务网，关东军特务、浪人密探和汉奸耳

图为在长春火车站下车时的日本关东军总司令官本庄繁（正中的挥手者），其后为参与策划"九·一八"事变的关东军高级参谋板垣征四郎。

目，遍及东北和蒙疆地区。

1937 年 7 月 7 日，中日战争全面爆发，日本侵略者狂妄至极，鼓吹三个月灭亡中国。但随着战区的扩大、战线的拉长和中国军民的顽强抵抗，致使日军"速战速决"的幻想破灭。日军被迫改变战略，采取"以华制华"的方针，并且加强对华的情报活动，将建立对重庆的谍报路线，诱迫国民党政府投降，以及加强对共产党及军队的情报工作，作为主要目标。

1939 年 12 月，由于战争形势的变化，日本华北方面军专门举行了情报工作会议，在方面军参谋长笠原幸雄的报告中，可以看出当时日军对谍报工作的重视和新的计划，他说："组织锐利周密的情报网，触及敌人抗战能力的核心，至为紧要。"要求各部："必须在粗大的特殊情报的网眼之中，配备严密而机敏的情报网，必须向敌方组织内部打入谍报人员，潜伏在敌人心脏之中以掌握其实质。"这次会议决定将中共及八路军作为情报的重点，建立谍报网。方面军的谍报机关为这一决定增设了"特殊情报班"。

1942 年，日军在太平洋战场陷于被动，侵华日军在中国战区频频失利。至此，日军仍梦想靠加强情报工作来扭转战局。是年 2 月，中国派遣军司令部召开宪兵情报工作会议，调整情报网，并配属第一线各兵团的宪兵，分别部署在占领区 200 多个主要县城，企图构成有组织的庞大的间谍情报网络。

但整个世界局势，已不是 19 世纪末甲午战争时代，日军庞大的间谍情报网络，已经无法挽救侵略者走向失败的结局。

日本在华的间谍组织，分为不同的系统。这些系统，大约分为两类，一类是直属日本政府，由陆军参谋本部节制；一类直属在华驻军和外交机关，由日本关东军特务机关长和各地特务机关长节制。

直属日本政府的间谍，由陆军参谋本部总务部直接派遣陆军学校毕业生或拓殖大学毕业生担任。直属在华驻军和外交机关的间谍，主要成员则为日本浪人、朝鲜游民，以及俄侨、汉奸等。

日本在华间谍组织，系统上虽有不同，但工作任务大致一样。间谍们的任务分为平时与战时两种：

> 平时的任务是：
>
> 一、调查驻在地军队之数量及变动情形，随时呈报东京总部；
>
> 二、注意该地的交通情形，及一切建筑、电话、电报及各种设备之装置；
>
> 三、详查一切兵工厂、工业情形及其设备、管理及出品；
>
> 四、详查当地之天然资源、银行及商业等；
>
> 五、详查当地民众抗日组织内幕及测验民众抗日之情绪；
>
> 六、结交当地民间团体领袖，确认其品格及特性，以便利用。
>
> 战时的任务是：
>
> 一、侦察军事行动；
>
> 二、收买汉奸；
>
> 三、进行扰乱后方与破坏工作；
>
> 四、挑拨和离间军阀与政客。

日本人对中国古代大军事家孙武十分推崇。《孙子兵法·用间篇》中所阐述的谍报谋略思想和"知彼知己，百战不殆"的名言，被日本情报机构当作座右铭。

英国驻日本武官马尔科姆·肯尼迪，曾对日本情报史做过研究，他认为，日本情报工作的成就，主要归功于几代人对中国的吴起和孙武这两位中国战略家所阐述的战争原理进行研究的结果。日本人偷袭美国珍珠港舰队时，搜集和应用情报的策略，就是从《孙子兵法》中学来的。日本人不仅研究《孙子兵法》，长期以来，还以自己独特的方式对孙子《用间篇》中的观点进行发挥和运用。日本最优秀的军事情报官之一福岛，在日俄战争胜利后说："孙子倘若在世，一定会为我们的情报工作感到骄傲。他一定会说我们完全是按他的兵法行事的。但是我们知道，我们干得比他还要漂亮。我们是在为他的兵法写续篇"。

由于日本高度重视间谍活动，把间谍工作视为光荣的职责，并注意选拔最优秀的人才充当间谍，同时善于利用并发挥间谍所获得的情报，使得日本的谍报能力在很短时间里同欧美一些老牌间谍国家并驾齐驱。

2. 日本侵华间谍网中的浪人们

秘密侵华的"先驱"

日本浪人协助军事谍报机关，进行侵华谍报活动，是从 1884 年开始的。

1882 年朝鲜发生"壬午事变"之后，日本政府和浪人们看到，如果不先打败中国，就难以吞并朝鲜，于是，一伙大陆浪人及其支持者，开始策划怎样对付中国。一些在地方上有威望的浪人，纷纷找当时最大的秘密社团玄洋社串联，提出要把矛头首先对准中国。

他们的建议，得到玄洋社首领平冈浩太郎和浪人之王头山满的赞同。头山满指出："如先取大者，则小者可不劳而获。如先取中国，则朝鲜可不招自来。故与其先向小的朝鲜下手，不如先将广大的中国吃掉。"经过一番详尽的计议，玄洋社决定：与熊本县的右翼团体相爱社合作，进一步对中国大陆开展谋略谍报活动。

1884 年，中国出现了第一个由日本陆军参谋本部和大陆浪人联合组成的谍报组织——福州组。这个组织被日本浪人称之为对中国进行谍报活动的"先驱"。

福州组的首领是陆军中尉小泽豁郎、海军大尉曾根俊虎、大陆浪人山口五郎太。山口五郎太早在 1874 年就在福州活动。他曾跟随西乡从道入侵台湾，西乡撤退回国后，他化名苏亮明渡过海峡，潜入福州，专门结交下层群众，终于和哥老会首领彭清泉拉上了关系。山口的种种社会关系，对日后福州组的活动起到了很大的作用。

福州组以浪人木村信二开设的庐山轩照相馆为据点，广泛搜集情报，并伺机举事。1884 年中法战争爆发，小泽豁郎等人的野心徒然膨胀，认为对中国进行"大改造"的时机到了，他们与山东的芝罘组首领、日本驻芝罘领事东次郎联络，准备南北呼应，策划依靠哥老会在福州举行武装暴动，推翻清政府，并派人回日本招兵买马。

东次郎是外交官，对中国的形势有较多的了解，他认为颠覆清政府的时机尚未成熟，如果仅凭小泽豁郎和几个浪人在福州蛮干，肯定会给日本政府在政治上造成被动局面，急派白井太郎前往福州了解情况。

白井太郎到福州一调查，发现福州组的暴动计划果然带有盲目性，并无认真准备。小泽虽然吹嘘说，福州某地有军舰几艘，我想调来就调来；某地储有许多军粮，如果夺过来就够起事之用了，但军舰怎样去调，军粮如何去夺，他除了心里想想，嘴上说说之外，并无周密的计划。

白井太郎急忙将这一情况向日本政府做了汇报。

日本政府得到福州组计划举行暴动的消息，急令陆军省查处小泽豁郎，制止举事，因为日本当时尚未做好对中国进行侵略战争的准备工作。如果小泽在福州贸然举行暴动，就有暴露日本政府侵华阴谋的危险，并且可能引起西方列强的干涉，对日本政府十分不利。

陆军省通知小泽豁郎立即停止活动，听候处分。同时决定派军舰去福州将小泽逮捕,押回日本。小泽闻讯,立即逃往山东芝罘,隐匿起来。后来,陆军参谋本部次长川上操六同情小泽,认为将他逮捕押回日本,处分太重,出面为他说情,陆军省才未派军舰前往福州,只是将小泽改派至香港工作了事。

川上操六此举甚得人心,军事谍报人员和大陆浪人对他十分感激,纷纷表示愿意为他效命。

小泽豁郎被调走,福州暴动流产,但福州组的一伙浪人间谍仍然存在。福州组成员中野二郎、山口五郎太等人返回日本,以"日本国土狭小,天地局促,应该到广阔的东亚天地去驰骋"为号召,动员了一批大陆浪人来到福州,继续从事谍报活动。其中的井深彦三郎,后来成为在中国进行情报活动的著名间谍。

甲午陆战中的浪人间谍

荒尾精建立汉口乐善堂,是日本侵华谍报工作的转折点,他将单枪匹马、不同派别,分散在中国各地的浪人联合起来,让他们为日本参谋本部的侵华谍报工作效忠卖命,从而编织成一个由军人和浪人组成的庞大的间谍网。

荒尾精网罗在汉口乐善堂的浪人,有宗方小太郎、石川伍一、田锅安之助、中西正树、山内岩、山崎羔三郎、井深彦三郎、白井新太郎、浦敬一、前田彪、广冈安太、松田满雄、井手三郎、高桥谦、片山敏彦、景山长次郎、绪方二三等数十人。汉口乐善堂既是个情报据点,又是个情报人员的训练学校,进入乐堂的浪人们在荒尾精的训练指导下,大多成为日本侵华间谍中的"精英"。

后来,荒尾精又在上海建立了日清贸易研究所,为日本培养了一批间谍人才,如钟崎三郎、藤崎秀、角田隆郎、向野坚一等,均为日本侵略中国立下大功。

宗方小太郎、石川伍一和山崎羔三郎等浪人间谍,前文已做过介绍，现将其他为日本侵华立下功劳的浪人略作简介。

高桥谦是追随荒尾精多年的浪人间谍。他 1864 年生于日本福冈，小学毕业后入私塾学习汉文典籍，后又考入福冈师范学校学习。由于受其他浪人纷纷到中国大陆"雄飞"的影响，1884 年 9 月，他中断了在东京专科学校的学习，从长崎登船来到上海，迈出了间谍生涯的第一步。

高桥谦到上海后，先是经人介绍，寄宿于上海县县令冯相如处，学习汉语，研究中国风俗地理，在基本掌握了汉语的情况下，他决定探查"清国内部的秘密"，他先从上海溯长江而上，到达重庆，沿途调查，然后又跑遍江苏、浙江、江西、湖南、湖北、河南、山东、河北、山西、陕西、四川等 13 个省，用四年时间，对中国的地理、风俗、民情等方面做了广泛的调查，收获颇大。

1886 年，高桥谦在武汉得知汉口乐善堂成立的消息，急忙前往拜会荒尾精，与荒尾精等人举杯畅谈，从中国内地的调查谈到中国的未来及对俄关系，两人表示今后要"相互提携，承担起解决东亚问题的重担。"

高桥谦在汉口乐善堂住了 20 多天后，继续到京津、陕西、四川等地周游，于 1887 年 5 月回到汉口乐善堂，投身到荒尾精的旗下，从事谍报活动。他曾担任四川支部长，后来荒尾精回国筹划建立日清贸易研究所时，曾主持汉口乐善堂事务。1893 年，已任参谋本部次长的川上操六到中国进行军事视察，到汉口时，高桥谦拜会了川上，并慷慨陈词，大谈他的对华意见，说是"为防御俄国南下，应先以武力解决韩国问题，然后促进中国之觉醒，实现日中提携"。川上听了，微笑不语。后来川上曾想推荐他为驻中国领事，可见对他颇为欣赏。

甲午战争爆发后，高桥谦加入日本第二军，任兵站监部付、翻译官，随军从辽东半岛东侧的花园口登陆。当时正值严寒，气温降至零下 12 度，日军经金州、亮甲店进至普兰店时，军需运输面临着很大的困难，高桥谦遂根据在中国多年的生活经验，提出有效建议，使困难得以解决。高桥谦后来回忆这段经历时说：

> 当时，普兰店以北的路面冻得像铁一样，深深的车辙像利剑一般竖立着。所以，我军运送辎重的小车频频破损，难以使用。在普兰店兵站部，粮秣堆积如山。我向根岸司令官建议，雇佣当地中国老百姓的马车，并很快贴出告示，说明每天付银二元。第二天便雇到了三十辆中国马车，将其分成三个班，每班都派有我军士兵作为统领。十辆马车的运输能力相当于我军的一个运输纵队，而其费用还不到后者的二十分之一。尔后，便全线使用中国马车进行运输。

后来，当地抗日组织对这些为日军运输粮秣的车夫，进行了警告和惩戒。一些车夫趁夜逃走，使日军的运输受到很大的影响。高桥谦奉命对抗日组织进行调查，此后又率领日军进行搜捕，逮捕并枪杀了几名抗日武装首领，使日军的运输线得以恢复畅通。

角田隆郎，1871 年生于日本千叶县，少年时代在东京英语学校走读，并于晚间在私立学校学习数学。1890 年，他从报上看到荒尾精在上海设立日清贸易研究所的消息，便通过日本驻汉口领事町田实一的引荐，并通过考试被录取，于是年 9 月来上海，在日清贸易研究所学习。1893 年毕业后，被荒尾精留在日清商品陈列所实习。

甲午战争爆发前夕，角田隆郎与向野坚一、钟崎三郎奉根津一之命，冒充汉口茶商，潜伏于虹口区久庆里，负责收转日本驻北京武官神尾光臣发来的华北地区的情报密电。

中日宣战后，日本间谍的活动引起清政府的警惕，查究甚严，角田隆郎等人便撤至设在英租界的原日清贸易研究所集体宿舍内，继续进行情报活动。他们的活动不久被清政府上海道台衙门发现，角田被捕。但由于美国驻华领事出面担保，他很快被释放，并在这位美国领事的安排下，得以返回日本。

角田隆郎不甘心就此结束自己的间谍生涯，于1894年9月联络了几个日清贸易研究所的同学，赶到广岛日军大本营，要求参战。角田被任命为第二军第二师团司令部部副、翻译官，随军前往辽东。

日军从花园口登陆后，角田隆郎一直在司令部协助日军审讯俘虏，宣抚占领地，购买、输送军需物资。因昼夜忙碌，睡眠很少，四天未能好好休息，竟于运输军需时突然晕倒在牛车上。

日军进攻盖平时，因运输困难，弹药粮秣供给不上，角田自告奋勇，前往貔子窝、复州、熊岳城等地招募车夫与牛、马车，他凭着一口流利的中国话和熟谙的中国式处事经验，竟在很短时间内招募到数百辆牛、马车，解决了军需物资的运输问题，大受日军指挥官的称赞，说他立下了"不可思议的功绩"。

钟崎三郎，1868年生，日本福冈人。少年时代曾入日本陆军幼年学校学习，因家贫辍学后，曾拜师学习过汉语。1891年3月，他通过了荒尾精的招生考试，来到上海，在日清贸易研究所接受训练。在此期间，他曾到芜湖专卖日货的顺安商店实习一年，化名李钟三，秘密进行各种调查活动。

1894年3月，从日清贸易研究所毕业的钟崎，受日本海军军令部的委托，化名钟左武，以中国药材商的身份，潜入山东，侦察渤海湾等地的军事设施和兵力部署情况。他曾冒着生命危险，潜入旅顺要塞；又曾驾小船进入渤海湾，协助日本驻天津武官海军大尉泷川具和测量水深。

甲午战争爆发后，日本政府下令撤走京津一带的侨民，钟崎奉命与为丰岛海战获取重要情报的石川伍一一同登船，与侨民一起回日本。但他和石川不甘心就此回国，准备潜回天津城内继续搜集情报。两人于开船时偷偷跳入水中，游上岸来，但在混乱中走散。钟崎寻石川不见，遂窜至山海关一带刺探清军军情。他摸清了清军的驻防与调遣方面的情况后，立即从上海返回日本，向日军参谋本部报告。山海关地区清军的情报，参谋本部还是首次得到。钟崎因此受到川上操六的嘉奖，后被编入第二军第一师团，开赴辽东前线。

日军从花园口登陆后，为了掌握清军的兵力部署，派钟崎三郎和山崎羔三郎、藤崎秀、猪田正吉、大熊鹏、向野坚一等六人，分别到旅顺口、金州城、普兰店和复州一带刺探清军军情。

这六名间谍中的山崎羔三郎，前文已有介绍。藤崎秀、猪田正吉、大熊鹏和向野坚一，都是大间谍荒尾精的门徒，上海日清贸易研究所的毕业生。藤崎秀是日本宫崎人，甲午战争爆发后，被召回国，同年 9 月被编入第二军第一师团，曾受到有栖川宫炽仁亲王的召见和鼓励。他与山崎、钟崎在日本情报界并称为"三崎"。猪田正吉从日清贸易研究所毕业后，在上海日华洋行任职。大熊鹏于中日开战之前，奉命潜伏在上海继续刺探清政府各方面的情报。他曾多次冒险向日本国内传递军事情报。向野坚一是日本福冈人，从日清贸易研究所毕业后，在长江沿岸进行实地调查。中日开战后，三人先后被召回国，同被编入第一师团，担任"特别任务"。

日军对这次侦探十分重视，钟崎、三崎、藤崎等人随部队登陆之前，受到了第二军司令官大山岩大将的接见，第一师团师团长山地元治激励他们要"为君国效劳"，参谋长大寺安纯则反复叮嘱他们："此行责任重大，务望完成任务。"

10 月 24 日清晨，花园口一带海面大雾迷漫，六名间谍随第一批登陆部队从花园口上岸。藤崎秀与钟崎三郎奉命侦察金州城与和尚岛炮台，猪田正吉和大熊鹏奉命侦察大孤山一带，向野坚一的任务是侦察普兰店、复州一带的清军布防情况。山崎羔太郎年龄最长，且经验丰富，在中日平壤之战中立过大功，承担了最艰巨的任务——前往侦察旅顺口军事要塞。

日军登陆后，为了给间谍们改装，抓了几个当地渔民，剥下他

们的衣服，然后将他们杀死。六个间谍穿上了他们的衣服，装扮成中国渔民，分头消失在蒙蒙晨雾之中

但是，这六个肩负重任的间谍，不久便有三个被清军抓获，两人下落不明，只有向野坚一生还。

24日上午，驻貔子窝的清军捷胜营统领荣安接到渔民报告，花园口附近发现渔船30多艘。他立即命哨长黄兴武率马队驰赴花园口一带巡查。

26日中午，奉命前往金州侦察的钟崎三郎，赶到碧流河西岸的东橙渡口，正欲寻找渡船，被率清军巡查的黄兴武发现。黄兴武当即对他进行盘查。钟崎虽然说一口流利的中国话，但当黄兴武问他从何处来，准备到何处去时，他无法答出具体的地点，再加上他身穿渔民服装，却不是本地口音，便觉得他可疑，当即令士兵将他逮捕。与钟崎三郎分头前往金州的藤崎秀，也在曲家屯被乡民抓住，扭送至貔子窝清军驻地。前往旅顺的山崎羔三郎走到貔子窝时，被清军抓获。

捷胜营统领荣安令人将三个间谍押往金州，交副都统衙门连顺处置。连顺对山崎等人进行审讯后，于10月31日将三个间谍押往金州西门外处斩。

日军攻占金州后，找到了三人的尸体，将其火化后，埋葬在金州城东南的一座小山上，并将此山命名为"三崎山"，又根据第二军司令部的命令，在三人的墓碑上刻下"某某忠死之墓"字样。日军一般战死者的墓碑上只刻"某某战死之墓"，这一字之改，是对三人的一种表彰。

奉命前往大孤山一带侦察的猪田正吉和大熊鹏，出发后杳无音讯。

向野坚一顺利到达普兰店、复州，侦察了那一带清军的布防情况，他在经过金州城时，见清军正在征集民工，修筑工事，他灵机一动，靠着一身农民服装，混进修工事的民工中，得以观察了清军

在金州的兵力部署和阵地位置。

他在返回途中，在碧流河边被乡民识破伪装，将其抓住。当时，他的鞋中正藏着军用地图，为了不被清军抓住证据，他在被乡民押往貔子窝清军军营途中，故意蹚着泥水走，鞋中一进水，那地图也就被泡湿踩烂。后来，他说被绑住手臂，行走不便，将身上仅有的两块大洋给了押送的乡民，哀求为他松绑。乡民收下他的大洋，满足了他的要求。天黑以后，他趁乡民不备，跳下山崖，得以逃脱。

此后，他又迷了路，被清军的巡逻骑兵捕获，但他凭着巧言善辩和脑瓜后那根辫子，居然蒙混过关，骗过了清军。

向野坚一两次绝处逢生，逃回日军司令部，向第二军司令官大山岩，报告了驻防金州的清军兵力部署，并凭记忆绘出了清军阵地的地形图。日军根据他提供的情报，改变了原先的作战计划，一举攻占金州。

《马关条约》签订后，高桥谦、角田隆郎以及其他一些汉口乐善堂成员、日清贸易研究所毕业生，大都跟随日军侵略台湾。这帮浪人有的当向导、有的做翻译、有的与高山族人民谈判，为日军侵占台湾发挥了各自的作用。

……

日俄战争结束后，日本开始在中国东北设立特务机关，并且逐步形成间谍网，不少留在东北的日本浪人和退伍军人加入了间谍组织，在东北各地大搞情报活动。

"九·一八"事变后，日本政府为加紧侵略中国，在国内设立"拓殖大学"，将大批浪人造就成侵华间谍人才。各省各部也集中力量，从事培养浪人的工作。在中国东北、华北一带，以及内地各处领事馆，则积极收买汉奸，训练间谍骨干，为日本搜集各方面的情报。

随着日本在华侦探网的不断扩大和日趋缜密，投身于侵华间谍活动的日本浪人也越来越多。这些谍报机关的鹰犬，在日本侵略中国的数十年里，给中国造成了巨大的危害。

3. 间谍中的"三教九流"

打入中国秘密社会

在中国从事间谍活动的日本浪人，分为不同的层次，其开展活动的手段也各有不同。

高层浪人如内田良平、川岛浪速、佃信夫之流，靠的是他们在日本秘密社团中的地位和超群的活动能力，打入中国上层社会。他们或充当政治、军事顾问，或在中国政府中窃取要职，直接从中国政府和各界要人那里获得情报，并且为将他们的种种阴谋付诸实施而奔走。本书在以前章节中，已对他们在中国的活动做过介绍。

玄洋社派到中国进行间谍活动的浪人，其中一个重要的任务，是调查中国秘密会党的活动。这类任务，大部分由一些被称之为"中国通"的知识广博的浪人完成。天野平谷便是这些浪人中的代表人物之一。

天野平谷早年对中国的历史、地理、风俗人情，以及汉语，做过精深的研究。后来，他到中国四处周游，与各派秘密会党广泛地建立了联系，并掌握了大量的有关秘密会党的暗语、仪式和活动情况。结果，天野平谷利用这些第一手资料，编著了第一部记述中国民间秘密社团活动的《中国秘密社会史》。由于此书揭露了中国秘密社会的内幕，并且为日本军事谍报机关提供了许多重要情报，直至多年后才获准出版。

天野平谷为了弄清一门会党的各种仪式和黑话暗号，经常在茶馆、饭店或其他场合潜心观察。他发现白莲教、天地会的人，把茶壶、茶杯等在桌面上或茶盘中摆出五花八门的图形，是很常见的暗语表达方法。于是他每看到一种排列的图形，就把它画成草图，然后聚精会神地注意观察，看他们在有一个新来的人进入茶馆的时候，又将这些茶杯怎样移动位置。

天野平谷按照大量的标明茶杯排列位置的草图，写下了他推测出的每一种含义，以及新茶客来到茶桌前应做的事情。比如若是有一满杯茶与一个茶壶并排放着，那意思就是"会友有难，请帮助搭救"；如果新进来的人可以相救，就会把茶一饮而尽；如果无法相救，他就会泼掉这杯茶，自己再斟上一杯喝。

有时，如果新进来的人是正牌会员，他还要吟诵一首特定的接头诗。如果桌上摆着四个茶杯和一只茶壶，就暗示对方要求他的帮助。他若无能力，就要变换那四个茶杯的位置，然后把茶喝掉。如果愿意帮助，他就要吟诵这样一首诗：

> 韩彭生于山隔间，
> 汉父靠谁度晚年？
> 程田一心要复仇，
> 张果为何泪涟涟？

一场替友复仇或是搭救会友的行动，就这样神神秘秘地搞定了。不知内情的人还以为他们是在以茶会友，相聚聊天。

玄洋社让浪人间谍搜集关于中国秘密社会的情报，目的是为了进一步打入这些秘密社会，从而控制会社的首领，并试图加以利用。

身手不凡的妓女们

玄洋社的间谍们获取情报的途径是多种多样的，但其中常用的手段则是雇用身手不凡的娼妓，向嫖客刺探情报。

玄洋社在上海、天津、汉口都设有妓院，并且在日本的札幌开设了一所学校，专门培训从事这种勾当的人才。

由玄洋社间谍开设的妓院，以富有异国情调的陈设和比任何中国妓院都要优越的服务，以及经过训练的具有特殊魅力的日本女郎，吸引他们所要猎取的目标。作为妓院后台的间谍们，对这些顾客的弱点和隐私进行耐心细致地研究，然后投其所好，从他们那里攫取所需的情报。

后来，日本军事谍报机关对玄洋社这种获取情报的方式加以发展，把派遣女间谍到中国活动，作为获取情报的重要途径。

日俄战争期间，日本妓女在获取俄军情报方面起到了很大的作用。19 世纪末叶，由于资本主义迅速发展，农业和手工业破产者日益增多，有许多青年妇女因生活无着而外流到西伯利亚各地充当妓女，日本社会称之为"丑业妇"。在西伯利亚流浪的"丑业妇"，以九州出身者为最多，她们辗转介绍，结帮拉伙，深入到西伯利亚各地卖淫。

1897 年，内田良平到西伯利亚考察时，在小镇扬奇哈就见到两家日本妓院。其中一家妓院里，有个日本妓女从俄国电信队军官手中骗到一个电报密码本，托内田良平转给祖国。内田良平将这个密码本转托中野二郎，交给参谋次长川上操六，川上喜出望外，赞叹说："真是好东西！"后来日军用这个电报、密码本几次破译了俄军的重要军事情报，使俄军在战争中受到沉重的打击。

日本妓女安藤芳子，接受谍报部门的训练后，于日俄开战前潜入哈尔滨，专门诱骗俄国军官，由于她年轻貌美，伶俐善媚，竟被一位俄国将军纳之为妾，且很受宠爱。但这个女间谍，牢记自己肩负的使命，并未被俄国将军的爱情所感化，后来，安藤芳子伺机从俄国将军那里偷出一份军用地图，连夜逃往北京，交给日本公使馆。

这份军用地图，是一张俄军在东北地区的兵力分布详图，记载着俄军在东北地区的军队驻地、防御工事、物资储备等重要情况。

日本公使青木宣纯大喜过望，为了保护安藤芳子的安全，特地派人将她护送回日本。

由于日本妓女在谍报活动中起了特殊作用，直到几十年后，日本情报机关仍认为"这些女人是真正的日本人，是真正的爱国者"。

日俄战争爆发之前，日本陆续向西伯利亚和中国东北派遣浪人与军事谍报人员，他们以开设柔道馆、杂货店、照相馆，以及建立佛教寺院等做掩护，广泛搜集俄国方面的情报，为对俄国发动战争做准备。据日本军方统计，当时有五六千名旅居西伯利亚的日本侨民给日本间谍以直接或间接的帮助。

"九·一八"事变之后，日本军事谍报机关为了在中国建立巨大的侦探网，派到中国的女间谍已不限于以体面的职业做掩护。谍报机关挑选了大批体健貌美、聪明机警的女性，向她们灌输为天皇效忠的思想，并且进行间谍技能的训练，然后将她们派到中国，从事谍报活动。

这些经过训练的日本女子，或嫁给中国人和在华的西洋人，或做女招待、歌女、舞女、妓女。她们有的直接与日本在华特务机关联系，有是则受日本浪人的领导，利用各种机会开展谍报活动。

在北京、天津、上海、南京、汉口等地，有许多日本浪人开设的茶馆、咖啡馆、酒吧间、舞厅、按摩院和妓女院等等，在这些地方服务的日本女子，大部分担负着向来客，特别是中国政府下级职员和军官们探听情报的任务。

在广州的一些日本酒店里，充当招待员的女间谍和一些中国年轻军官和政府职员打得火热，她们以交朋友为名，向这些人卖弄色相，并且借给他们金钱，以取得他们的信任与爱慕，然后与他们发生肉体关系，从他们那里探取情报。后来，一些被日本女间谍弄得神魂颠倒的青年军官之间，为争风吃醋而发生殴斗，才引起了广州警察当局的注意。

色情间谍不过是日本在华侦探网的一个组成部分，大部分浪人间谍则是靠开药店、理发店、杂货店做掩护，秘密进行谍报活动。许多开店的浪人间谍，总要在 5 里、10 里的范围内立上大大小小的招牌。看起来，他们是为了商业宣传而立，其实这些招牌在军事地理位置上都有重要的意义。在日军的一些作战地图上，这些招牌的位置，便是地形与道路的标记。

这些间谍随时随地都在刺探他们所需要的情报，他们乔装打扮，混进工厂、矿山、乡村，潜入军事要塞，搜集地形资料，绘制秘密地图，将他们所到之处的每一个村庄、每一条道路、每一座小丘，甚至水井，都标示得清清楚楚，为侵华日军作战提供了重要的帮助。

1937 年中日战争爆发后，蒋介石在对庐山军官训练团的一次"精神训话"中说：

"我们所见到的日本人，没有一个不是侦探，没有一个不是便衣队。法国人曾经有两句讲日本人的话，一句说：'日本在外国的男人，没有一个不是侦探。'还有一句说：'日本在外国的女子，没有一个不是妓女。'但是这些妓女，也统统是做侦探的。所以你们各位将领，特别要知道：日本人无论和我们讲什么好话，没有一个不是要吃我们的血，没有一个不是来侦探我们的事情，要来灭亡我们国家的！我们一定要格外的当心，格外的防备！"

蒋介石说日本在外国的男女都是侦探，当然有些夸张，不过日本从 1895 年派兵侵占台湾到 1945 年中日战争结束期间，向中国派遣了无数男女间谍，却是事实。

4. 日本女间谍的鼻祖和"帝国之花"

女间谍的"鼻祖"

在日本侵华史上，最有名、"成就"最大的女间谍，首推川岛芳子。其次像河原操子、南造云子等，也是著名人物。而河原操子在内蒙古进行谍报活动时，川岛芳子还未出世，因此可以称为日本女间谍的鼻祖。

河原操子，1874 年生，日本松本县人。河原从御花水女子高等师范学校毕业后，在长野女子高等学校任教。1899 年来到上海，在务本学堂当教师。河原祖上数代为松本藩教师，自幼即受汉文典籍熏陶，熟悉孔孟之道。河原之父和陆军参谋本部福岛安正少将，是少年时代的密友，这种关系，对她后来投身于间谍活动，起到了决定性的作用。

甲午战争之后，日本谋略谍报活动，以监视俄国在中国的政治、军事动向，为进一步与俄国争夺中国东北和内蒙古地区做积极准备。

日本在东北和内蒙古地区进行谋略谍报活动的战略目标之一，是在内蒙古东部地区培植亲日势力。日本政府和陆军参谋本部，首先选中了内蒙古东部地区的喀喇沁王贡桑诺尔布，作为争取对象。1902 年，贡桑诺尔布接受日本外务省和参谋本部的邀请，秘密访日，向日本提出两项要求：一、派一名女教师到内蒙古开办女子学堂；二、派一名军事教官来帮助训练王府军队。这两项要求对日本来说，可谓喜从天降。

是年冬，由于福岛安正少将的推荐，日方决定派河原到喀喇沁旗王府当间谍。河原接到喀喇沁王府的聘帖，立刻辞去上海务本学堂的职务，前往北京，经日本驻华公使内田康哉面授机宜后，于风雪严寒中束装北上。

河原在赴喀喇沁旗途中，写下了她的决心和抱负：

"喀喇沁在何方？在北京的东北，距北京有九天路程，老张这样说，老王老李也是这样说。除此之外什么也听不到，什么也不知道。若是进一步打听，得到的回答是：在长城以北，甚至连帐篷都没有，说不定什么时候还会遭土匪抢劫。越打听，越叫我这软弱的女子担惊受怕。但是，我又想，这是可怕的令人痛苦的蒙古经常发生的事情。现在我的祖国面临着生死存亡的关头，不是我应该说可怕和痛苦的时候。我父亲曾在信中教导我：'一旦国家需要，应将个人安危置之度外。在这种非常时期，应拿起武器，为祖国而献身。这才是无上光荣。'想起父亲的话，我下定决心，只要还有一口气，就要为祖国抛头颅，洒热血，完成肩负的重任。"

从她的自述中可以看出，这个外表柔弱的日本女子，却有着坚毅的内心和所谓的爱国野心。

喀喇沁旗辖地 32800 平方华里土地，位于承德与赤峰之间，北上可进昭乌达和哲里木草原，西行可入乌珠穆沁草原和察哈尔各旗县，南经承德古北口，可到关内。贡桑诺尔布是肃亲王善耆的妹夫，又是清朝世袭郡王。由于喀喇沁旗和贡桑诺尔布本人在政治和军事上都具有重要的价值，于是便成为俄国和日本进行侵略活动的争取对象。正因为如此，在喀喇沁王府也分为两派，贡桑诺尔布和王妃是亲日派，大臣中则有不少人是亲俄派。

河原在北京逗留时，已经听内田康哉介绍过王府内部的矛盾，为防备万一，她经常把父亲送给她的手枪和匕首带在身边。

河原到达喀喇沁王府一周后，便举行了女子学堂的开学典礼。这所取名为毓生女学堂的女子学堂，有 24 名学生，学习课目有日语、算术、地理、历史、习字、图画、编织、唱歌、体操等等。一人担任如此多的课目，可见其多才多艺。河原在女教师的身份掩盖下所担负的秘密任务，是联系和中转北京、热河、赤峰之间的密码电报，侦察俄国间谍的活动情况。一旦日俄开战，那些远离战线，潜入敌后的日本间谍，便可以得到河原发出的各种情报，在确定行动计划时作为参考。

1903 年，日本陆军参谋本部又应贡桑诺尔布的邀请，派伊藤柳太郎大尉到喀喇沁王府帮助训练军队。原在承德活动的退役军官吉原四郎，奉命到喀喇沁旗给伊藤当助手。这时，一个蒙古人的日籍妻子渡边美代，已潜伏在王府附近的一座喀喇庙中。河原迅速与渡边美代取得了联系。这样便以河原操子、伊藤柳太郎为核心，在内蒙古东部地区建立了一个强大的谋略谍报活动据点。

日本依靠这个据点，不仅可以调查内蒙古东部地区情报，而且可以通过喀喇沁王的政治地位，影响其他旗的蒙古王公贵族在政治上倾向日本。以至两三年后，奉天将军赵尔巽在奏折中惊呼：对东蒙各旗如再"不加整理"，长城以北将有可能在外人操纵下"举为敌国"。

日俄战争爆发后，喀喇沁成了日俄间谍战的中心，一些俄国间谍伪装成英国人或法国人，潜入喀喇沁收集情报。俄国间谍的手甚至伸进喀喇沁王府，对贡桑诺尔布进行怀柔或威胁。河原作为日本喀喇沁的"私设外交官"和谋略谍报活动的联络人，也凭着自己的机智和胆略，搜集各种情报。她在回忆这段往事时说："我虽然信赖喀喇沁王与王妃，但是过于激烈的谋略战，使我夜不能寐，幻觉经常袭击着我。"

河原不仅肩负着从事谍报工作的任务，而且经常接待那些被日军派往前线的由军人和浪人组成的"特别任务班"，这些人的任务是破坏东清铁路、切断俄军电话线、利用土匪骚扰敌人后方。特别任务班的成员们，在河原操子那里得到休息和一些生活用品的补给。

在日俄战争期间，河原操子为日军提供了大量重要情报，从而成为日本近代史上第一个著名的女间谍。

1906 年 1 月，河原操子回到日本，与横滨正金银行纽约支店副支店长——宫铃太郎结婚，留美 15 年，于 1945 年逝世。

两度谋刺蒋介石的"帝国之花"

另一名日本女间谍南造云子，也为日本侵华立下了大功。

号称"帝国之花"的南造云子，曾两度谋刺蒋介石，收买国民党高官，窃取吴淞口要塞军事情报，培训汪伪特工，是与川岛芳子齐名的日本王牌女间谍。

南造云子 1909 年生于上海，自幼受到其父军国主义思想的灌输，13 岁便被送到日本一所特工学校受训，学习文化与英、汉两国语言，以及化装、射击、爆破、投毒等间谍必须掌握的专门技术。她的启蒙老师，便是赫赫有名的"间谍大师"土肥原贤二。

1926 年，17 岁的南造云子被派到大连从事间谍活动，三年后，奉名前往南京，化名廖雅权，以失学青年的身份，打入国民党国防部汤山温泉招待所当招待员。汤山温泉位于南京郊区，风景优美，招待所建造豪华，设施先进，国民党高层军政要员经常在这里举行秘密会议。因此日本特务机关派南造云子打入这个招待所，伺机窃取中国的军事政治情报。

南造云子生得娇媚俏丽，能歌善舞，又巧于周旋，极有交际手腕。时间不长，她便迷倒了几个国民党军官，从他们那里得到了几份重要军事情报，其中吴淞口要塞司令部送呈国防部的扩建炮台军事设施的报告，也被她获取。这一机密情报，使日军对吴淞口的炮位分布、炮兵人数、地道与明碉暗堡的数量和位置了如指掌。

1937 年 7 月，南造云子奉命配合日军进攻南京，化装成银行职员，到南京秘密活动。她利用各种关系，很快结识了国民党行政院主任秘书黄浚和他的儿子、外交部副科长黄晟，并以重金收买生活糜烂的父子俩，让他们为其提供情报，进而编织了一张间谍网，包括国民党军政部、参谋总部、海军部，都有她的内线。

1937 年 7 月 28 日，蒋介石在中山陵的孝庐召开最高国防会议，决定采取"以快制快"、"制胜机先"的对策，利用日本关东军与其他部队行动暂未统一的有利时机，抢在日军大部队向长江流域发动大规模进攻之前，在长江下游最狭窄的江阴水域沉船，并利用军舰和两岸炮火封锁江面，以截断长江航道，以此阻止日本军舰沿长江西进，同时以优势兵力，将长江中上游九江至重庆一带的 70 艘日军舰船和 6000 多海军陆战队包围歼灭之。

这次高层军事会议属绝对机密，由侍从室秘书陈布雷和黄浚担任记录。会后，已经被日军收买的黄浚，立即将这一重要情报密告南造云子，南造云子见情况紧急，火速将情报报告日本驻华使馆中村少将，由他直接电告东京日军大本营。

日军大本营得到这一情报后，立刻采取紧急对策，令九江以东之海军陆战队连夜东进，长江中下游所有日本军舰和商船立即沿江东下，赶在江阴要塞尚未封锁之前撤至长江口。封锁江阴要塞的军事计划，就这样破产了。

"七·七"卢沟桥事变之后，日本政府为了一举制服蒋介石与国民党政府，曾命令潜伏在中国的日本间谍暗杀蒋介石。南造云子接到命令后，两次策划了刺蒋的行动。

8 月上旬的一天，蒋介石指示中央军校举行一次"扩大总理纪念周"活动，并要到场发表讲话。正当与会人员静候蒋介石出面时，总值日官突然宣布：有两个可疑分子混入军校，现正在搜查。但那两个乘轿车进入校内的身份不明的人被发现后，已经逃走。宪兵经过一番调查，也无结果。

不久，"八·一三"淞沪抗战爆发，蒋介石几次欲去前线视察和指挥作战，但宁沪间的铁路和公路均被日本空军严密封锁，极不安全，故一直未能成行。8 月 25 日，蒋介石召开最高军事会议，副参谋长白崇禧说，英国驻华大使许阁森，次日要去上海会见日本驻上海领事馆总领事川樾茂，建议蒋介石随车前往上海。当时英国是中立国，日军飞机不会轰炸英国大使的汽车。蒋介石当下接受了白崇禧的建议。

不料，黄浚恰在会上，会后，他立即将这一情报传递给南造云子。

翌日，英国大使的汽车在开往上海途中，遭到两架日军飞机的轮番袭击，汽车被炸翻，许阁森身负重伤，生命垂危，随行人员将其急送至沪西宏恩医院抢救。蒋介石因事临时终止了上海之行，才幸免于难。

一连串重大泄密事件使蒋介石意识到，有日本间谍打入了政府高层，即命令宪兵司令谷正伦秘密调查，限期破案。

调查小组分析，几次重大泄密，都是最高军事会议的内容，便在高层军政人员中进行排查。黄浚平时生活放荡，与日本人素有来往，被列为重点嫌疑。这时，宪后又查出闯入中央军校的可疑分子，乘坐的正是黄浚的轿车。黄浚被列为重点嫌疑，谷正伦遂命令特工严密监视黄浚的行动。

特工经过一番监视盯梢，终于掌握了黄浚与日本间谍的联络地点，以及传递情报的方式，在一次黄浚等人和南造云子等间谍秘密聚会时，将他们一举抓获。

经审讯，黄浚父子对其罪行供认不讳，最后经军事法庭审判，以通敌卖国罪判处黄浚父子死刑，公开处决；判处南造云子无期徒刑；其他人等皆判有期徒刑。按照国际惯例，战时抓到敌方间谍，可以判处死刑，也许国民党当局为了牵制日方，才未判南造云子死罪。

南造云子被关押在南京老虎桥中央监狱。数月后，日军进攻南京，南造云子凭借惯施的伎俩，以色相征服了看守，竟逃出了监狱，潜往上海。

南造云子到上海后，任日军特务机关特一课课长。她指挥日本特务，摧毁了国民党军统的多个秘密联络点，诱捕了数十名军统特工人员，并经常进入英、法租界，逮捕抗日志士和共产党人。后来，她又一手扶植起以丁默邨、李士群为首的汪伪特工总部，对抗日爱国人士进行残酷的迫害和杀戮。国民党情报部门对她恨之入骨，多次派人刺杀，均因她防范甚严而未能得手。

1942年4月的一天晚上，南造云子单独驾车外出时，被一直监视她行动的三名军统特工发现，三名特工立即秘密跟踪，伺机下手。当南造将车停在法租界的霞飞路百乐门咖啡厅附近，下车走向店门时，三名特工一齐向她开枪。

南造云子身中三弹，当即倒在台阶上，在被日本宪兵送往医院途中死去，时年 33 岁。被誉为"帝国之花"的南造云子终于得到了应有的下场。

5. 上海滩的罪恶之窟

六十名爪牙"抵得上一个师团"

"七·七"卢沟桥事变后，日本发动大规模侵华战争，中国的广大地区相继成为沦陷区。在日军占领地区，从事间谍活动的浪人们，不需要再以种种合法身份做掩护，他们开始公开地建立特务组织，明目张胆地充当侵华日军的鹰犬，干下了不少罪恶勾当。

日军以演习为名向卢沟桥地区的中国驻军发动袭击。图为日军炮轰宛平县城

上海的"井上公馆"便是其中一例。

日本浪人井上早年毕业于日本士官学校，他在日本陆军中混了

一段时间，觉得在军队中行动处处受到限制，不久便辞去军职，充当无业游民。

1937 年初，井上来到上海，混迹于虹口区的日侨中，后来在南京路哈同大楼三楼租了几间房子，开设了"通源洋行"，以开展中日贸易做掩护，从日本国内招募一批浪人为骨干，收买一些汉奸当爪牙，进行间谍和恐怖活动。

"八·一三"淞沪之战爆发后，井上非常活跃，为了协助日军作战，他指挥手下的浪人和汉奸，在中国军队后方的交通据点、军队隐蔽处附近，或在军车往来的公路线上，白天利用镜面反射日光，夜间发射信号弹，指示日军飞机出动轰炸，使日本空军的投弹命中率大大提高；又在上海郊区各城镇乡村的井沟河渠中投放毒药，毒害中国军队和无辜百姓。并且在上海地区策划布置了多起绑架、暗杀和破坏活动，制造恐怖气氛，以破坏我军民抗击日军。

上海沦陷后，井上更加有恃无恐，他以虹口天潼路菜场横街的一座日本式两层楼房作为间谍活动的基地，聚集一批浪人，疯狂地进行搜集情报、绑架、暗杀等活动，残酷杀害中国抗日人士。

这座楼房的门口，用竹竿横挑一面约三尺长、二尺宽的长方形小旗，在上面绣着"井上公馆"四个黑字。大门没有警卫，门经常开着，但是在楼房的平台上，却经常有一个面孔阴沉的日本人在监视出入公馆的人。进入公馆大门，穿过一个小花圃，便是一楼的大厅。大厅中间摆着两张长桌和几条凳子，靠墙放着两张写字台，陈设比较简单。大厅两侧和楼上都是小房间，作为寝室和办公室。从外表看来，井上公馆清静整洁，和一般日本侨民的住处并无不同，但其内部却给人以神秘、阴森之感。

井上时年 40 多岁，中等身材，窄长的脸型，面容苍白，经常身着西装，手中拿着一根手杖，手杖内藏有利刃，必要时可以用来防身。他平时脸色阴沉，少言寡语，对待手下十分严厉，因此手下的人对他十分惧怕。由于他在日本军部中有很多同学和同事，有相当过硬的后台，因此他十分傲慢，从不把一些日本军官或外交人员看在眼里。

在井上手下工作的日本浪人，共有 60 多人，年龄在 20 至 40 岁之间。公馆内没有一个女性，连仆人和厨师都是日本男子。他手下的浪人，都在日本谍报机关或黑龙会等秘密社团开设的间谍训练机构受过严格的训练，具有一定的文化和军事知识，熟谙情报、化装、游泳、驾驶、射击、擒拿、剑术、格斗、爆破、暗杀、通讯等进行间谍和恐怖活动的技能，并且大多在伪满或华北搞过几年的情报，熟悉中国社会的风俗民情，有的还能讲一口颇地道的北方话或上海方言。这些人都受过法西斯主义和武士道精神的灌输，且具有很强的独立行动的能力，敢于独自深入危险地区，或潜入中国军队后方执行任务。井上曾经说，他手下虽然只有 60 多人，但在所发挥的作用上，可以抵得上日本陆军的一个师团。这虽然是吹嘘，却也说明这帮浪人具有很强的搞间谍活动的实力。

井上因在配合日军侵华方面有过大功而为日本军部所信赖，并且在上海日侨和浪人中享有很高的"声誉"。

井上的行动十分诡秘，他不常在公馆露面，平时住在北四川路的新亚酒店，对外接洽，大多是在哈同大楼的通源洋行，而且经常另外约定地点，搞得神出鬼没，让人无法确切地知道他的行踪。

井上公馆虽然只是一个由日本浪人组成的间谍组织，不是日本的官方机关，但是由于他们的间谍活动成绩突出，因而得到日本陆军参谋本部和日本驻上海领事馆的承认和积极支持。活动经费方面虽然没有明确的规定，但井上凡有所需，可以随时向驻上海日军司令部或领事馆无限制地领取。因此，无论是井上本人，还是他的手下，生活都很奢侈。

井上公馆的浪人间谍，除了刺探军事情报、侦查抗日人士的活动、制造恐怖事件，收编土匪团伙和散兵游勇，组成汉奸武装之外，还全面调查中国政府上中层军政人员遗留在上海租界的住宅、财产以及亲友的下落，等等，准备等日军侵占租界时，进行掠夺利用。同时，他们还调查上海的留日中国学生、侨日商人和中国各个时期遗留下来的失意政客、在野军阀、无聊文人等，以备将来从中遴选条件合乎要求者，充当各地伪组织的骨干。上海沦陷初期，附近各地日伪组织的头目人选，大多是由井上公馆调查提供的。

井上及其爪牙，还经常对在上海的日本中上层军政人员和资本家的活动情况加以调查，如果发现他们有贪污渎职或舞弊行贿等违犯日本法律、军纪的行为，立即上报揭发，或者敲诈勒索，索取巨贿了事。因此，这个非官方的秘密间谍组织，具有特殊的权力，使得一些日本军政要员和侨商对它畏之如虎。

收买汉奸做帮凶

1938 年初，日军在侵占上海和苏南地区之后，为了贯彻"以华制华"的恶毒政策，首先在上海虹口北四川路新亚酒店成立了"维新政府"，并且在各地成立伪政权。"维新政府"以汉奸梁鸿志、温宗尧、陈群、任援道等人为首，各地伪政权的头目，也都是铁杆汉奸。

"维新政府"及各地伪政权，都是一些行政机构，防卫和对付抗日游击队的力量十分薄弱。为了支持这些伪政权，以使其协助日军统治和奴役沦陷区人民，驻上海日军司令部便积极着手筹组一批伪军。

1938 年 2 月，"维新政府"下面设置了绥靖部，井上就是筹组这个敌伪武装特务机构的主要人物。后来井上又担任了绥靖部的顾问。他派出浪人间谍配合各地汉奸，收编土匪和杂牌武装，组成了三个伪绥靖军司令部，并且把手下的塔尾、井手、山口、中村等10 余名浪人，派到各伪绥靖军司令部担任顾问官，具体策划、指挥这些伪军进行罪恶活动。

井上公馆对收编各地土匪、散兵游勇等，不外乎采取威胁利诱两种手段。在利诱方面，井上除了以甜言蜜语进行哄骗，或委任动听的头衔之外，还根据情况，发给枪支弹药和活动经费。他甚至给匪首们以走私贩毒等方面的方便，使他们在牟取暴利后，感恩戴德，听从他的操纵指挥。此外，井上还经常派手下向各匪首分送军刀、皮靴、雨衣、啤酒、香烟等各种实物，或颁发奖状和奖金，以示鼓励。他有时还邀集伪军军官和土匪头目，到虹口日本妓院饮酒作乐，并且广施小恩小惠，向伪军、土匪头目的家属分送日本被褥、瓷器等日用品和小孩用的御果子（一种日本糖果）、玩具等等，以此和他们联络"感情"。

在井上的多方利诱下，那些汉奸都死心塌地地为他效命。

新亚酒店是一座六层暗红色楼房，伪维新政府设在酒店的四楼，三楼是绥靖部的办公所在地，共占用了 10 多间房屋，井上作为该部的顾问，经常住在三楼，策划指挥各项特务活动。上海黑社会组织"安清总会"的下属机构"黄道会"，也设在三楼。

黄道会是安清总会的关卡常玉清组建的。早在"一·二八"上海事变时，常玉清就和汉奸胡立夫，组织了闸北地方居民维持会，趁战乱之际荼毒人民，为非作歹。淞沪停战协定签订后，胡立夫被捕伏法，常玉清在日军庇护下潜逃到大连。

"八·一三"淞沪之战爆发后，常玉清重返上海。他本想和苏锡文趁乱合搞"上海大道政府"，与苏掌控上海的伪政权，但因来迟一步，未被苏接受。在井上指使下，他以安清总会作为资本，组成黄道会武装特务组织，充当日军的耳目和打手。井上特派冢本担任黄道会的顾问，策划指挥其具体的行动。

常玉清正式开香堂的门徒有 100 多人，门徒的门徒尚不计算在内。这些人都是一些杀人不眨眼的刽子手。1941 年 12 月，太平洋战争爆发之前，上海租界处在英、法、美等国的控制之下，日军还不敢明目张胆地在租界捕人杀人，于是便指使黄道会在租界搞罪恶活动。

黄道会的成员在浪人顾问冢本的指使下，经常化装潜入租界，调查租界中抗日进步人士的活动情况。凡发现抗日进步人士，轻则写信警告恫吓，重则绑架暗杀。当时租界中的《大陆报》编辑张似旭、《社会晚报》主编蔡钓徒等，就是被黄道会杀害的。

蔡钓徒是上海浦东人，年轻时便在报界谋生。1934 年，他创办了《社会晚报》，自任发行人兼经理。《社会晚报》虽然是一家销路并不太广的报纸，但因经常报道一些刑事案件，故蔡钓徒得以结识了一些租界巡捕、警察乃至黑社会人物。救国会运动发起后，蔡钓徒也投身其间，中共地下党对他的爱国表现颇为关注，几次与他秘密约见，深入交谈，他也向联络者表明了愿为抗日尽力的决心。

常玉清组织黄道会时，为了能与报界拉上关系，也请蔡钓徒参加。他向中共地下党报告这一情况后，奉命打入敌人内部。他在常玉清的引荐下，与日本特务机关头目西川认识。经西川推荐，日军委任他为"维新政府"的新闻检查官。如此一来，他便经常出入新亚酒店，并且成了井上公馆的常客。他所办的《社会晚报》，也享有不受检查的特权，并且可以领取日伪的津贴。

1938 年初，继上海、南京之后，杭州又被日军占领。有人建议蔡钓徒利用《社会晚报》免受新闻检查的特权，报道中国军队和游击队抗日的消息，以振奋沦陷区的人心。蔡钓徒知道在日军占领区，这么干会造成什么样的后果，但出于爱国之心，还是接受了这一建议，冒险刊登了一些中国军队在某地打了胜仗、日军损失如何惨重的战事新闻，使读者受到很大的鼓舞。

这一举动，令日军深感意外。西川大发雷霆，把常玉清臭骂一通，要他警告蔡钓徒，不得再刊登抗日新闻。紧接着，报社便于夜间遭到手榴弹袭击，蔡钓徒也接到威胁电话，但他对这些恐吓行动置之不理。

数日后，常玉清奉冢本之命，以请蔡钓徒赴宴为名，将他诱到新亚酒店后，令手下对他严刑拷打，常玉清逼问他："抗日新闻是从哪里来的？"

蔡钓徒回答："是友人寄来的。"

"你领的津贴都做什么用了？"

"我朋友多，那些钱都花光了。"

常玉清见审不出什么结果，恼羞成怒，令打手们将蔡钓徒押到郊外，将他先活埋至颈部，然后割下他的头颅。挂在法租界薛华立路巡捕房对面的电线杆上，并在头颅上贴一白条，上写"抗日分子结果"数字，又在旁边贴有"斩妖状"，声称："余等以断然手段对付死者，让其他中文报纸主笔知所警惕！"以此对上海新闻界进行恐怖威胁。

薛华立路巡捕房是法租界卢湾区的总巡捕房，黄道会此举，可谓"在太岁头上动土"，法警当然不能置之不理。但是，正当三名法籍警务人员开展案情侦察时，忽然各接到一封匿名信，信封内均附有新砍下来的大拇指一个，警告他们不得追究其事，否则当以激烈手段对待。

黄道会继杀死蔡钓徒之后，又以安排就业为名，将三个收容所的难民诱至南市杀害，并且将人头悬挂在法租界内。随后又派人到挂洋旗的《文汇报》社和《华美晚报》社投掷炸弹，制造恐怖事件。后来法租界巡捕房捕获嫌疑人杨家驹、许德林等多人。经审讯，这些人均为黄道会员。据杨家驹供称，所有发生在法租界内的恐怖活动，均是奉日本浪人冢本之命，由常玉清布置进行的。

此外，进步艺人周信芳在上演爱国京剧时，多次受到威胁警告，并收到装有子弹的恐吓信；中国银行同孚路分行，被大批暴徒捣毁等一系列恐怖事件，均系黄道会所为。

后来井上又组织了一个"万岁俱乐部"，参加人员大多是混进租界巡捕房的日本巡捕、警官和领事馆的间谍。这些人有的在日本就当过间谍或警探，有的已在中国搞过多年的情报活动。

万岁俱乐部的任务，主要是调查居住在租界内的一些中国失意政客、官僚军阀，或是退职退休的文武人员、做寓公的所谓名师名儒，以及各界地方名流和帮会组织，并指导上海的日侨，如何施展手腕，与一般中国人发展"友谊关系"，伪装亲善，以刺探有用的情报。

万岁俱乐部的成员搜集到各种情报后，统一交给井上，再由井上指使黄道会的顾问冢本和常玉清研究制定行动计划，派遣会员分头进行各种罪恶恐怖活动。

黄道会的会员经常开着小汽车，闯进租界，绑架抗日进步人士，押回新亚酒店，经过残酷的拷打，再用刀杀死，将尸体搬到浴缸中肢解，或将人按在浴缸中斩杀。然后，暴徒们在深夜将被肢解的尸体抬到新亚酒店外的空地上秘密掩埋。后来因为空地已掩埋不下，暴徒们又改用卡车，于深夜将被杀害者的尸体运到荒郊埋掉。

新亚酒店，成了杀害抗日进步人士的魔窟。

井上公馆收买汉奸充当间谍活动的帮凶，其范围非常广泛。像常玉清之类，是利用黄道会以组织形式作为外围的，其他各阶层中，上至南京国民党军政机关中的高级官员，下至旅馆中的侍者，都有井上公馆布置的眼线和坐探。这些人传递情报，有的定期约好地点，有的临时口述，或使用密码电报，或使用书面暗语，十分机密。井上付给这些提供情报者的报酬时，视其地位高低、情报价值大小，按质付赏。对于黄道会人员，井上则支给其固定的津贴，并不断支付临时活动经费。

井上公馆有充足的经费来源，井上除了可以在日军及领事馆不受限制地领取经费之外，还有从各方面敲诈勒索来的大笔收入。井上本人挥金如土，对有求于他的手下人毫不吝啬，因此不论是他手下的浪人们，还是被收买利用的汉奸爪牙，个个都乐意为他卖命。

随着日本侵华战争的不断深入发展与沦陷区各地伪政权的成立，日军对占领区的统治局面逐步趋于稳定，日本侵华派遣军司令部及伪维新政府也由上海迁往南京。在日军的策划扶植下，其他敌伪特工总部及特务组织也相继成立，日本军方认为井上公馆没有继续存在的必要，便指示井上予以撤销。

井上公馆撤销后，井上对手下的浪人做了安排，其中20多人调到南京侵华日军总司令部，继续从事间谍工作；10多人调入新成立的上海日军特务机关，插入各课室，担任骨干；10多人调往南京伪中央陆军军官学校，担任训练特务的教官；10多人调到沦陷区大城市如徐州、济南等地，主持和组织掠夺收购铜、镍、锡、铅等战略物资的工作。另有少数人秘密潜入中国内地省份，继续搜集情报。

井上本人，则带领主要亲信塔尾等人，在京沪线一带继续搞间谍活动。1939年，他又在徐州一带，用敲诈勒索的手段掠夺民间各种有色金属，作为战略物资运往日本，并因此发了大财。

井上公馆撤销之后，这座神秘而又恐怖的日本式两层楼房，被日军接管，作为特务机关工作人员及其家属的宿舍。

散布在中国各地的浪人间谍组织不知凡几，井上公馆是其中之一。读者通过井上及其手下一帮浪人的罪恶活动，可以大概了解日本侵华谍报机关的鹰犬——浪人间谍在中国的所作所为。

责任编辑:王世勇

图书在版编目(CIP)数据

刀光谍影——日本浪人对华谍报活动揭秘/梅桑榆 著.
-北京:人民出版社,2010.4
ISBN 978－7－01－008520－3

Ⅰ.刀… Ⅱ.梅… Ⅲ.侵华事件-间谍-情报活动-史料-日本
  Ⅳ.K252.06

中国版本图书馆 CIP 数据核字(2009)第 217489 号

刀 光 谍 影
DAOGUANG DIEYING
——日本浪人对华谍报活动揭秘

梅桑榆 著

人 民 出 版 社 出版发行
(100706 北京朝阳门内大街 166 号)

北京集惠印刷有限责任公司印刷 新华书店经销

2010 年 4 月第 1 版 2010 年 4 月北京第 1 次印刷
开本:710 毫米×1000 毫米 1/16 印张:22.75
字数:295 千字 印数:0,001－10,000 册

ISBN 978－7－01－008520－3 定价:49.00 元

邮购地址 100706 北京朝阳门内大街 166 号
人民东方图书销售中心 电话 (010)65250042 65289539